アジアにおける
高齢者の生活保障

持続可能な福祉社会を求めて

金 成垣／大泉啓一郎／松江暁子 編著

明石書店

はじめに

21 世紀に入り、アジアの多くの国々では高齢化が深刻な社会問題として登場し、それへの対応が各国政府の重大な政策課題となっている。なかでも、韓国では、これまで世界でもっとも速かった日本の高齢化のスピードをはるかに超えて超高速の高齢化が進行している。その超高速高齢化する韓国を追いあげるかたちで、今後、アジア諸国・地域の高齢化が急速に進んでいく見通しである。

ところで、韓国を含むアジア諸国における高齢化への対応をみると、日本や他の先進諸国に比べて遅れて高齢化を経験しているがゆえに、それら先進諸国の経験を学習しつつもそれを取捨選択しながら政策を展開している状況がみられる。その具体的な状況は、国ごとに多種多様であるが、ごく単純化していうと、財政難に苦しんでいる先進諸国の経験を反面教師とし、財政安定化を最優先するような政策選択をしていることが共通してみられる。年金と雇用また介護や福祉サービスなど、高齢者の生活を支える制度体系についていえば、「保障性」（security）の強化より「持続性」（sustainability）の維持を重視した政策が展開されているのが現状といえる。それは今日、超高速高齢化の先頭を走っている韓国においてとくに明確にあらわれている。

このような状況を考えると、韓国をはじめ、21 世紀に入って超高速高齢化を経験しているアジア諸国がその高齢化にいかに対応しているのか／していくのか、そしてその帰結はどうなるのかについての探求は、アジア地域のみならず西欧先進諸国を含む世界の多くの国々にとって非常に興味深い研究テーマといえる。そこで本書では、主に高齢者の生活を支える制度体系――フォーマルであれインフォーマルであれ――に焦点をあて、韓国の経験を中心としたアジア諸国の超高速高齢化への取り組みを紹介・分析したい。これを通じて、高齢社会対策の展開における実践的かつ理論的示唆点を探ることが本書の最終的な目的である。

なお、最後に本書ではアジア諸国を分析対象としながらも、中国をとりあげることができなかった理由を述べておきたい。本書では、以上のような背景から超高速高齢化を経験している韓国を中心にして、他のアジアの国々に関してはそれぞれを一つの事例としてとりあげることとした。これに対して、中国は、他のアジア諸国に比べて、人口や面積などにおいて規模が非常に大きく、その分、人々の生活や各々の地域においてかなりの多様性をもっており、それを一つの事例として扱うには無理があると判断した。中国に関しては、今後、国内の多様性を踏まえた上で本格的な研究をすすめていきたい。

金 成垣
大泉 啓一郎
松江 暁子

アジアにおける高齢者の生活保障
――持続可能な福祉社会を求めて

目次

序章

アジアにおける高齢化と高齢社会対策をどうみるか

金 成垣・松江 暁子

1 注目されるアジアの高齢化

20 世紀に入り、世界の多くの国々では、医療技術の進歩と医療サービスの普及、経済成長による所得の増加や生活水準の向上、栄養や住居などの生活環境や保健衛生の改善等々によって、人々の平均寿命が長くなった。この長寿化とともに、同様の医療技術や生活環境の改善などの要因により乳幼児死亡率が低下し、また工業化や都市化など人々の生活パターンの変化のなかで子どもをたくさんもたない傾向が強くなった。これら長寿化と少子化の結果、総人口に占める 65 歳以上の高齢人口の割合（高齢化率）が上昇することとなり、高齢化は多くの国々で重大な課題として認識されるようになった。

20 世紀には主に先進諸国で高齢化が進み社会問題として登場したが、20 世紀末あるいは 21 世紀になると、日本や西欧諸国などの先進国だけでなく、アジアの国々においても高齢化が急速に進行し人々の注目を集めるようになった。20 世紀後半、「東アジアの奇跡」（East Asia Miracle）（World Bank 1993）といわれ目覚ましい経済成長を遂げてきたアジアの国々が、今度は「老いていくアジア」（Aging in Asia）（World Bank 2016）として世界から注目されているのである。

その状況を垣間見るために一つの例として、日本の代表的な学術論文検索システムである CiNii Articles で「アジア＋高齢化」という検索語で記事を調べてみると（2017 年 1 月 19 日現在）、1990 年代以前の記事は 3 件しかなかったが、1990 年代には 26 件へと増加し、2000 年代に入ると 152 件まで増えた。2010 年代には 2016 年までの 7 年間で 133 件の記事が検索される。同様に、英語で書かれた論文について、EBSCO host Research Databases（学術専門誌検索）で検索してみると（検索語「asia + aging」）、同様の状況がみられる。すなわち、1990年代以前には21件しかなかったが、1990年代には100件、2000年代には885件へと増えている。さらに2010年代には2016年までの7年間だけで1277件に上る。

後に再度言及するが、現状として、2000年代に入ってアジアの多くの国々の高齢化率が7%を超える高齢化社会に移行しており、それを背景に、アジアの高齢化が国内外の研究者や実務家の注目を集めるようになったといえよう。

2 高齢化のスピード

アジアの高齢化についての議論をみると、国内であれ海外であれ、ほとんど例外なく共通して強調している側面がある。それは、アジアにおける高齢化が先進諸国に比べるとはるかに速いスピードで進行していることである。

図表序-1は主要国における高齢化率の推移を示しているものである。現時点でみると、日本を除けば、他のアジアの国々の高齢化率は西欧先進諸国に比べてそれほど高くない。2015年現在、スウェーデン19.9%、イギリス17.8%、フランス19.1%、ドイツ21.2%であるのに対して、韓国13.1%、シンガポール11.7%、タイ10.5%と、アジアの国々の高齢化率は西欧諸国のそれに比べるとおおよそ半分程度の水準である。しかしながら、高齢化の進行は非常に速い。将来推計として2060年の時点をみると、スウェーデン25.3%、イギリス26.0%、フランス26.4%、ドイツ33.1%であるのに対して、韓国37.1%、シンガポール36.3%、タイ32.4%となっている。アジアの国々における高齢化率が（ドイツを除く）西欧諸国を追い抜くのである。

このような状況のなかで、アジアの国々が高齢化の諸段階へ到達する期間の短さも注目されている。**図表序-2**にみられるように、高齢化社会（高齢化率7%）から高齢社会（14%）に到達するまで、スウェーデンは82年（1890～1972年）、イギリスは46年（1930～1976年）、フランスは114年（1865～1979年）、ドイツは42年（1930～1972年）かかっている。これに対して、韓国18年（1999～2017年）、シンガポール20年（1999～2017年）、タイ20年（2002～2022年）かかると予測されている。これ

図表 序-1　主要国における高齢化率の推移

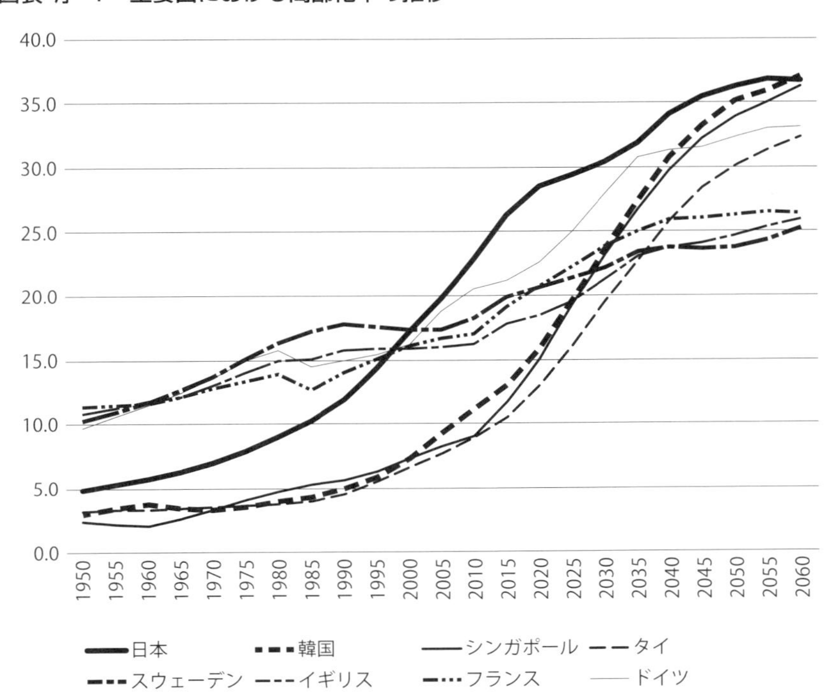

（資料）UN, World Population Prospects: The 2015 Revision（https://esa.un.org/unpd/wpp/）から作成

図表 序-2　主要国における高齢化のスピード

	高齢化社会（高齢化率 7%）	高齢社会（高齢化率 14%）	経過年数
日本	1970	1995	25 年
韓国	1999	2017	18 年
中国	2002	2025	23 年
シンガポール	1999	2019	20 年
タイ	2002	2022	22 年
スウェーデン	1890	1972	82 年
イギリス	1930	1976	46 年
フランス	1865	1979	114 年
ドイツ	1930	1972	42 年
アメリカ	1945	2014	69 年

（資料）図表序-1 に同じ

まで日本が世界でもっとも速く25年だったが、他のアジアの国々でそれよりはるかに速いスピードで高齢化が進んでいるのである。ここでとりあげていない他のアジアの国々の状況に関しては、本書第1章の図表1-1を参照されたい。それをみると、アジアのほとんどの国が日本と同様かそれ以上の速いスピードで高齢化を経験することがわかる。

以上のような速いスピードで高齢化が進むなか、アジア各国でそれへの対応が重要な課題として登場していることが容易に想像できる。そもそも高齢社会対策については、さまざまな課題が指摘されているが（富永2001；河野2007；山田2007；藻谷2010；鈴木2012など）、それを大きくわけてみると、次の二つの側面でまとめることができる。

まず、社会全体あるいは地域社会の側面でみると、高齢化の進展は、生産年齢人口が減り、従属人口が増えることであるから、そのような人口構造の変化に対応して、従来とは異なる新しい社会システムの構築が求められる。経済的領域に焦点をあてれば、労働力や消費者の減少による経済の縮小や財政の悪化に対応すること、社会的領域に焦点をあてれば、高齢者の社会的扶養の負担増加やその担い手の減少に対応することが、その新しいシステムの重要課題になるであろう。そこには、経済構造あるいは財政構造の改編を図る経済財政政策はもちろん、人口構造や家族構造の変容を図る人口政策および家族政策も深くかかわってくる。

次に、家族あるいは個人の側面でみると、平均寿命の伸長により高齢期が長くなり、その長い高齢期における経済的・身体的・心理的な支えが求められる。とくに、高齢化のなかで、高齢者夫婦世帯や単独世帯の増加にみられるように、家族構造の変化やそれによる家族機能の低下があらわれ、その家族を補完あるいは代替して高齢者の生活を支援するための新しい担い手の模索が重要課題になる。それと同時に、高齢者の支援を家族が担うにしろ、そうでないにしろ、また多様な担い手のあいだで新しい協力関係を築くにしろ、今後、高齢者が減る、あるいは高齢期も短くなることはない。したがって、高齢者の多様な生活ニーズに見合ったより多くの、より多様なサービスの創出と提供が求められることになるにちがいない。

これらの課題は、高齢化が進む世界のどの国においても共通の課題であるが、速いスピードで高齢化を経験しているアジアの国々は、西欧諸国に比べて短い期間でそれらの課題に取り組まなければならない状況におかれているといえる。たとえば、上で示した高齢化社会から高齢社会への到達期間から考えると、もっとも長かったフランスは114年という長い期間をかけて以上の課題への対応を準備してきたのに対し、韓国は18年、シンガポールとタイは20年という非常に短い期間でその準備をしなければならない。それは緊急事態ともいえよう。アジアの高齢化に関する多くの議論が高齢化の速いスピードに触れているのは、その対策の緊急性に注目しているからであるといえる。実際、アジアの多くの国々では近年、急速な高齢化に対応するための新しい制度・政策を積極的に導入し展開させている（Phillips ed. 2000；駄田・王・原田編 2010；五石 2011；Fu & Hughes eds. 2011；James & Majmundar eds. 2012；末廣 2014など）。

本書では、そのいくつかの興味深い事例に着目し、アジアにみられる高齢社会対策の現状と課題、そしてその意味と意義を検討したい。そのさい、以下のような他の研究とは異なる視点にもとづいて検討を進める。

3　高齢化のタイミング

上記のようにアジアの高齢化に関する研究では、その速いスピードが注目されることが多い。高齢化のスピードはたしかに重要であり、そのスピードの速さゆえに、高齢社会対策の緊急さが強調されることも納得できる。ただし、本書でアジアの高齢化を考えるさいに、より重点をおきたいのは、そのスピードではなくタイミングである。というのは、西欧諸国とアジア諸国とのあいだには高齢化のスピードの遅速だけでなく、タイミングの相違つまりタイムラグがみられ、それが高齢社会対策の展開に異なる選択肢や制約要因を与えていると考えているからである。

上で提示した図表序-1と図表序-2を再度参考にしながら、そのタイムラグを浮き彫りにしてみよう。

西欧の国々で、高齢化率が7％を超える高齢化社会に入る時期はそれぞれ異なるが、第2次世界大戦前にはほとんどの国が高齢化社会に移行している。そして、高齢化率が14％を超え高齢社会に突入していくのは戦後1970年代までの時期である。高齢化社会から高齢社会に向かうこの時期に、多くの西欧諸国では、年金や医療を始めとした社会保障制度の拡大を中心に高齢社会対策が積極的に行われていたのは周知の通りである。

これに対して、アジアの国々では、日本を除けば、2000年代に入ってから高齢化社会に移行している。そして、高齢社会になるのはその後2020年代前半までの時期と予測される。西欧諸国における高齢化の経験と同様に、高齢化社会から高齢社会に向かうこの時期に、アジアの国々でも高齢社会対策が積極的に展開されている状況である。

以上のようにみると、西欧諸国とアジアのあいだでは、高齢化の経験とその対策の展開において、半世紀以上のタイムラグがあり、この意味において、西欧諸国を高齢化の先発国、（日本を除いた）アジア諸国を高齢化の後発国と呼ぶことができる。

ここで重要なのは、高齢化の後発国は、そのタイムラグゆえに先発国とは異なる高齢社会対策を講じざるを得ない状況におかれていることである。そもそも、半世紀以上のタイムラグをおいて高齢化を経験している先発国と後発国のあいだにおける政策選択をめぐる諸環境的条件が同様であるとは考えにくい。実際、社会保障論あるいは福祉国家論の立場からすると、戦後から1970年代までの時期と2000年代から2020年代までの時期はまったく異なる時代と認識してよい（武川2004；田多2014；金成垣2008；2016など）。その異なる状況について、単純化を恐れずまとめてみると次のようになる。

高齢化の先発国で、高齢化問題が顕在化した戦後から1970年代の時期は、たとえばフランスの「栄光の30年間」（Trente Glorieuses）、西ドイツの「経済の奇跡」（Wirtschaftswunder）にみられるように、「戦後の黄金時代」といわれる高度経済成長の時代であった。その高度経済成長のなかで、国の税収も大幅に増え、比較的に豊かな財政が確保され、各国では高齢社会対策とくに年金と医療を中心とした社会保障制度は大きく拡大した。この社会保障制度の拡大もあって、当時「福祉国家の黄金時代」といわれていたのは周知の通りである。

これに対して、アジアの国々が後発国として高齢化を経験するようになったのは、「東アジアの奇跡」（East Asia Miracle）がいわれていた高度経済成長期（主に20世紀第4四半期）が終わったあとの2000年代に入ってからのことである。この時期は、とくに1990年代末の経済危機をきっかけとして、アジアNIEs4か国である韓国、台湾、香港、シンガポールはもちろん、ASEANのうちタイ、インドネシア、マレーシアなど、アジアの多くの国々が低成長時代に入りつつあった。西欧先進諸国では「福祉国家の黄金時代」が終わり、むしろ手厚い社会保障制度による深刻な財政難に苦しんでいる国があらわれており、低成長時代に入ったアジアの国々にとってはその先進諸国の状況が「反面教師」とされ、社会保障制度の拡大による財政負担増を強く警戒するようになった。本書第2章で韓国の状況を分析しているが、韓国だけでなくアジアの多くの国で、急速な高齢化を経験しながらも、財政支出の増加をもたらしうる社会保障制度の拡大をできるだけ避けようとする状況がみられているのが現状といえる。

このようにみると、同じ高齢化を経験しながらも、異なる諸環境的条件が制約要因となり、後発国は先発国とは異なる政策選択をせざるをえない状況にあるとみてよいであろう。その具体的な状況は各国ごとに異なるが、ごく単純化していえば、財政安定化を最優先するような政策選択、つまり、社会保障制度でいうと、「保障性」（security）を強化するより「持続性」（sustainability）の維持を重視した政策選択をしているといえるのである。

4　本書の目的と全体の構成

以上をふまえ本書では、「保障性」より「持続性」が重視され、手厚い社会保障制度の構築が難しい状況のなかで、高齢化に対応しなければならないアジアの国々において、高齢者の生活を保障するためにいかなる対策が展開されるのか、そして、その高齢化の後発国で展開されている高齢社会対策が日本や西欧諸国の高齢化の先発国に対して示しうる示唆点は何かを明らかにすることを目的とする。そのための本書全体の構成は、以下の通りである。

第Ｉ部「韓国における高齢化と高齢者の生活保障」においては、まず、第1章「老いていくアジアのなかの韓国」で、アジア諸国・地域における高齢化と人口構造の変動、そして高齢社会対策としての社会保障制度の展開を概観しながら、アジアの国々のなかでもとくに韓国に注目する必要があることを指摘し、その理由と意義を明らかにする。それをふまえ次に、第2章「高齢者の生活保障にみる韓国的特質」では、韓国における高齢社会対策、なかでも高齢者の生活保障の仕組みを、所得保障・就労保障・サービス保障に分けて、それぞれの現状と問題点そしてその全体からみえてくる韓国的特質とその意味を検討する。

第Ⅱ部「韓国的特質の諸相」では、韓国の具体的な状況にさらに踏み込み、高齢社会対策の代表的な事例を紹介する。第３章「高齢者雇用と社会活動支援事業の展開」では、高齢社会対策とかかわって韓国政府がもっとも積極的に展開している政策の一つとして高齢者雇用政策の現状と課題を検討する。第４章「ソウル市蘆原(ノウォン)区における高齢者の生活と生活保障」では、ソウル市内で、高齢化率がもっとも高い蘆原区における高齢者の生活実態と当該地域で展開されている高齢者の生活支援のさまざまな事業を紹介する。第５章「蘆原老人福祉館・月渓(ウォルゲ)福祉館の低所得高齢者向け福祉サービス」では、韓国における地域福祉の主な担い手といえる老人福祉館と福祉館の役割に焦点をあて、とくに蘆原区内で低所得高齢者のために提供されている福祉サービスの現状と課題を検討する。第６章「月渓福祉館の『美しい隣人』事業」では、政府に頼らず地域社会の「下からの力」および「支え合いの力」で始まった、新しいかたちの福祉事業の展開を紹介し、その意義と限界そして今後の課題を考察する。

第Ⅲ部「アジア諸国の事例」では、アジアの他の国々に目を向け、各国の事例を紹介する。第７章「シンガポール」では、シンガポールにおける高齢者をとりまく社会経済的状況を概観しながら、近年の介護サービスの担い手の変化、そしてコミュニティ・ケアへの期待と課題を検討する。第８章「タイ」では、タイにおける高齢化の進行状況を紹介しつつ、増加する高齢者ケアのニーズとそれを地域で支えるためのコミュニティ・ベース高齢者ケアの構想をとりあげ、その中身と課題を紹介する。第９章「ベトナム」では、ベトナムにおける高齢化と高齢者の生活状態、そして家族の構造と役割の変化にふれながら、主に家族扶養を柱とした高齢者ケアの現状と展望を検討する。第 10 章「台湾」では、急速な高齢化を経験している台湾において、増加しつづけている高齢者ケアのニーズに対応するために受け入れている外国人介護労働者の現状と課題を考察しその示唆点を明らかにする。第 11 章「日本」では、これまでみてきたアジアにおける高齢化の後発国の状況と対比して、高齢化の先発国としての日本の状況をとりあげ、とくに最近注目されている高齢者の貧困と雇用の問題に着目して高齢者の生活保障の現状と課題を検討する。

以上をふまえ終章「アジアから考える高齢社会の展望」では、以上の各国の事例をまとめつつ、そこにみられる高齢化の後発国としての共通の特徴を見出し、それが高齢化の先発国に対して示しうる理論的・実践的示唆点を明らかにする。

参考文献

＜日本語文献＞

河野稠果（2007）『人口学への招待――少子・高齢化はどこまで解明されたか』中央公論新社。

金成垣（2008）『後発福祉国家論――比較のなかの韓国と東アジア』東京大学出版会。

金成垣（2016）『福祉国家の日韓比較――「後発国」における雇用保障・社会保障』明石書店。

五石敬路編（2011）『東アジアにおける都市の高齢化問題――その対策と課題』国際書院。

末廣昭（2014）『新興アジア経済論――キャッチアップを超えて』岩波書店。

鈴木隆雄（2012）『超高齢社会の基礎知識』講談社。

武川正吾（2004）「『新しい社会政策の構想』に寄せて」『社会政策学会誌』11。

田多英範（2014）「社会保障制度創設その後」田多英範編『世界はなぜ社会保障制度を創ったのか――主要９ヵ国の比較研究』ミネルヴァ書房。

駄田井正・王橋・原田康平編（2010）『東アジアにおける少子高齢化と持続可能な発展――日中韓３国の比較研究』新評論。

富永健一（2001）『社会変動の中の福祉国家』中央公論新社。

吉川洋（2016）『人口と日本経済――長寿、イノベーション、経済成長』中央公論新社。

藻谷浩介（2010）『デフレの正体――経済は「人口の波」で動く』角川書店。

山田昌弘（2007）『少子社会日本――もうひとつの格差のゆくえ』岩波書店。

＜英語文献＞

Fu, Tsung-hsi & R. Hughes eds.（2011）*Aging in East Asia: Challenges and Policies for the Twenty-First Century,* Routledge.

James P. S. & M. Majmundar eds.（2012）*Aging in Asia: Findings from New and Emerging Data Initiatives,* Natl Academy Press.

Phillips, D. R.（2000）*Aging in the Asia-Pacific Region: Issues, Policies and Future Trends,* Routledge.

World Bank（1993）*The East Asian Miracle: Economic Growth and Public Policy*（*World Bank Policy Research Reports*）, Oxford University Press.

World Bank（2016）*Live Long and Prosper: Aging in East Asia and Pacific (World Bank East Asia and Pacific Regional Report),* World Bank Publications.

第Ⅰ部
韓国における高齢化と高齢者の生活保障

蘆原老人福祉館（韓国の高齢者福祉・地域福祉拠点）で高齢者が将棋を楽しむ様子

1章

老いていく アジアのなかの韓国

大泉 啓一郎

1 なぜ韓国に注目するのか

少子化とそれに伴う高齢化（いわゆる少子高齢化）は、日本特有の問題ではない。近年では、アジアに共通する問題として捉えられるようになっている（World Bank 2016）。また、各国の高齢化の現状分析や高齢社会対策についての議論も活発化してきた。当初は、欧米や日本などの先進国における高齢化や高齢社会対策との比較分析や経験からの教訓などが中心となっていたが、徐々に、アジアが抱える特有の問題にも目が向けられるようになっている（末廣 2014）。

たとえば、以下の点でアジアの高齢化は、先進国のそれとは大きく異なる。

第1は、高齢化のスピードが速いことである。後に示すように、そのスピードは、世界的にも例外扱いされていた日本と同等か、それよりも速い。これには、アジア各国が家族計画を含む人口抑制策を実施したことから、人口抑制策以前の年齢層を中心とする巨大な人口塊（ベビーブーム世代）が形成され、この人口塊が高齢者となる過程で高齢化が加速するからである。

第2が、経済のグローバル化を背景として所得格差が拡大するなかで、国民全員を対象とした社会保障制度（本章では国民皆社会保障制度と称する）を構築しなければならないことである。国民皆社会保障制度の実現には、所得水準の低い農業従事者や自営業、また非正規雇用者をいかに含めるかが課題となる。とくにすでに整備されている公務員や正規雇用者を対象とした制度といかに公平性を保つかが問題となる。

第3が、アジアのいくつかの国では所得が十分に高まる前に高齢化が進んでしまうことである。中国では「未富先老（豊かになる前に老いる）」と表現されているが、これは多くのASEAN諸国でも起こりうる問題である。したがって、多くのアジアの国々では、厳しい予算制約のなかで国民皆社会保障制度を構築しなければならない。

さて、世界のなかで高齢化率が最も高い日本は、その制度や経験をアジアの高齢化政策に生かすことが期待されてきた。しかし日本の制度や経験をそのままアジアに移転することは困難である。日本は1960年に国民全員を対象とした年金制度と医療保険制度をいち早く整備したが、その後は財政負担を拡大することによって高齢社会を支えてきたのが現状である。このような制度を予算制約の厳しいアジアに直接移転するのは困難である。

筆者は、今後のアジアの高齢社会対策の行方を考える際には、韓国の経験が有効になると考えている。韓国の少子高齢化は日本よりも厳しいからである。2015年の韓国の合計特殊出生率は1.24と日本の1.46よりも低い。他方、高齢化率は14％弱と「高齢社会」の入り口といえる水準にあるが、韓国統計庁の人口推計によれば、2030年に高齢化率は24.3％に、2050年には37.4％と急上昇し、日本に追いつくことになる。

加えて、韓国は国民皆社会保障制度を一応整備したとはいえ、カバー率は低いことに加えて、その給付・サービスは高齢社会を支えるのに十分ではなく、なお調整が必要なことである。公務員と正規雇用者と、それ以外の非正規雇用者、自営業、農業従事者の間での社会給付の格差は大きい。韓国の高齢者の貧困率はOECDのなかで最も高く、迅速な対策が求められている。もっとも、韓国の経済水準は一人当たりGDPでみると2万7,222ドル（2015年）と高く、他のアジアに比べて高齢社会を支える財源を有しているが、日本のような手厚い制度を整備することはできない。したがって、韓国が厳しい予算制約のなかで、急増していく高齢者の生活保障を確保していくプロセスは、他のアジアに示唆を与えると考えるのである。これが本章の主張である。

本章の構成は以下の通りである。続く第2節では、アジアの人口動態（少子高齢化）における韓国の特徴を示す。第3節では、アジアの社会保障制度の整備状況について概観し、韓国の抱える課題がアジアの制度設計を考える上で有効であることを示す。第4節では、持続的な成長と高齢者の所得保障の観点から、韓国の高齢者雇用策を検討する。第5節では、議論を整理するとともに地域福祉の重要性を指摘し、アジアの高齢社会対策を考えるうえで韓国に注目する意義を再確認する。

2　アジアの少子化・高齢化と韓国

まず、アジアで高齢化が加速度的に進むことを確認しておきたい。

図表 1-1 は、アジア諸国の 65 歳以上の高齢者の人口比率が 7 %を超える高齢化社会から 14%を超える高齢社会に移行するのに要する年数（倍加年数）をみたものである。2015 年の時点で高齢化率が 14%を超えた国は日本と香港しかないので、ここでは国連の人口推計（中位推計）を用いて倍加年数を計算した。

日本は 1970 年に高齢化率が 7 %を超え、1995 年に 14%を超えた。つまり、日本の倍加年数は 25 年であった。これに対して、フランスは 115 年、スウェーデンは 82 年、英国は 46 年、ドイツは 42 年であったことから、日本の高齢化のスピードは、世界的にみて例外的に速かったと認識されてきた。

しかし、図表 1-1 が示すように、高齢化が進む時期は異なるものの、アジアの多くの国の高齢化のスピードが日本と同様か、それよりも速いことがわかる。とくに韓国の倍加年数は 18 年と日本より 7 年も短い。

図表 1-1　アジアの高齢化の倍加年数

	7%	14%	倍加年数
アジア	2001	2027	26
日本	1970	1995	25
韓国	1999	2017	18
台湾	1994	2018	24
香港	1984	2013	29
中国	2002	2025	23
ASEAN	2021	2045	24
シンガポール	1999	2019	20
タイ	2002	2022	20
ベトナム	2017	2034	17
ブルネイ	2022	2035	13
マレーシア	2020	2045	25
インドネシア	2025	2050	25
カンボジア	2031	2054	23
ミャンマー	2023	2054	31
ラオス	2041	2060	19
フィリピン	2032	2071	39
世界	2002	2040	38

（資料）ＵＮ, *World Population Prospects: the 2015 Revision*

韓国統計庁の人口推計によれば、高齢化率は 2030 年に 24.3%、2060 年には 40.1%に上昇する（**図表 1-2**）。図中には、国連推計による日本の高齢化率の推移も示しておいたが、韓国のトレンドが日本に比べ急勾配であること、2050 年以降に日本の水準を上回ることが示されている。

このような高齢化の加速は平均寿

命の伸張と出生率の急速な低下の影響を受けたものである。韓国の平均寿命は 1970 年の 62 歳から 2014 年には 82 歳に伸張した（日本は 84 歳）。アジアでも同様に平均寿命は 1970 年の 60 歳から 2014 年には 75 歳に大幅に伸びている。

他方、韓国の合計特殊出生率は、1970 年代以降に大きく低下している（**図表 1-3**）。図表には日本と中国の出生率の推移もあわせて示したが、韓国の出生率のトレンドは、日本よりも一人っ子政策を実施してきた中国に近いことがわかる。そして 2015 年の合計特殊出生率（女性が生涯に出産する子どもの数に相当）は 1.24 と日本の 1.46 よりも低水準にある(1)。

韓国における出生率の急速な低下は、中国と同様に厳しい人口抑制策を採用してきた結果である。韓国では、1950 年代前後に朝鮮戦争後の結婚ブームと、それに伴うベビーブームを背景に合計特殊出生率は 6 を超えていた。この高い出生率を主因とする人口急増を、1960 年に軍のクーデターにより政権を奪取した朴正熙政権は問題視した。同政権は「人口増加を規制する政

図表 1-2　韓国の高齢化率の推移

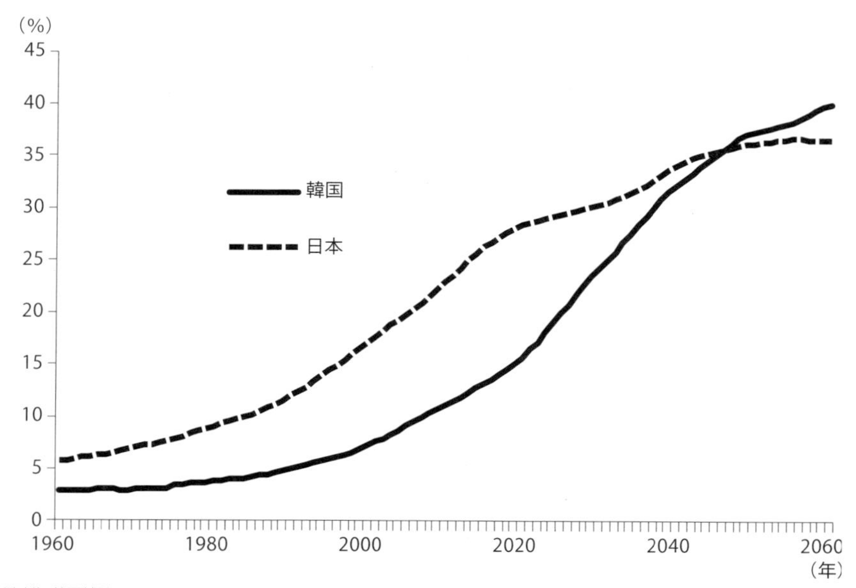

（資料）韓国統計局、*UN, World Population Prospects: the 2015 Revision*

策が伴わないならば経済開発計画は成功しない」とし、人口抑制政策を経済開発計画の一環として進めたのである（松江 2012）。

具体的には、「第1次経済開発計画（1962～66年）」のなかで「家族計画事業10カ年計画」が策定され、市・郡の保健所に家族計画相談所を設置した。そして不妊手術を条件に住宅居住権の優先的付与、軍事訓練の一部免除、避妊手術の医療保険の適用と補助金の支給などを実施した[(2)]。その結果、合計特殊出生率は1983年には人口置き換え水準の2.1を下回るようになった。

アジアでは韓国や中国だけでなく、程度は異なるものの、多くの国で人口抑制策が実施されてきた。韓国は1961年とアジアで最も早いが、1962年に中国、1965年にシンガポール、1966年にマレーシア、1968年にインドネシア、1970年にフィリピン、タイ、1973年に香港、1977年にベトナムがそれぞれ人口抑制策に踏み切っている（大淵・森岡 1981）。

その後の経済成長に伴う社会構造の変化（女性の社会参加率の上昇、教育水準の向上、都市化の進展など）は、この出生率の低下に拍車をかけた[(3)]。2014

図表 1-3　合計特殊出生率

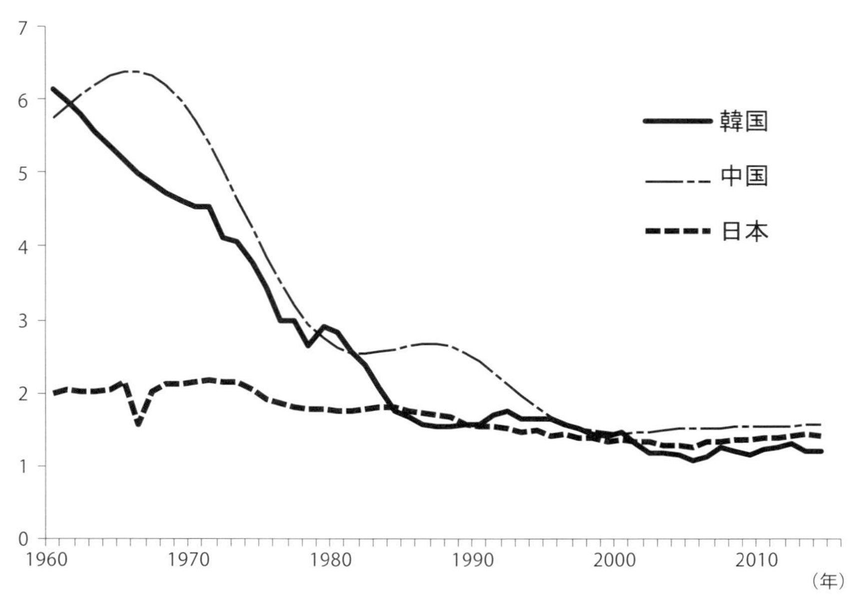

（資料）　World Bank, World Development Indicators

年時点で、アジアにおいて合計特殊出生率が人口を安定的に推移させるために必要な 2.1 を下回る国・地域は、日本以外にも韓国、台湾、香港、シンガポール、中国、タイ、ベトナム、マレーシア、ブルネイの 10 か国・地域に達する。

アジア諸国の出生率の推移の特徴は、その水準が途上国よりも高い水準から先進国並みの水準に急速に低下したことにある。その結果、各国の人口構成は、人口抑制策以前に生まれた大きな人口塊（population bulge）を持つようになった。

このことを韓国の人口ピラミッドから確認しておこう。人口ピラミッドとは、縦軸に年齢ごとの人口を若い順に積み上げたものである。**図表 1-4** と**図表 1-5** に韓国の 1975 年と 2015 年の人口ピラミッドを示した。人口塊が移

図表 1-4 韓国の人口ピラミッド（1975 年）

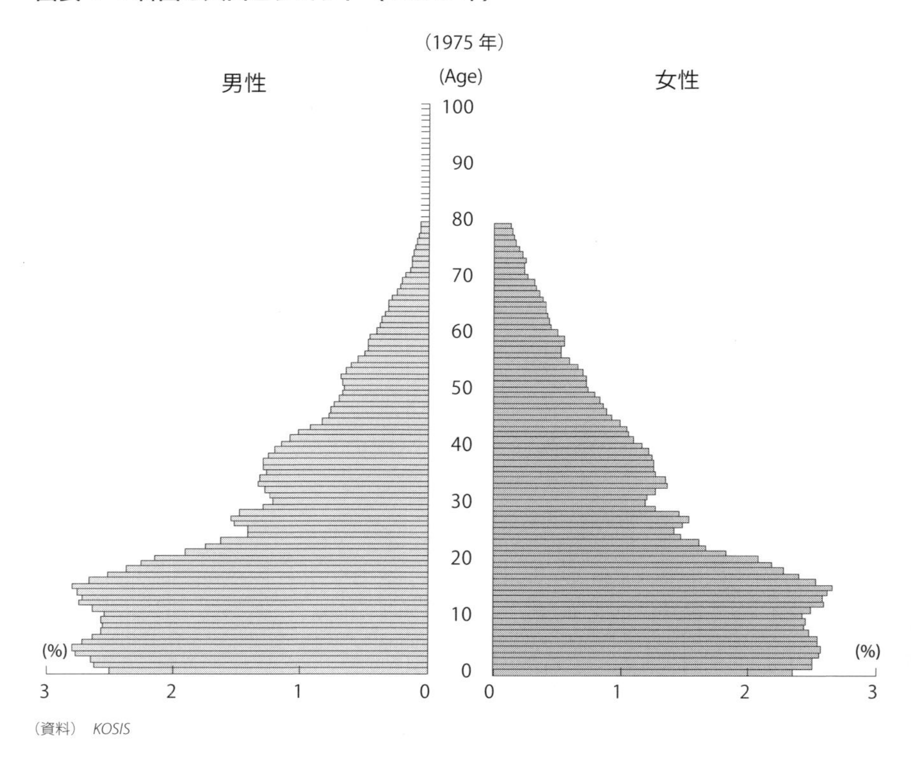

（資料） *KOSIS*

動し、形態が1975年の「富士山型」から2015年には「つぼ型」に変化していることがわかる。いくつかの人口塊が確認できるが、人口抑制策以前の1955～64年生まれの「ベビーブーム世代」が65歳にさしかかる時点から高齢化率が急上昇する。アジア各国も同様であり、ほぼ人口抑制策以前のベビーブーム世代が高齢化する時点から高齢化が加速する。つまり、時期は異なるものの、高齢化のスピードは日本と同等かそれよりも速くなるのである。

このように高齢化が加速することが確実視されているのであれば、高齢者に手厚い社会保障制度を導入することは望ましくない。日本の例が示すように、一度そのような社会保障制度を構築すると高齢化の進展とともに財政負担は急増する。

図表1-5　韓国の人口ピラミッド（2015年）

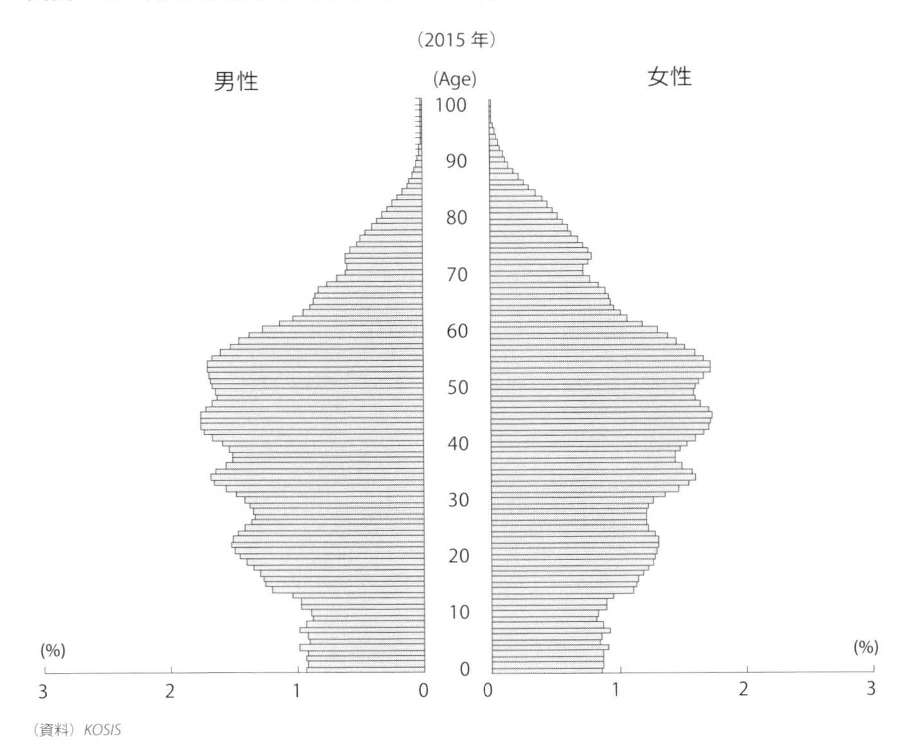

（資料）*KOSIS*

図表 1-6　社会保障給付などの推移

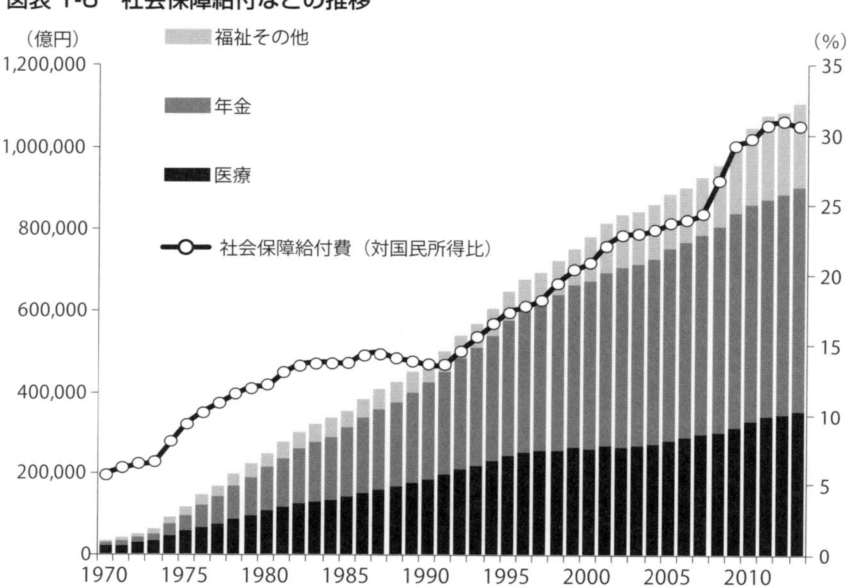

（資料）国立社会保障・人口問題研究所

図表 1-6 は日本の社会保障給付の推移をみたものであるが、右肩上がりで支出額が増加し、歯止めがかかっていないことがわかる。社会保障給付の国民所得比率は、1970 年の 5.6％から 2013 年には 30.6％に上昇した。そのうち 7 割以上が高齢者関連であり、その他の社会保障や公共事業を圧迫している。日本の経験が、逆に、アジア諸国の社会保障制度の拡張のスピードを抑制する要因になっている[(4)]可能性は軽視すべきではない。

3　アジアの社会保障制度と韓国

高齢社会対策のメニューは多様であるが、その中心となるのは社会保障制度である。

最初に、アジアにおける社会保障制度の整備状況を概観しておきたい。社会保障制度の内容や課題は、経済社会の状況や政治体制、文化・習慣の違いを反映して各国によって異なる。ただし経済発展の段階との関係をみると、以下のようなプロセスをたどる。

まず、いずれの国においても公務員・軍人の社会保障制度が構築される。次いで民間企業の被用者に向けて社会保障制度（保険制度が中心）の範囲が拡張される。最終的には自営業・農業従事者を社会保障制度に取り込み、国民皆社会保障制度が完成する。

この観点からアジアの社会保障制度を整理したのが**図表 1-7** である。

第 1 段階は、出生率がまだ高く、若年人口が多い低所得国の社会保障制度である。アジアでは、ラオス、カンボジア、ミャンマーがこれに相当する。これらの国の社会保障の対象は公務員と軍人に限定されている。当面の目標は、経済発展とともに勢力を拡大する民間企業の被用者に社会保障制度を拡張することである。

第 2 段階は、その後、工業化が進み、経済成長が軌道に乗った国の社会保障制度である。アジアでは、インドネシアやベトナムがこれに相当する。この段階になると、民間企業の被用者に積み立てる余力ができるようになるため、被用者と企業がともに積み立てる保険制度を中心とした社会保障制度が構築される。その際に、日本のように国が積立てを支援する場合もある。

これらの国は、出生率の低下に伴い生産年齢人口が急増する段階にあり、その社会保障制度の整備は労働関連（労災保険や失業保険など）に重点を置いたものになる。そして、自営業・農業従事者を社会保障制度にいかに含めるかが課題となる。

第 3 段階が、さらに経済社会が発展し、国民全員を対象とした社会保障制度（国民皆社会保障制度）を構築する過程である。アジアでは、中国やタイ、マレーシアがこれに相当する。これまで対象外にあった自営業と農家を既存の社会保障制度といかに調整し、そこに取り込むかが課題となる。これらの国では、高齢化率が徐々に上昇に向かうため、高齢者の生活を支える医療保険・年金制度整備への要請が高まる。

そして、第 4 段階が、国民皆社会保障制度を一応完成させた国で、日本や韓国、台湾がこれに相当する。ただし、これが最終ゴールではない。高齢化の加速により、財政負担をいかに軽減するか、また業種や就業形態による制度間の公平性、世代間の公平性をいかに保つのかが議論され、修正される。

図表 1-7 では、韓国は一応国民皆社会保障制度を整備しているので、日本と同じ 4 段階としてグルーピングした。しかし、その実態と今後の修正の

図表 1-7　アジアの社会保障制度の分類

	社会保障制度		経済発展段階		人口動態	
	現状	課題	所得水準	産業構造	人口構成	都市化
第１段階（ラオス、カンボジア、ミャンマー）	公務員（軍人を含む）のみ	民間企業被用者への拡張	低所得	農業部門多い	出生率の低下始まる	農村社会
第２段階（ベトナム、フィリピン、インドネシア）	公務員・民間企業被用者	自営業者・農家への拡張	低位中所得	工業化最中	出生率の急速な低下	農村社会から都市社会への移行期
第３段階（マレーシア、タイ、中国）	自営業者・農家への拡張中	全国民をいかに対象内に取り込むか	高位中所得	工業化の高度化	出生率が低水準に。高齢化が徐々に加速	メガ都市を中心にした先進国化
第４段階（日本、韓国、台湾、シンガポール）	全国民を対象	高齢化への対応と公平な配分の実現対応	高所得	サービス化	少子高齢化加速	都市社会

（資料）筆者作成

図表 1-8　ライフサイクルと人間の安全保障

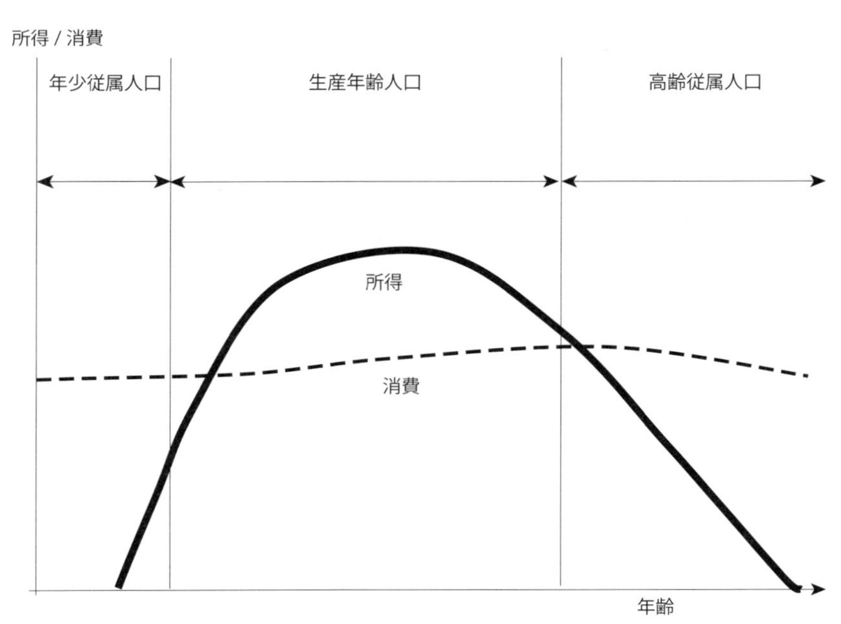

（資料）筆者作成

方向は異なる。日本では既存の制度の持続性が議論されているが、韓国では国民皆社会保障制度の構築が遅れたこと、かつ一気に拡張したことなどから、実際には国民全体をカバーできておらず、第３段階の国々と同じ課題（国民全体に公平な給付・サービスを拡充する）を抱えている。

年金制度についてみると、韓国の年金制度は1960年の公務員年金の設置でスタートしたが、民間部門向け年金制度が整備されたのは1988年の「国民年金法」制定以降のことであった。その後、1992年に従業員５人以上の事業所に、1995年に第１次産業従事者に、1999年には都市地域住民に適用することで、一応国民皆年金制度を実現した[(5)]。国民全体が年金制度の対象になったものの、実際のカバー率は６割程度にとどまっている。また、現在の高齢者の年金受給者は４割にも満たず、実際には65歳以上であり、かつ所得下位70％に月約９万ウォンを支給する基礎年金（2008年導入）で対応しているのが現状である。

韓国では国民全体を対象として「誰が誰を支えるのか」を議論すべき時代に突入しているが、日本よりも速いスピードで高齢化が進むことを考えれば、日本のような手厚い社会保障制度を構築することはできない。しかし、国民皆社会保障制度の整備が遅れれば、高齢者の生存リスクを高める「人間の安全保障問題」に発展する可能性がある（大泉 2007)。韓国の高齢者の自殺率が高いのは、このような問題がすでに生じていることを示すものであろう[(6)]。

ここで、この高齢社会における人間の安全保障の問題を、ライフサイクル仮説モデルを用いて説明してみたい。ライフサイクル仮説とは、個人の一生における所得と消費、貯蓄の関係を考察したものであり、**図表 1-8** のように示される。人は出生直後から消費活動を行うものの、当分の間は所得を得ることができない。このような年少期に所得ギャップが生じるが、それは主として家族・親族の負担によって賄われる。その後、青年期を迎え、職を得る（所得を得る）ことによって所得ギャップは縮小し、所得が消費を上回るようになることで貯蓄が生まれる。その後、加齢とともに所得が減少し、高齢期において再び所得が消費を下回るようになり、所得ギャップが生じるが、これは勤労期に蓄えた貯蓄を取り崩してまかなう。

このような個人のライフサイクル仮説を社会全体に拡大すると、高齢社会は、高齢者の所得ギャップが大きい社会であることがわかる。先に述べた通り、ギャップは基本的に自らの勤労期の積立てを取り崩すことによって賄われるが、すべての人が勤労期に高齢期の生活を補うに十分な蓄えを行えるわけではない。その場合、その時点の労働力人口が生み出す貯蓄や将来の世代からの借り入れ（国債発行など）で賄われる。しかし、賦課方式の年金制度や国債の発行によっても高齢者の所得ギャップを賄うのに十分でないかもしれない。その場合、高齢者のなかに生命の維持に必要な消費が確保できないことがあるかもしれない。このような高齢者の救済は、高齢者の生存権を保護するという意味で「人間の安全保障」が適用される範囲にあると考えられる。

とくに、所得が低い状況で高齢化が進む国では、この「人間の安全保障」の観点からの取り組みが重要になる。これを回避するためには、高齢者の保護の観点にたった社会保障制度の見直しに加えて、就業促進や社会参加という観点にたった高齢社会対策も同時に講じるべきだろう。

4　持続的成長と韓国の高齢者雇用策

さて、韓国を含めてアジアにおいて大きな人口塊を有した国は、ある一定の期間、「人口ボーナス (demographic dividend)」という効果を享受できる。人口ボーナスとは、生産年齢人口比率の上昇が経済成長を後押しする効果をいう[(7)]。

図表 1-9 は、韓国の生産年齢人口比率の推移を示したものである。生産年齢人口比率が 1970 年代から急速に上昇していることがわかる。加えて、そのピークの水準も高い。たとえば、日本の生産年齢人口比率のピークは 69.9％（1992 年）であるのに対し、韓国のそれは 73.0％（2013 年）と、3％ポイントほど高い。

もちろん、生産年齢人口の比率が高まってもそれを吸収する労働市場を含めた雇用環境が整っていなければ、人口ボーナスを享受することができない。

注意したいのは、人口ボーナスは期限付きの効果であり、高齢化の進展とともに、その効果は剥落していくことである。人口ボーナスを享受できる期間に定まった見方はないが、ここでは、生産年齢人口の比率が最も低い時点から最も高い時点までを人口ボーナスの期間とすると、日本のそれは 1992 年に終わり、2000 年代に入って香港、シンガポール、韓国、台湾、中国、タイ、ベトナムでも終わっていることになる（**図表 1-10**）。

図表 1-9 生産年齢人口比率の推移

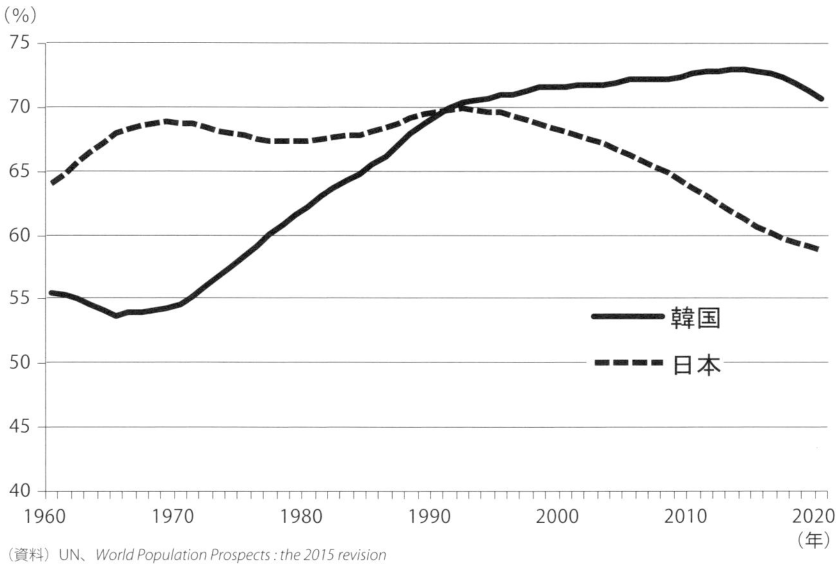

（資料）UN、*World Population Prospects : the 2015 revision*

図表 1-10　人口ボーナスの期間

	人口ボーナスの期間（年）		一人当たり GDP（ドル）2015 年
	始点	終点	
アジア	**1966**	**2012**	
日本	1930-35	1992	32,486
韓国	1965	2013	27,195
台湾	1962	2014	22,288
香港	1961	2009	42,390
中国	1966	2011	7,990
ASEAN	**1968**	**2019**	
シンガポール	1963	2011	52,888
ブルネイ	1965	2018	28,237
マレーシア	1964	2019	9,557
タイ	1968	2012	5,742
インドネシア	1971	2021	3,362
フィリピン	1964	2054	2,858
ベトナム	1968	2013	2,088
ラオス	1983	2047	1,779
ミャンマー	1967	2026	1,292
カンボジア	1966	2044	1,168
世界	**1967**	**2010**	

（注）始点は生産年齢人口比率が最も低い年、終点は同比率が最も高い年
（資料）UN, *World Population Prospects:* 2015 Revision

筆者は、韓国は、台湾などのアジアNIEsと同様に、人口ボーナスを効果的に利用した国として評価している（大泉 2007；大泉 2015）。これに対して、中国やASEAN諸国は人口ボーナスを十分に享受できなかった可能性がある。たとえば、図表の右端には2015年時点の一人当たりGDPを記したが、日本、韓国、台湾、香港、シンガポールの5か国・地域が人口ボーナス期中に高所得国に移行したのに対して、中国とタイ、そしてベトナムは一人当たりGDPが1万ドルに達しないうちに生産年齢人口比率がピークアウトしている。中国における「未富先老」は、所得水準が低い段階で高齢化が進んでしまうことと同時に、人口ボーナスが終わるまでに高所得国に移行できなかったことを示すものである。

ただし、人口ボーナスの考え方は、いくつかの条件を前提としていることに注意したい。たとえば生産年齢人口の動きと労働力人口の動きを同一視している。つまり、女性や高齢者の労働市場への参入を促進することによって人口ボーナスの期間を長期化させることができるのである。

図表 1-11　韓国の労働力率

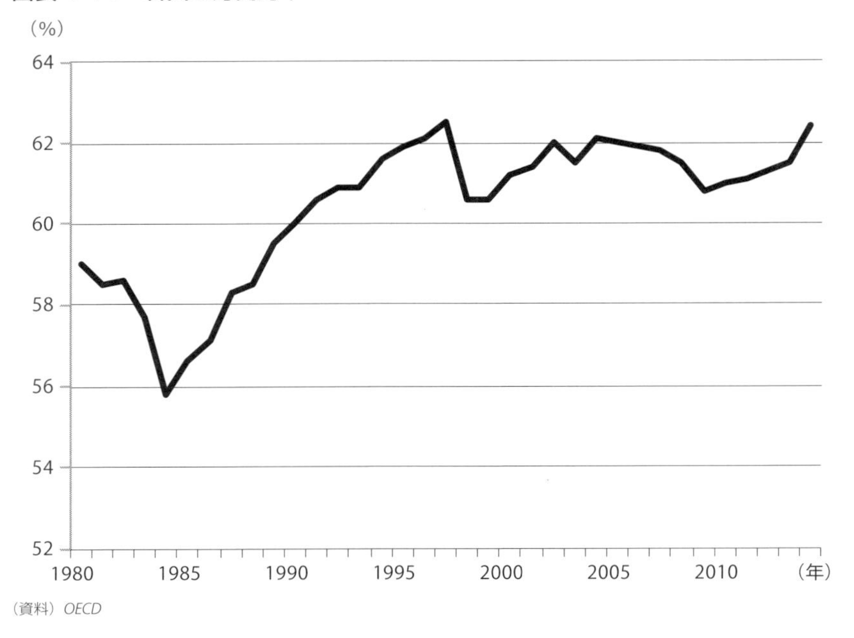

（資料）*OECD*

図表 1-12　韓国の年齢別労働力率（女性）

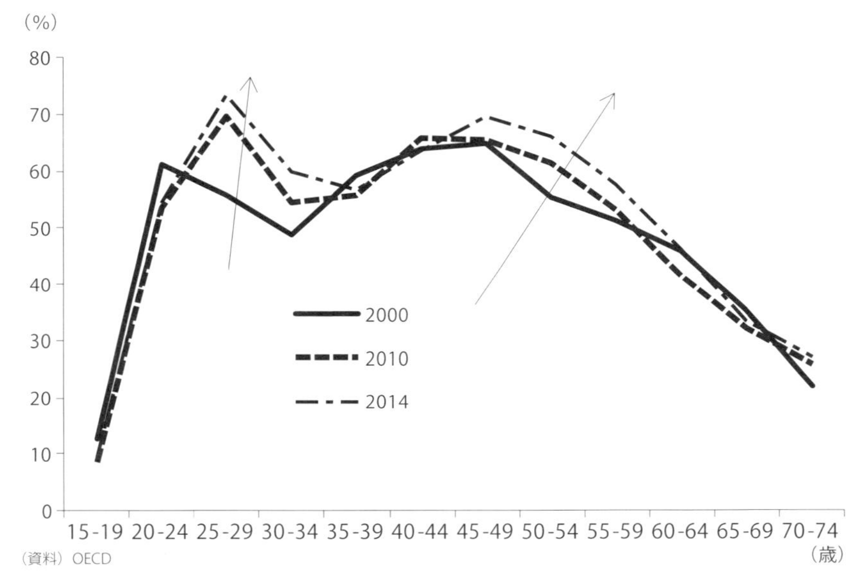

（資料）OECD

図表 1-13　韓国の年齢別労働力率（全体）

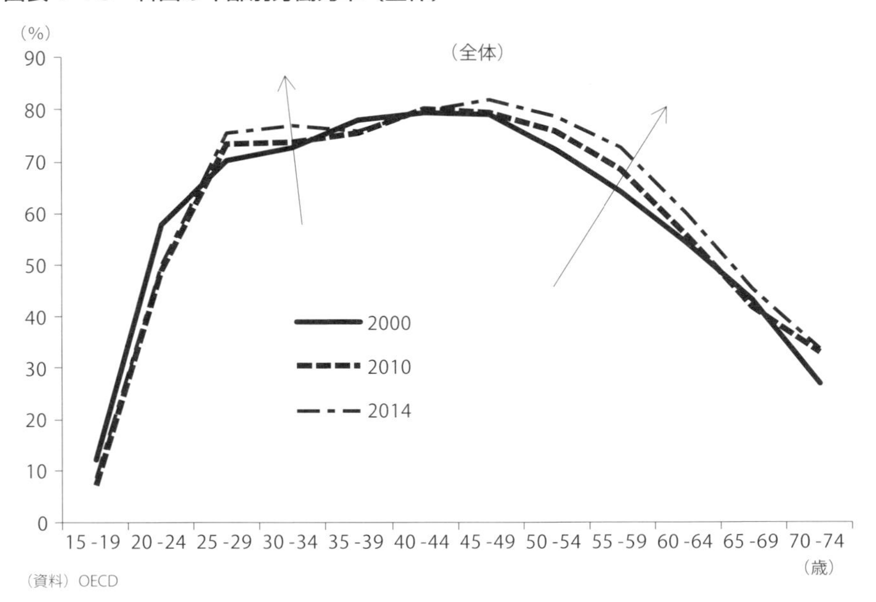

（資料）OECD

実際に、韓国の労働力率は、1980 年代後半から 90 年代後半まで急上昇した後、60 〜 62%で安定的に推移している（**図表 1-11**）。2014 年の韓国の労働力人口は 2,654 万人であり、前年比 2.5%増となった。生産年齢人口比率は低下しているが、労働力率は 62.4%と低下していない。つまり、女性と高齢者の労働参加促進によって、実際の人口ボーナスの期間は、生産年齢人口から計算されるものより若干長くなっているのである。

韓国では、日本と同様に、持続的な成長を維持するためには、女性と高齢者の活用が重要と認識されている。韓国の女性の労働力率は、2000 年の 49.3%から 2014 年には 51.3%に若干であるが上昇している。年齢別にみると日本と同様に女性が出産や介護のためにいったん職場を離れざるをえないことを示すM字型曲線を描いているが、それは時間とともに上方へシフトしている（**図表 1-12**）。

さらに育児と仕事を両立できる環境を整備することでＭ字型曲線を是正することができれば、人口ボーナスの期間はさらに伸びる。加えて、韓国の女性の教育水準が高いことを考えると、サービス産業の生産性を引き上げることができる可能性も高い。

さて、本章で注目したいのは、高齢者雇用策による人口ボーナスの延長である。すでに韓国の高齢者の労働力率は相当に高い。図表 1-12 は、韓国の年齢別労働力率をみたものであるが、高齢になるほど労働力率は低下傾向にあるものの、65 〜 69 歳の韓国の労働力率は 44.5％、70 〜 74 歳では 31.9％と高水準にある（**図表 1-13**）。これは OECD 諸国平均の 25.0％、14.5%を大きく上回り、日本の 41.4%、24.3%よりも高い[(8)]。

韓国政府は、近年、企業の定年引上げ義務化[(9)]と賃金ピーク制度の導入[(10)]により、高齢者雇用を促進しようとしている。OECD は、現在進行中の高齢者雇用政策を通じて労働力率を引き上げることができれば、労働力人口は 2030 年頃まで増加できるとみている（OECD 2016）。

もっとも韓国の高齢者雇用策の強化は、経済成長促進だけが目的ではない。むしろ財政節約的な高齢社会対策の一環としての色合いが強い。年金給付という直接的な所得保障ではなく、就労支援による所得保障を目的としている。ただし、高齢者の労働市場が形成されれば、高齢化の負担（人口オーナス）の軽減だけでなく、成長持続にも寄与する。これは「未富先老」を突破する政策の一つであり、自営業や農業従事者を多く抱える中国や ASEAN 諸国への教訓となりうる。

5　アジアへの視点

高齢者の雇用促進策に加えて、高齢者の生活維持のためには地域福祉も含めたシステム造りも進める必要がある。

このことは、途上国の年金制度設計に長年取り組んできた世界銀行の報告書からも明らかである（**図表 1-14**）。1990 年代半ばに、世界銀行は、途上国の年金制度の設計について、財源との観点から第 1 層：賦課方式、第 2 層：強制積立方式、第 3 層：任意積立て方式を組みあわせた分層モデル（multi pillar model）を推奨していた（World Bank 1994）。

しかし、その後の経験から明らかになったことは、先に述べたように途上国では積み立てる余力がない人々が多いことであった。それへの対処として低所得の高齢者に対しては、第 0 層：生活保護などの公的扶助で生活を支え、さらに第 4 層：家族や地域の支援を強化するという処方箋が加えられた（Holzmann and Hinz 2005）。

韓国の例では、前者は基礎年金制度や生活保護に該当する。後者は本書で後に詳しく述べるように、福祉館などが主な担い手になっている。同福祉館は 1988 年には 35 か所にすぎなかったが、2008 年には 410 か所、2015 年には 457 か所に増加している。

これまで日本と韓国を含めてアジアの社会保障制度は、欧米諸国の枠組みに収斂するという見通しがあった。しかし冒頭で述べたように、欧米とは諸条件が異なるアジアの社会保障制度の整備については新しい枠組みが必要になる（金成垣 2016）。

図表 1-14　世界銀行の老齢年金（所得保障）の五つの分類

層		対象者		
		貧困層	インフォーマル	フォーマル
第 0 層	公的扶助	大	中	小
第 1 層	賦課方式	―	―	大
第 2 層	強制積立方式	―	―	大
第 3 層	任意積立方式	小	大	大
第 4 層	家族や地域の支援	大	大	中

（注）大、中、小は効果を示す
（資料）Holzmann and Hinz (2015), Old Age Income Support in the 21st Century, p.82 を参考に筆者作成

第２章で、韓国の高齢者の生活保障の特徴を、「年金によるミニマムの所得保障をしつつ、できるかぎり働きながら生活を維持するための雇用保障をしているが、その雇用における賃金水準が非常に低く、そこでそれら所得保障と雇用保障の不十分さを補うかたちで現物給付としてサービス保障を行っている」ことにあると指摘しているが、より予算制約の厳しいなかで高齢社会対策を設計しなければならないアジアにとって、現在の韓国の取り組みは重要な教訓になると考えるのである。

さらに、韓国がこれから直面する厳しい現実と、それに対する韓国政府と市民の努力・工夫も、他のアジアに多くの教訓を導き出すことになるだろう。現在の韓国の高齢社会対策は「保障性」よりも「持続性」を重視しているのが特徴である。今後は、「持続性」を担保した上での「保障性」の向上を目指すことになるであろうが、この点もアジアの国民皆社会保障制度の整備を考える上で貴重なメッセージになる(11)。韓国は先進国型「福祉国家」ではなく、新しい新興国型「福祉国家」、あるいは「福祉社会」に向かうかもしれない。この点において、すでに「福祉国家」を形成したものの、そのほころびを地域包括ケアなど社会の力を取り入れようとする日本にとっても学ぶ点が多いと考える。

さらに、それが日本の高齢化と高齢社会対策を客観的に評価する機会になれば、日本の経験と知識を改良し、アジアの高齢社会対策に適したイノベーションとなる可能性もある。日本政府と市民は、高齢社会対策に際して、韓国と協力体制を確立し、ともに問題に取り組むことは有意義である。

注

（１）ただし、韓国統計庁によれば、合計特殊出生率は 2013 年の 1.19 から 2014 年に 1.21、2015 年には 1.24 と上昇傾向にある。

（２）韓国の人口政策については、高安（2008）、松江（2012）、裵海善（2015）を参照。

（３）出生率の低下には、人口抑制策のほかに、晩婚・晩産化、不安定な若年者の雇用、育児と仕事の両立の難しさ、子育てコストの増加などが関与している 。これらはアジアでも同様であり、比較研究が必要となろう。

（４）1960 ～ 70 年代は、日本を含めた先進国が、その後の財政負担拡大を考慮せず、社会保障制度を拡張した意味でも、「福祉国家の黄金時代」であった（金成垣 2016）。他方、現在において、韓国を含め新興国の社会保障制度の整備は、世界経済の不安定化と、将来の財政負担増に配慮することが、社会保障制度の拡張の足かせになるという時代にあることに注意する必要がある。

（5）韓国の社会保障制度の整備が、1990 年代後半に政治民主化と通貨危機の影響を背景に一気に進められた。これは「福祉国家の超高速拡大」とも呼ばれた（金成垣 2008）。

（6）韓国統計庁によれば、高齢者（65 歳以上）の自殺者数は、2014 年が 10 万人当たり 55.5 人であり、世界で最も高い。

（7）人口ボーナスについては、小峰（2007）、大泉（2007）、Bloom, Canning and Sevilla（2003）を参照。

（8）ただし、韓国の高齢者の貧困率は 2013 年で 49.6%と、OECD 平均の 12.6%、日本の 19.4%を大きく上回っており、「働かざるをえない状況にある」という見方があることには注意したい。

（9）2013 年の「高齢者雇用法」改正に基づき、2016 年から従業員 300 人以上の事業所に 60 歳以上の定年を義務化し、2017 年に 300 人未満の事業所に拡大する予定（厚労省 2016）。

（10）賃金ピーク制度とは、一定年齢を超えた場合、その生産性に応じて賃金を削減する代わりに定年保障や一定期間の雇用延長を行う賃金制度。政府は、この制度を導入した企業に対して支援金を支給している（厚労省 2016）。

（11）この点では日本は「保障性」を「持続性」よりも重視してきたといえる。いったん担保した「保障性」を「持続性」の観点から縮小することがいかに困難かは、現在の日本をみれば明らかである。この点でも韓国の方がアジアの高齢社会対策の見本となると考える。

参考文献

＜日本語文献＞

大泉啓一郎（2007）『老いてゆくアジア』中公新書。

大泉啓一郎（2016）「韓国の人口ボーナスは終わったか？」日本総合研究所『RIM 環太平洋ビジネス情報』Vol.16 No.62。

大渕寛・森岡仁（1981）『経済人口学』新評論。

金成垣（2008）『後発福祉国家論——比較のなかの韓国と東アジア』東京大学出版会。

金成垣（2016）『福祉国家の日韓比較——「後発国」における雇用保障・社会保障』明石書店。

厚生労働省（2016）『2015 年海外情勢報告』厚生労働省。

小峰隆夫・日本経済研究センター編（2007）『超長期予測——老いるアジア - 変貌する世界人口・経済地図』日本経済新聞社。

末廣昭（2014）『新興アジア経済論』岩波書店。

高安雄一（2008）「韓国における少子化進展の要因と少子化政策」環日本海経済研究所 ERINA Discussion Paper No.0801。

裵海善（2015）『韓国の少子化と女性雇用』明石書店。

松江暁子（2012）「韓国における少子化とその政策対応」国立社会保障・人口問題研究所『人口問題研究』68（3）。

＜英語文献＞

Bloom, David E., David Canning and Jaypee Sevilla eds.（2003）*The Domographic Devidend: A New Perspective on the Economic Consequences of Population Change*, Santa Monica, CA: Rand.

Holzmann, Robert and Richard Hinz（2005）*Old Age Income Support in the 21st Century*, World Bank.

OECD（2015）*Korea: Policy priorities for dynamic, inclusive and creative economy*, OECD(October 2015).

OECD（2016）*OECD Economic Surveys: KOREA*, OECD(June 2014).

World Bank (1994) *Averting the Old Age Crisis*, World Bank.

World Bank（2016）*Living Long and Prosper: Aging in East Asia and Pacific*, World Bank.

2章
高齢者の生活保障にみる韓国的特質

金 成垣

1　韓国における高齢化と高齢者の生活保障の特徴

高齢化のタイミング

現在、韓国の高齢化率は 13.12％で、日本や他の先進国に比べてはるかに低い。しかしそのスピードは世界第 1 である。すなわち、これまで世界でもっとも速かった日本の高齢化のスピードを追い越しており、その結果、2060 年になると、日本と同位かそれ以上の高齢化率を記録し（39.9％）、世界第一の高齢社会になると推計されている。

この早いスピードの高齢化を考えると、近年、韓国で高齢社会対策が重大な政策課題として登場している状況が容易に想像できる。しかし、その政策の具体的な中身について考えるならば、高齢化のスピードより、以下でみる高齢化のタイミングが重要となる。

すなわち、多くの先進諸国で高齢化が顕在化したのは 1960 ～ 70 年代ごろである。その時期、各国では高齢社会対策が本格的にはじまり、とくに年金や医療を中心とした社会保障制度の拡充がみられた。「福祉国家の黄金時代」といわれたその時期に、戦後の「黄金の 30 年」における高度経済成長の成果が、社会保障制度の拡充とそれにともなう財政支出の増加を可能にしたことは周知の通りである。

これに対して、韓国で高齢化が社会問題化するのは、他の先進諸国に比べて少なくとも四半世紀以上遅れた 2000 年代に入ってからである（2000 年高齢化率 7.3％）。いうまでもなく、この時期は、世界的にみると「福祉国家の黄金時代」が終わり、韓国国内でも、高度経済成長の終焉とともに低成長時代に突入していた。さらに、1990年後半のアジア金融危機と2000年代後半のリーマンショックという2度の経済危機のなかで、社会保障制度の拡充による財政負担増への懸念が強くなり、また2010年のユーロ危機にはじまる国際情勢や世界経済の不安定がその懸念により拍車をかけている。

下の引用文は、2014年末における当時の与党（セヌリ党）代表の金武成氏の発言である[(1)]。これをみると、社会保障制度をめぐって韓国の政策選択の状況が明確にあらわれている。

> 「『高福祉・高負担』にするか『低福祉・低負担』にするか。韓国の福祉の水準は低いです。しかし、無条件でその水準を上げてはいけません。そうすると、財政健全性が悪くなり、ギリシャやポルトガルのようにIMF支援に頼る国になります。福祉は非可逆性があるため、一度水準を上げると戻すことができません。……日本はその代表的な事例の一つです。」

このようにみると、他の先進諸国に比べて遅れて高齢化を経験するようになった韓国が、それら先進諸国における高齢社会対策の経験をそのまま受け入れることができず、むしろそれを「反面教師」にしつつ、それとは異なる対応をしなければならない状況におかれていることがわかる。何より、財政負担増をもたらしうる社会保障制度の拡充が避けられてしまうであろう。実際、本稿の高齢社会対策とかかわっていえば、高齢者の生活において十分な所得保障の役割を果たせる年金制度の構築が困難となり、そこで、財政節約的な他の政策手段がとられているのが韓国の現状である。

高齢者の生活保障

財政負担増への懸念によって十分な保障水準をもつ年金制度の構築が避けられるなか、韓国でこれまで重視されてきた財政節約的な政策手段としては、主に次の二つがあげられる。一つは、年金のような直接所得を保障する政策ではなく、就労支援などによって働く機会を提供する高齢者雇用政策であり、もう一つは、年金のような現金給付ではなく、地域福祉の一環として高齢者向けの福祉サービスなど現物給付を行うサービス保障政策である。以下では、①公的年金制度による所得保障、②高齢者雇用政策による就労保障、③地域福祉によるサービス保障という三つの政策領域を軸に、韓国における高齢者の生活保障の現状と全体像そしてその特徴を検討することにしたい。

2　公的年金制度による所得保障

第１に、公的年金制度についてである[(2)]。韓国の公的年金制度は大きく分けて、国民年金と基礎年金という二つの制度から構成されている。前者の国民年金は、保険方式で全国民をカバーする制度であり、後者の基礎年金は、何らかの理由で前者の国民年金の受給条件を十分に満たせない人々を対象とする税方式の制度である。この二つの制度の組み合わせによってすべての国民の年金が保障されている。

問題は、その全体にみられる低い給付水準である。この点とかかわってそれぞれの制度の中身をみてみよう。

導入時期の早い国民年金からみると、同制度は1988年に導入され、2008年から本格的に給付が始まるが、その給付開始前に、２度にわたって給付水準を大幅に引き下げる大改革が実施された（40年加入時の所得代替率70％→40％、保険料率９％維持）。急速な高齢化による財政負担増を避けようとして「世界で類例のない大幅削減」（金成垣 2011）が行われたのである。その結果、韓国はOECD諸国のうち、年金水準の最も低い国になってしまっている（OECD 2009）。韓国でこのような大改革が実現できたのは、他の先進諸国とは違って、本格的な年金受給前の改革であったため、年金受給者の利害関係より、保険料納付者の利害関係を多く反映することができたからであるといえる。

いずれにせよ、この国民年金の現状をみると、制度の経過年数が短いこともあって、2013年現在、65歳以上の高齢者のうち年金受給者は33％に過ぎない。その受給額は平均月額29.4万ウォン（≒2.7万円）と非常に低く、最低生計費の57.2万ウォン（≒5.2万円）の半分程度の水準にすぎない。そのため今日、深刻な「無年金・低年金」問題が指摘されている。

この「無年金・低年金」問題が今後、制度の成熟につれて改善されるかというと、必ずしもそうとはいえない。今日の雇用情勢、とくに雇用条件が不安定な非正規労働者や零細自営業者が増加するなかで、保険料拠出が段々厳しくなっている状況を考慮した推計によると、今後も年金の給付額が最低生計費をはるかに下回る水準にとどまることはたしかであり（カン・ソンホほか 2010：174-177；キム・ヨンミョン 2010）、しかも 2050 年頃に高齢者の 4 割近くが、最少 10 年間の保険料納付期間を満たせず、無年金者になるという調査結果も出ている（イ・ヨンハ 2009：7）。国民年金の「無年金・低年金」は簡単には解決できる問題ではないのである。

このような保険方式の国民年金の問題に対処するために 2008 年に新しく導入されたのが、税方式の基礎年金である。同制度では、上記のように、一定の所得水準以下の高齢者に対して給付を行っている。この基礎年金の導入によって、「無年金」問題の多くの部分が改善できたものの、「低年金」問題の解決には大きく寄与することができなかった。なぜなら、その給付額が、受給者の所得水準に応じて最低 10 万ウォン（≒ 0.9 万円）から最大 20 万ウォン（≒ 1.8 万円）までときわめて低い水準に設定されているからである。この金額だけで生活を維持することは不可能であり、かりに国民年金の給付額にこれを足したとしても、最低生計費を上回ることは厳しい。

一般的に年金は高齢者の生活においてもっとも重要な役割を果たすものである。実際、2013 年の OECD データをみると（OECD 2013）、多くの先進諸国において高齢者の収入源のうち年金の占める割合が 60 ～ 70％となっている。しかし韓国では、以上のような状況のため 16％弱の非常に低い水準となってしまっている。

3　高齢者雇用政策による就労保障

第 2 に、以上のような低い水準の年金制度を補う役割を果たしているのが、高齢者雇用政策である。2000 年代以降、高齢化問題が顕在化するなか、一方では、上記のような改革によって低い水準の年金制度が定着していくが、他方では、それを補うかたちで高齢者雇用政策が活発に展開されるようになった。この高齢者雇用政策の展開の背景として、高齢者をとりまく労働市場の全般的な状況を簡単にみておこう。

韓国における高齢者の労働力率は非常に高い。最新の OECD データによれば[(3)]、2015 年現在、65 歳以上の高齢者の労働力率は、スウェーデン 16.8％、ドイツ 6.1％、フランス 2.7％、イギリス 10.3％、アメリカ 18.9％であり、先進国でも高いといわれる日本が 22.1％である。これに対して韓国は31.3％と目立って高い。ちなみに、75歳以上の高齢者の労働力率をみても、18.2％と他国に比べてきわめて高い数値である（ドイツ1.8％、フランス0.5％、イギリス2.4％、日本8.4％など）。

このように韓国における高齢者の高い労働力率は、退職年齢の高さによるものではない。定年退職制度（60歳）は存在するが、さまざまな要因によってそれがきちんと機能しておらず（Higo & Thomas eds. 2015）、企業の都合によって退職年齢がますます低くなっている。実際の退職年齢をみると、40代後半あるいは50代前半と驚くほど低い（チ・ウンジョンほか2015）。

40代後半～50代前半の退職後、年金支給年齢（2016年61歳、2033年まで5年ごとに1歳延長して65歳）まで10年以上のギャップがあり、さらに、上記の低い年金水準を考えると、退職後も働きつづけなければならない状況が容易に想像できる。実際、最新のOECDのデータによれば[(4)]、韓国の高齢者が労働市場から完全に引退するのは平均70.5歳で、OECD諸国でもっとも高い（もっとも低いフランスが59.9歳、先進国で高いといわれる日本が67.9歳）。つまり、多くの人々が40代後半50代前半の早い退職後、20年近くあるいはそれ以上の期間、何らかのかたちで働きつづけており、その大半が雇用状況の不安定な非正規職や自営業であることが明らかにされている（Higo & Thomas eds. 2015）。

ここで重要なのは、上記の低い年金水準が改善されないかぎり、完全に引退する年齢の70.5歳よりもさらに働かなければ生活が成り立たなくなっているという事実である。この問題に対応するために高齢者雇用政策としてはじまったのが、2004年からの高齢者就労支援事業である。

同事業の具体的な内容は別稿を参照されたいが（金成垣2015）、簡単に説明すると、市場進入型（民間部門）と社会貢献型（公共部門）があり、市場進入型には人材派遣型、市場型、創業型と、社会貢献型には公益型、教育型、福祉型がある。同事業は、これら多様な類型の雇用を創出し、対象者のニーズやスキルに合わせた働く場を提供している。2004年に292億ウォンの予算を投入し、3.5万件の雇用創出を達成した同事業は、その後、順調に拡大していき、2014年には5,604億ウォンの予算で36万件の雇用創出を達成している。事業開始後の10年間で、財政面では20倍近く、実績面では10倍以上の大幅な拡大をみせているのである。

同事業はそもそも65歳以上の高齢者を対象としてスタートしているが、

実際には 70 歳以上の参加者が多い。初期の 2004 年度から 70 歳以上の高齢者が 5 割を超えており、その後段々増えていき、最近の 2014 年では 8 割を超えている。このことから、同事業の参加者のほとんどが、労働市場から完全に引退した 70 歳以上の高齢者であり、同事業への参加が、彼（女）らの生活において重要な役割を果たしているとみてよい。これは、同事業の参加者へのアンケート調査からも明らかになっていることである（金成垣 2015）。

ただし問題は、同事業がこの間、雇用創出の量的拡大のみに力を入れており、その一方で雇用の質に関してはほとんど考慮してこなかったことである。実際、既述したように、事業開始以降、雇用創出の件数の増加は 10 倍以上に達している。しかしそこにおける賃金水準はほとんど変わらず、この 10 年間、月 15 ～ 20 万ウォン程度（≒ 1.4 ～ 1.8 万円）に止まっている。これは、労働者の平均賃金（2014 年基準約 367 万ウォン＝ 33.7 万円）からして考えられないほど低い水準であり、またこの 10 年間の物価上昇率（30％超）に照らして考えてもありえない。

年金給付の水準が低く、それを補うために働いているところで賃金も低水準になると、当然ながら、多くの高齢者は貧困状態にならざるをえない。実際、韓国における高齢者の貧困率がきわめて高いのは周知の通りである。最近の OECD データによれば[(5)]、韓国の高齢者の貧困率は 49.5％と、高齢者全体の半分近くが貧困状態にいることになる。OECD 諸国のうちもっとも低いオランダ（2％）に比べると 25 倍程度高く、OECD 平均（12.6％）に比べても 4 倍近く高い。

4　地域福祉によるサービス保障

そこで第 3 に、主に低所得の高齢者の生活にとって重要な役割を果たしているのが、地域福祉の一環として行われている現物給付によるサービス保障、なかでも総合社会福祉館（以下、福祉館）による福祉サービスの提供である。

福祉館は韓国における地域福祉の主な担い手である。福祉館の歴史は 1900 年代初頭の隣保館（りんぽかん）運動まで遡るが、それが韓国における地域福祉の主な担い手として制度化されたのは 1980 年代後半～ 1990 年代初頭である。当時、関係法令の整備や規定の制定が行われ、地域住民のための福祉事業の展開を目的として全国地域で福祉館の設置が急がれるようになった。そこには、貧困問題を含む社会問題や福祉ニーズに対して、国レベルでの制度・政策ではなく、地域社会や民間の力を最大限活用しようとする政府の意図があったが、それはともかく、この時期から政府の財政支援などによってその数が急速に増えていった。1988 年に 35 か所に過ぎなかった福祉館は、1998 年には 308 か所に 10 倍近く増加し、その後 2008 年には 410 か所に、そして 2015 年現在 457 か所までに増えてきている。

この福祉館は、低所得の高齢者にかぎらず地域住民すべてを対象として幅広い事業を行っているが、地域住民のなかでも主に低所得者をターゲットとしている点、そしてその低所得者の大半が高齢者であるという点を考えると、高齢者向けの福祉サービスの提供が福祉館の事業の多くの部分を占めているとみてよい。

そのサービスの内容は、地域ごと福祉館ごとに多種多様であるため、一括りにして紹介することは難しい。ただし、共通して行われているいくつかの代表的な事業がある。まず、低所得の高齢者のための無料給食・弁当配達サービスである。移動に制約のない高齢者に対して福祉館で食事を提供し、移動に不自由な高齢者には弁当配達を行っている。次に、保健医療サービスである。福祉館の常勤の看護師と地域の病院など関係機関との連携を通じて健康相談や訪問看護および訪問介護、健康診断や治療などを行っている。さらに、自立・自活サービスである。高齢者に対して働く機会を提供し一定の収入を保障する事業で、前述した高齢者就労支援事業との関連で行われることが多い。それ以外にも、地域ボランティア活動支援サービス、教育支援サービス、レクリエーションサービス、理美容サービス、ピクニックサービス等々、社会参加を促したり社会的孤立を防いだり、また居場所を提供したりするような多様な事業が展開されている。

この福祉館だけでなく、全国各地で、敬老堂（2015 年全国 6 万 3,261 か所）、老人福祉館（347 か所）、老人教室（1,377 か所）などが福祉館と類似した事業を展開している。また、低所得の高齢者を主な対象として、住居および生活関連サービスを提供している養老施設（265 か所）、老人共同生活家庭（131 か所）、老人福祉住宅（31 か所）などの入所施設があり、そして病気をもった低所得の高齢者を対象として、医療および介護サービスとともに生活関連サービスを提供している老人療養施設（2,933か所）、老人療養共同生活家庭（2,130か所）などの入所施設がある。さらにいえば、介護保険関連の通所施設（3,089か所）も数多く存在している（保健福祉部 2015）。

このような高齢者福祉関連機関で提供しているサービスは、現物給付であるため、上でとりあげた年金の給付額や高齢者就労支援事業の賃金のように、実際の高齢者の生活においてどれほどの役割を果たしているかを正確に測ることは難しい。しかし、上記のように現に全国各地で数多くの機関が多種多様な福祉サービスを提供している状況をみると、その役割はけっして過少評価することはできないであろう。詳細は終章を参照されたいが、近年の政府の政策基調として、現金給付より、財政負担が少なく予算調整がしやすい現物給付を重視する「社会サービス国家」への志向が強くなっている状況をみると（金成垣 2016）、高齢者の生活を支えるための現物給付によるサービス保障の重要性が、今日はもちろん今後さらに増していくと予想される。

5　韓国的特質とその意味

「保障性」より「持続性」

以上、韓国における高齢者の生活保障のあり方を、①公的年金制度による所得保障、②高齢者雇用政策による就労保障、③地域福祉によるサービス保障という三つの軸を中心にそれぞれの現状を検討してきた。まとめると、年金によるミニマムの所得保障をしつつ、できるかぎり働きながら生活を維持するための就労保障をしているが、その就労における賃金水準が非常に低く、そこでそれら所得保障と就労保障の不十分さを補うかたちで現物給付としてサービス保障を行っているのが、韓国における高齢者の生活保障の全体像といえる。

そもそも今日の高齢社会において、高齢者の生活保障をめぐる政策課題は、一方では、生産年齢人口の減少や経済成長の鈍化などによる財政負担の増加を考慮した社会保障制度の抑制の圧力＝「持続性」の重視と、他方では、平均寿命の上昇や高齢者人口の増大などによるニーズの増加に対応した社会保障制度の機能強化の圧力＝「保障性」の重視の両方に同時に対応しなければならない難しい状況となっている。単純化を恐れず、この図式に照らして言えば、以上の韓国における高齢者の生活保障は、後者の「保障性」より前者の「持続性」の重視により形づくられたものといえる。

高齢化の後発国からの示唆

なぜ「保障性」より「持続性」を重視する政策選択をしたかについては、韓国が他の先進国に比べて遅れて高齢化を経験した、いうならば高齢化の後発国であるという要因によって説明できる。すなわち、高齢化の後発国であるがゆえに、高齢化の先発国が直面している高齢化による財政負担増の困難を学習することができ、それをできるだけ避けようとして財政節約的な政策手段を選択することになったのである。これは、後発国であるからこそできたことといえる。

とすると、これは単に韓国の経験としてとどまる状況ではなくなる。今日、アジアの多くの国々が、韓国と同様、先進諸国に遅ればせながらも速いスピードで高齢化を経験しており、それらの後発の国々が高齢化に対応するためにいかなる政策を選択するかを考えるさい、韓国の経験が一つの基準になるに違いない。さらにいえば、日本でも近年、財政状況の悪化などから、「持続性」を重視する韓国の政策選択に注目する議論がみられていることを考えると[(6)]、韓国の経験は、高齢化の後発国のみならず高齢化の先発国に対しても重要な示唆を与えているといえるのではないか。本稿では主に韓国における高齢者の生活保障の現状と特徴をみてきたが、今後、その生活保障の帰結、つまり「持続性」の重視による「保障性」の弱体化の実態についての検討が重要な探求課題になるであろう。

注

（1）「セヌリ党代弁人論評・報道資料」（2014.11.14）（http://www.saenuriparty.kr/intro.jsp）より。
（2）韓国公的年金制度の歴史と仕組み、問題点と課題などについては金成垣（2011）を参照されたい。
（3）OECD データベース（http://stats.oecd.org）より。
（4）同上
（5）同上
（6）高安（2014）や大泉（2016）の議論を参照されたい。

参考文献

<日本語文献>

大泉啓一郎（2016）「韓国の人口ボーナスは終わったか？」日本総合研究所『RIM 環太平洋ビジネス情報』Vol.16 No.62。

金成垣（2011）「韓国における年金制度と女性」『海外社会保障』No.177。

金成垣（2015）「韓国における高齢者雇用政策」アジア太平洋研究所資料（http://www.apir.or.jp/ja/research/）。

金成垣（2016）「比較福祉国家論からみた東アジア」『福祉社会科学』No.6。

高安雄一（2014）『韓国の社会保障――「低福祉・低負担」社会保障の分析』学文社。

<英語文献>

Higo, M. & Thomas R. K. eds.（2015）*Retirement in Japan and South Korea*, Routledge.

OECD（2009）*Pension at a Glance 2009*, OECD.

OECD（2013）*Pension at a Glance 2013*, OECD.

<韓国語文献>

カン・ソンホほか（2010）『国民年金の老後所得保障水準研究』国民年金研究院。

キム・ヨンミョン（金淵明）（2010）「大量の老人貧困を誘発する基礎老齢年金縮小方案」『月刊福祉動向』2010 年 8 月号。

保健福祉部（2015）『2016 老人福祉施設現況』保健福祉部。

イ・ヨンハ（2009）「老後所得保障の内実化のための国民年金の発展方向」『年金フォーラム』No.35。

チ・ウンジョンほか（2015）『高齢者就労および社会活動支援事業の改編方向研究』韓国老人人力開発院、チョン・インヨンほか（2015）「公的年金制度と高齢者雇用政策の補完的発展方案」国民年金研究院。

第Ⅱ部
韓国的特質の諸相

月渓福祉館（韓国の地域福祉拠点）の外観

3章
高齢者雇用と社会活動支援事業の展開
――市場型事業を中心に

金 炫成

1 圧縮した高齢化

日本では高齢者の増加に伴い、彼らの経済的困窮[1]についての関心が高まっている。藤田（2015）[2]やNHKスペシャル取材班（2015）は、それをトピックに取り上げて社会的な反響を呼んでいる。『週刊東洋経済』2015年8月29日号の特集「下流老人」と『週刊ダイヤモンド』2015年12月19日号の特集「老後リスクの現実（リアル）」でも高齢者貧困の実態を多方面で浮き彫りにしている。

韓国の実態に目を向けてみよう。2016年を基準にすると、日本に比べ、韓国の高齢化率はまだ低い。しかし、高齢化のスピードを見ると話は一変する。ヨーロッパの先進諸国はもちろん、日本よりも高齢化のスピードが速い。65歳以上人口の比率7%から14%までの倍加年数は、フランスが114年（1865～1979年）、アメリカが72年（1942～2014年）、日本が25年（1970～1995年）であるのに対し、韓国は18年（2000～2017年）に過ぎない（厚生労働省編 2016：9)。「圧縮した高齢化社会」と呼んでも不思議ではない。

ここで注目すべきデータがある。それは高齢者の経済活動参加率である。2015年を基準にすると、韓国は日本より10.9%も高いことがわかる（**図表3-1**)。一見すると、韓国ではアクティブエイジング（active aging）の高齢者が多いような印象を受ける。韓国の高齢者は、果たして老後を楽しく暮らすために社会活動に積極的に参加しているといえるか。それについては、必ずしもイエス（yes）ではないだろう。経済的困窮を打開するために、多くの高齢者は働かなければならないのが切ない現実である。では高齢者が現役世代と同じ労働条件で働いているか、という点も疑問となる。体力の衰えにともない、高齢者は不利な条件や職種で働いている可能性が高い。本稿では、そのような高齢者就労の実態をその属性から把握してみたい。

もう一つ検討したいのは、関連政策の展開方向とその特徴である。2004 年は、韓国の高齢者政策において分岐点となった年である。盧武鉉（ノ・ムヒョン）政権が発足した翌年の 2004 年に、「高齢化および未来社会委員会」を大統領諮問機構に設置して少子高齢社会対策を重要な国家戦略の一つと定めた。2005 年には「低出産・高齢社会基本法」の制定と「老人福祉法」の全面的な改正[(3)]が行われた。この動きの中で、「老人就労および社会活動支援事業」を新たに立ち上げた。以来、事業の細部分野は多岐にわたって展開されており、個々の内容も統合または改廃が行われた。本稿では、その中で " 市場型事業 " に焦点を置いて検討したい。一方的な恩恵としての高齢者対策に留まらず、中長期に持続可能な高齢者対策として定着するためには、市場化の流れを無視

図表 3-1　高齢人口比率と高齢者の経済活動参加率の国際比較（2015 年）

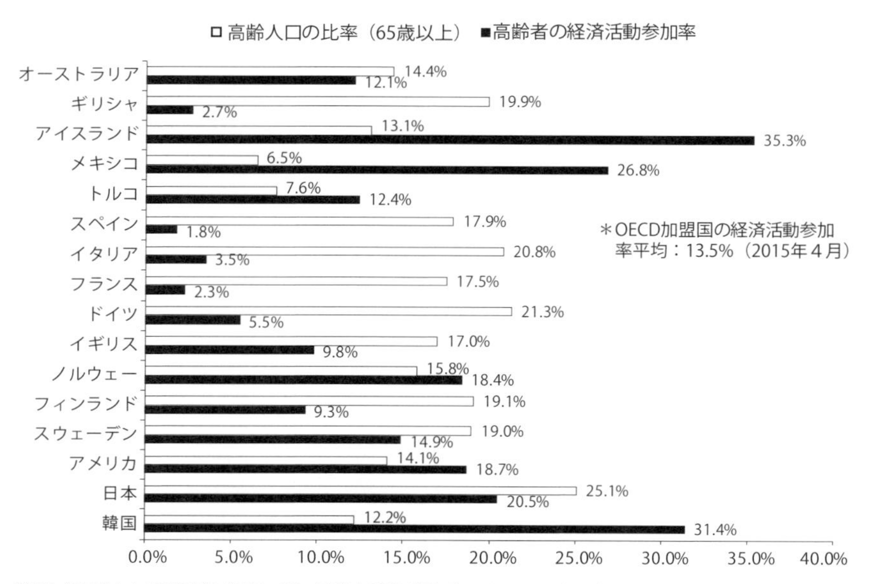

（資料）韓国老人人力開発院編（2015：12）、原典は OECD 統計（http://stats.oecd.org/）

することができないからである。

2　高齢者の雇用状況

（1）高齢人口の推移

新方式[(4)]で実施した2015年人口住宅センサスによると、韓国の全人口は2015年11月1日現在で、5,107万人である。年齢階級別人口の推移を見ると、15歳未満の年少人口比率は1970年をピークに、低下の一途をたどっている。1960年の42.3%から1970年には42.5%に小幅に上がったが、1980年には34.0%、1990年には25.6%、2000年には21.1%、そして2010年には16.1%にまで下がっている（**図表3-2**）。それとは裏腹に、全人口に占める高齢人口比率は1970年代から増え続けている。2000年代に入ると、その上昇はより目立っている。高齢者の定義を65歳以上とすると[(5)]、1990年に5.1%、2000年には7.2%になり、2000年時点ですでに「高齢化社会（aging society）」に突入している。統計庁の将来人口推計では、そ

図表3-2　年齢階級別人口の推移（1960～2060年）

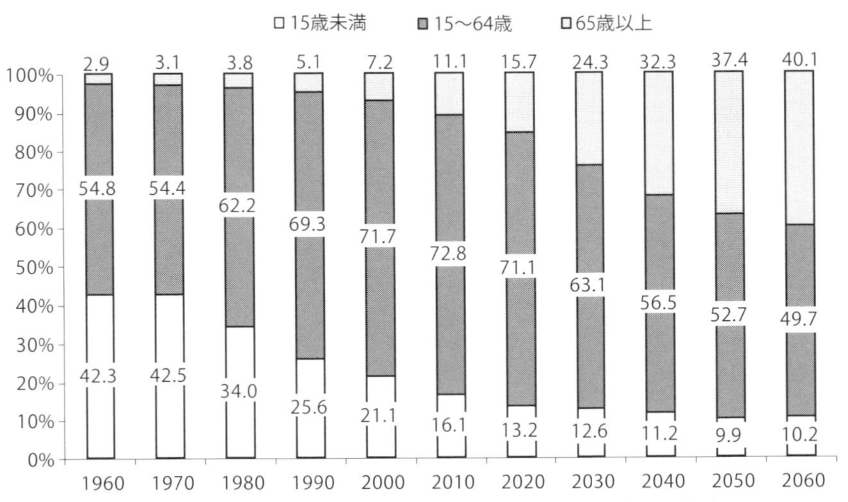

（資料）統計庁「将来人口推計2010～2060」（2011年12月7日、統計庁報道資料）p.8に基づき筆者が作成

の比率が2017年には14.0％になるとされ、「高齢社会（aged society）」への移行を目前に控えている（2015年高齢者統計 2015年9月24日報道資料：44）。しかも、2027年には21.8％と推計されており、今後の高齢化スピードは著しく加速すると見込まれている。高齢化率の上昇幅について同推計で見てみると、2000年から2010年（11.1％）の10年間の高齢化率は3.9ポイント上昇し、2010年から2020年（15.7％）の10年間は4.6ポイント上昇する見込みである。更に、2020年から2030年（24.3％）の10年間は8.6ポイント、2030年から2040年（32.3％）の10年間は8.0ポイント上昇するとしている。このように2020年以降の20年間に更に圧縮した高齢化が到来する。「高齢化社会」から「高齢社会」に移行する倍加年数が17年[6]、「高齢社会」から「超高齢社会（super aged society）」までの倍加年数に至っては、わずか10年しかかからない。韓国はまさしく、高齢化が急速に進展する代表的な国に違いない。

（2）高齢者の就業状況と特徴

年齢別就業率の動向

まず、**図表3-3**のデータで年齢別就業率の動向を確認しておこう。2014年の15歳以上の就業率は60.2％である。2000年代の推移を見ると、58％から60％の間で動いていることがわかる。80％弱の高い進学率と男性の徴兵制度を勘案すると、男性の場合、20代後半で初めて就職するのが一般

図表3-3　年齢別就業率の推移（2000～2014年）

（単位：％）

	15歳以上平均									
		15～19歳	20～29歳	30～39歳	40～49歳	50～59歳	60～64歳	65歳以上		
									男性	女性
2000	58.5	10.3	60.1	72.5	76.4	66.5	53.0	29.4	40.3	22.7
2005	59.7	8.0	61.2	72.3	77.1	68.1	53.4	29.8	40.8	22.4
2010	58.7	6.1	58.2	72.0	77.8	70.9	53.7	28.7	39.5	21.2
2011	59.1	6.8	58.5	72.2	78.4	71.6	55.1	28.9	39.6	21.4
2012	59.4	7.0	58.1	72.7	78.3	72.2	56.1	30.1	40.7	22.6
2013	59.5	6.9	56.8	73.2	78.4	73.1	57.2	30.9	41.9	23.1
2014	60.2	7.7	57.4	73.9	79.1	74.2	58.3	31.3	42.1	23.5

（注）四捨五入のため、合計％が合わない場合がある。以下の表も同じ
（資料）統計庁「2015高齢者統計」（2015年9月24日、統計庁報道資料）p.63

的である。徴兵義務のない女性は 23 歳から 25 歳前後であろう。20 歳から 29 歳の就業率は、2005 年の 61.2％をピークに、次第に下がっており、2014 年には 57.4％まで低下している。社会に初めて進出する若年層の就業率低下は、深刻化していく若年失業の実態を反映している。その影響で、比較的安定した雇用が保障される公務員志望者が急増しており、大学を卒業した後も公務員試験の勉強を続ける若者が大勢いる。

次に、同じく図表 3-3 から高齢者の就業率はどうなっているかを見てみよう。65 歳以上の就業率は、2000 年の 29.4％から 2014 年には 31.3％になり、小幅ながら上昇していることがわかる。しかし、日本と異なる韓国特有の実情に注意を払う必要がある。それは韓国サラリーマンの平均退職年齢が非常に早い点である。2014 年の統計庁「経済活動人口調査」を用いたデータ[7]によると、サラリーマンの平均退職年齢が 52 歳に過ぎないことが明らかになっている。それだけでなく、終身雇用を前提にした賃金や昇進体系を維持する企業も極端に減っている。それを踏まえると、退職後の就業状況を把握するにあたっては、65 歳ではなく、50 代後半まで年齢を引き下げて検討したほうがより的確であろう。それは、65 歳以上の高齢層と 50 代後半の退職者層は労働市場で競合関係にあるからだ。図表 3-3 でみると、50 歳から 59 歳の就業率は 2000 年の 66.5％から 2014 年には 74.2％に約 7.7 ポイントも上昇している。同じ期間で、60 歳から 64 歳の就業率も 53.0％から 58.3％に 5.3 ポイント上昇している。50 歳から 64 歳を準高齢者と位置付けると、広義の高齢者の就業率は上がっているといえる。

高齢者就業者の特徴

65 歳になると、どれぐらいの割合で社会活動への参加を続けているのか。**図表 3-4** は 2014 年に 1 万 297 人を対象にしたサンプル調査（保健福祉部からの依頼調査）の結果を抜粋したものである。合計の数字を見てみよう。65 歳以上の高齢者のうち、「過去に有職だったが、現在は無職」と回答した人（60.4％）と「就労中」と回答した人（28.9％）の割合が約 2：1 程度になっていることがわかる。65 歳以上の 3 人に一人程度が何らかのかたちで仕事を続けているといえる。

65 歳以上の就業率を主要属性別に分けて見てみよう。図表 3-4 は、その中で高齢者の性別、年齢別、教育水準別および所得水準別に分けて就労状況を示している。性別を見ると、男性の37.5%、女性の22.7%が「就労中」と回答しており、男性のほうが女性より非常に高いことがわかる。2016年9月時点の統計庁「経済活動人口調査(8)」が示す性別平均就業率の差（男性71.5%、女性50.9%）に鑑みると、異質的な数値ではない。年齢を見ると、75歳を境として就業の割合が減っていくことがわかる。65歳から69歳の就業率が39.1%、70歳から74歳のそれが31.5%であるのに対し、75歳以上の就業率は急激に下がっている。世帯の所得水準を5段階に分けると、比較的に低所得層といえる第1五分位と第2五分位の就業率が、それぞれ、18.5%と28.7%になっている。高所得者層の第4五分位（33.1%）と第5五分位（30.0%）の就業率はそれより高い。第5五分位には定年の無い専門職が多く含まれている可能性がある。教育水準別では中卒者の就業率が33.9%でもっとも高いものの、それほど目立った高さではない。教育水準が高齢者の就業率自体にそれほど影響していないことがうかがえる。

図表3-4　主要属性からみた高齢者の就業状況（65歳以上）

（単位：%、人）

		就労中	有業だったが、現在は無業	仕事につけたことがない	計（人）
合計		28.9	60.4	10.7	100.0（10,279）
性別	男性	37.5	62.1	0.4	100.0（4,290）
	女性	22.7	59.3	18.0	100.0（5,989）
年齢	65～69歳	39.1	50.6	10.3	100.0（3,303）
	70～74歳	31.5	60.1	8.4	100.0（2,810）
	75～79歳	25.3	64.3	10.4	100.0（2,120）
	80～84歳	16.4	70.6	13.0	100.0（1,285）
	85歳以上	6.3	76.2	17.5	100.0（764）
教育水準	無教育（非識字）	22.5	70.2	7.3	100.0（970）
	無教育（識字）	26.6	64.9	8.5	100.0（2,136）
	小学校	32.4	55.7	11.9	100.0（3,303）
	中学校	33.9	51.7	14.4	100.0（1,347）
	高等学校	27.3	60.0	12.8	100.0（1,717）
	専門学校以上	23.5	71.8	4.7	100.0（805）
世帯所得水準	第1五分位	18.5	72.6	8.9	100.0（2,075）
	第2五分位	28.7	63.3	8.0	100.0（2,051）
	第3五分位	34.3	54.0	11.8	100.0（2,040）
	第4五分位	33.1	54.2	12.8	100.0（2,047）
	第5五分位	30.0	58.0	12.0	100.0（2,038）

（資料）チョン・ギョンヒほか（2014：371）に基づき筆者が抜粋作成

就業高齢者の分野と雇用形態

高齢者の高い就業率はあくまでも全体としてのデータであるため、その中身を掘り下げて探ってみる必要がある。前述の「就労中」と回答した高齢者は、必ずしもどこかに雇用されているわけではない。農村部や港町で農林漁業分野の仕事を続けている高齢者も多く含まれている。2014 年の「老人実態調査」の結果によると、「就労中」と回答した高齢者 2,970 人のうち、36.4％が農林漁業分野で就業している。また、もっとも高いのが 36.6％の単純労務（単純労働）分野である。これら両分野を合計すると 73.0％に達する（**図表 3-5**）。地域別の違いを見ると、農村部では農林漁業分野が 72.5％と高く、都市部では単純労務分野が 49.1％と高くなっている（チョン・ギョンヒほか 2014：373）。この結果を 10 年前の 2004 年調査と比較すると、興味深い事実が明らかになる。2004 年調査では、就労高齢者 3,029 人のうち、農林漁業分野が全体の 53.9％、単純労務分野は 27.8％で、両分野を合計すると 81.7％であった（チョン・ギョンヒほか 2005：371）。2004 年と 2014 年の比較からは、全体の産業構造に占める農林漁業分野の比重の減少が見られる。それについては、社会的な変化からその要因を探ることができる。特に、過疎化が深刻になっている農村部から都市部に多くの高齢者が移住した点と、高齢者の学歴の上昇によって就業分野が多様化した点が、高齢者の就

図表 3-5　高齢者就業の職種、仕事の内容、雇用形態（65 歳以上）

＊職種　　（単位：％、人）

管理職	専門職	事務職	サービス	販売	農林漁業および関連業	機能職	装置／操作／組立	単純労務	計（人）
3.7	2.7	1.5	5.5	6.3	36.4	2.6	4.8	36.6	100.0 (2,970)

＊仕事の内容

農林漁業	警備／守衛／清掃	家事／調理／飲食	販売／営業	運送／建設関連	公共／環境関連	その他			計（人）
38.3	19.3	8.2	6.8	10.8	7.6	8.9			100.0 (2,970)

＊雇用形態

常用雇用	臨時雇用	日雇い	雇用主	自営業	家業従事者（無給）	その他			計（人）
6.1	26.2	8.6	1.6	38.7	13.7	5.1			100.0 (2,970)

（資料）チョン・ギョンヒほか（2014：373 ～ 377）より筆者が抜粋作成

業分野の変化に大きく影響している。

ただし、その多様化が安定雇用を意味するわけではない。それは常用雇用者として働いている高齢者が全体の6.1％に過ぎないことからもわかる（**図表3-5**）。また、「就労中」と回答した高齢者の38.7％が自営業、無給の家族従業者が13.7％も占めている。つまり約半分程度が被雇用者ではない。雇われている高齢者も常用より臨時雇用（26.2％）や日雇い（8.6％）の比率がむしろ高い。この臨時雇用の多くは、2004年から政府または自治体予算で展開している高齢者向け社会活動支援事業の公共分野（後述の＜図表3-8＞の第Ⅱ類型と第Ⅰ類型）による雇用である。この事業に参加する高齢者数が2015年には年間延べ30万5,140人にのぼっており、9か月から12か月間に臨時雇用されている（キム・ウジュ 2016：9）。この公共分野の就業は基本的に中下位所得者層の基礎年金[9]受給者を対象にしている。

働く高齢者が増えている理由

就業高齢者が増えている理由はさまざまであろうが、そのなかで、経済的な困窮と高齢者の意識変化にとくに注目したい。

まず、大規模調査の結果である**図表3-6**から、55歳から79歳のどれぐらいが就業を希望しているかを確認しておこう。2015年に61.0％が就業意思を持っており、2010年以後から60％前後で推移していることが見てとれる。就業を希望する理由については、「生計費の調達」が57.0％、「勤労の楽しさ」が35.9％を占めている。この調査は、あくまでも「要望」に回答した項目である。次に、実際働いている高齢者を見てみよう。**図表3-7**

図表3-6　就業意思とその理由（55～79歳、2010～2014年）

（単位：％）

	就業意思あり							
		小計	勤労の楽しさ	生計費の調達	社会的必要	健康維持	余暇の活用	その他
2010	60.1	100.0	33.5	56.8	2.4	2.2	4.9	0.3
2011	58.5	100.0	35.5	54.9	2.4	2.2	4.8	0.3
2012	59.0	100.0	36.5	54.4	2.0	2.1	4.8	0.2
2013	59.9	100.0	36.9	54.8	1.9	1.7	4.5	0.2
2014	62.0	100.0	38.8	54.0	1.6	1.5	3.9	0.1
2015	61.0	100.0	35.9	57.0	1.7	1.6	3.6	0.1

（資料）統計庁「2015高齢者統計」（2015年9月24日、統計庁報道資料）p.35

は 65 歳以上の就業中の高齢者を対象にした結果である。就業の理由として、「生計費の調達」が 79.3%、「補助的収入」が 8.6%を占めている。両項目は経済的理由に束ねることができるので、合計すると 87.9%に達する。次の

図表 3-7 主要属性からみた高齢者の就業理由（65 歳以上）

（単位：%、人）

		生計費の調達	補助的収入	健康維持	親交・社交	余暇の活用	能力発揮	経歴活用	その他	計（人）
合計		79.3	8.6	3.1	0.4	3.6	3.0	1.8	0.2	100.0 (2,970)
性別	男性	80.5	6.0	3.5	0.6	3.4	3.8	2.2	0.1	100.0 (1,610)
	女性	77.9	11.7	2.7	0.2	3.8	2.0	1.3	0.4	100.0 (1,360)
年齢	65 ～ 69 歳	83.1	5.2	2.1	0.4	3.0	3.7	2.3	0.2	100.0 (1,293)
	70 ～ 74 歳	79.5	9.9	3.5	0.3	2.5	2.8	1.4	0.1	100.0 (883)
	75 ～ 79 歳	74.8	12.9	3.2	0.6	5.2	1.3	2.1	0.0	100.0 (535)
	80 ～ 84 歳	71.4	12.4	6.2	1.0	5.7	2.9	0.0	0.5	100.0 (210)
	85 歳以上	61.7	10.6	12.8	0.0	12.8	2.1	0.0	0.0	100.0 (47)
教育水準	無教育（非識字）	81.6	12.0	1.8	0.0	2.3	1.4	0.9	0.0	100.0 (217)
	無教育（識字）	81.7	9.0	2.3	0.2	4.4	1.2	1.1	0.2	100.0 (69)
	小学校	82.0	9.3	2.3	0.1	3.0	1.7	1.5	0.1	100.0 (1,070)
	中学校	77.5	9.2	3.9	0.9	4.6	2.0	1.5	0.4	100.0 (457)
	高等学校	79.7	6.2	4.5	0.6	3.6	3.2	2.1	0.0	100.0 (467)
	専門学校以上	58.2	3.7	6.9	1.6	3.7	19.0	6.3	0.5	100.0 (189)
世帯所得水準	第 1 五分位	83.8	10.4	2.1	0.3	2.6	0.8	0.0	0.0	100.0 (383)
	第 2 五分位	79.6	11.1	3.4	0.0	3.9	1.4	0.5	0.2	100.0 (587)
	第 3 五分位	82.2	8.5	1.7	0.3	2.4	2.3	2.6	0.0	100.0 (698)
	第 4 五分位	77.4	7.8	3.4	0.6	5.0	3.1	2.4	0.3	100.0 (678)
	第 5 五分位	75.7	5.9	4.9	0.8	3.4	6.0	2.6	0.7	100.0 (617)

（資料）チョン・ギョンヒほか（2014：371）に基づき筆者が抜粋作成

「余暇の活用（3.6％）」、「健康維持（3.1％）」や「能力発揮（3.0％）」に比べると桁違いの高さである。要望と現実のギャップを表している。

就業の理由を属性から掘り下げてみよう。傾向として、高齢になるほど経済的理由は下がっており、余暇の活用や健康維持は上がっていることが確認できる。高齢になるほど体力の個人差が著しく広がり、健康上の理由から就業を続けることが困難になっていることがうかがえる。教育水準と所得水準は低いほど、経済的理由が高くなる点で同じ傾向が見てとれる。

他方、高齢者の意識変化では、子どもや兄弟などの家族からの扶養を受けようとする高齢者が激減している。統計庁の「2008 年高齢者統計」によると、高齢者を対象にしたアンケート調査で、扶養者を「家族」と回答した比率が 48.1％で、「高齢者本人」と回答した 18.4％を大きく上回っていた。ところが、2014 年の同じ調査では、「家族」の回答率が 34.1％になり、6 年間で 14 ポイントも下がっている。それに対し、「高齢者本人」の回答率は 23.8％で、逆に 7 ポイントも上がっている（2015 年高齢者統計、2015 年 9 月 24 日統計庁報道資料：31）。家族に老後の生計を頼ろうとする意識が、高齢者のなかで弱まっていることがわかる。

そうすると、公的年金すら受給できない高齢者は、どのようにして生計をたてているかが疑問になる。韓国で年金受給の高齢者は、2015 年現在で全体の 39.6％を占めている。ただし、そのなかには低額の国民年金[(10)]受給者や、所得・資産比例の基礎年金の受給者も含まれている。「2015 年高齢者統計」によると、一人当りの年金受給額は 49 万ウォンに過ぎない。2016 年のサラリーマンの平均月給 241 万ウォン[(11)]の 1/5 程度である。受給額の分布をみると、さらに厳しい現実が浮かび上がる。受給者の 50.6％が 10 万ウォンから 25 万ウォンの間に分布している。基礎年金の導入が年金受給率自体を引き上げたが、小遣い程度の金額を受給している高齢者が半分を占めている（2015 年高齢者統計、2015 年 9 月 24 日統計庁報道資料：39）。もっぱら公的年金のみによって生計をたてている高齢者は、非常に限られているのである。

そうなると、多くの高齢者が子どもから経済的支援を受けるか、または自ら仕事をせざるをえなくなる。「2015 年高齢者統計」によると、65 歳以上の就業率は 31.3％にのぼっている。前述したように韓国企業の実質定年が 50 歳代前半であることからすると、高齢者の多くは低賃金で不利な待遇で働いていることが推測される。老後を有意義に暮らすための就業ではなく、生計型の非自発的就業が大半である。家族からの支援も、その子どもが一定以上の収入があるからこそ成り立つ話である。しかしながら、不安定雇用がますます増加している今日の労働市場の状況を考えると、そう簡単に家族に頼ることはできないであろう。

3　高齢者向け社会活動支援事業の背景と流れ

2003 年からの盧武鉉政権は、4 大国家施策の一つに高齢者の雇用促進策を全面にあげた。大統領選挙時の主要公約である“老人就業者 50 万人創出”の実行に踏み切ったのである。なぜ高齢者対策を全面に掲げたかに関しては、社会経済情勢の変化から捉えることができる。第 1 に、経済成長が雇用増大につながらず、むしろ両者のミスマッチが深刻になりはじめた点、第 2 に、2000 年から高齢化率が 7％を超えて社会的イシューになりはじめた点が重要である。

1997 年のアジア金融危機を短期間で克服し、1999 年になると韓国の実質 GDP 成長率は危機前の水準まで回復した[(12)]。しかし、GDP の成長が雇用を押し上げないという問題が浮上した。就業者数の前年比増加率をみると、1998 年のマイナス 6.0％成長から 1999 年には 1.8％、2001 年には 2.0％と上昇を見せたが、その後、2003 年になると再びマイナス 0.1％成長になった（統計庁 KOSIS）。雇用なき経済成長の現象に直面したのである。

一方、2000 年から高齢化率が 7％を超えた。その同時期に、アジア金融危機が大企業を中心にリストラを強い、大量の失業者が出はじめた。増加する高齢者、そして失業した準高齢者は労働市場における労働力の超過供給の要因となり、そのために労働市場から退出させられた人々が貧困層に陥っているというシグナルが各地で報告された。そこで、高齢者向け福祉政策と雇用政策を結びつけた、新しい政府事業の施策が求められた。福祉政策の側面からその喫緊性は認められるものの、市場原理に委ねると収益性が担保されにくいため、労働市場の需要を政府と自治体主導で創出する仕組みを取った。このようにスタートした 2004 年の高齢者向け政府事業は、公共参加型、社会参加型および市場参加型の三つに分けられる。公共参加型は、地方自治体が担い、場合によっては民間に委託することも可能にした。仕事の内容は道路周辺の清掃、交通安全の誘導、警備などがほとんどであった。参加高齢者は、最大6か月まで臨時雇用される形をとり、一人当り月20万ウォンが支給された。社会参加型と市場参加型は、参加者が少なかったため、政府による高齢者向け就労事業とも呼ばれた。

その後、高齢者の新規開業を奨励する創業型事業など新たな分野での事業の追加を行いながら、毎年、事業区分の見直しを行っている。事業を展開するなかで、さまざまな問題も浮上しはじめた。①自治体の財政難、②政府財政収支の悪化、③事業から除外される60歳から64歳の準高齢者層からの不満、などが代表的な問題として挙げられる。このような状況を受け、結局、2011年から市場との融合を全面に出した新しい事業分野を展開することとなった。**図表3-8**で示したように、民間分野に区分される高齢者親和企業事業、シニア・インターンシップ事業、シニア職能クラブ事業を追加したのである。以前にも市場型事業団事業のように市場融合型を取り入れたことはあるが、その実施体制を大きく転換させた。高齢者親和企業事業とシニア・インターンシップ事業については、2006年に設立した韓国老人人力開発院に委託運営することとした。また、事業の参加年齢も、三つの事業においては従来の65歳以上から60歳以上に引き下げ、実質退職年齢と参加年齢のギャップを少しでも埋めようとした。

図表3-8は、2016年現在の高齢者向け社会活動支援事業の概要をまとめ、類型化している。大分類として公共分野と民間分野に分けられている。公共分野の中で第Ⅰ類型と第Ⅱ類型が高齢者就労事業であり、政府と自治体の資金捻出によって実施される。民間分野の第Ⅲ類型から第Ⅵ類型が市場型事業で、韓国政府は市場自立型事業とも呼んでいる。そのうち、第Ⅲ類型（市場型事業団）と第Ⅳ類型（人材派遣型事業団）は、そこから発展すると第Ⅵ類型の高齢者親和企業事業の選定対象にもなる。そのため、広義に分類分けすると、高齢者親和企業事業の一種ともいえる。

この市場型事業を拡大して参加枠も増やした結果、関連の政府予算額も膨らんでいる。市場型事業の場合、審査時の考慮事項には入るが、基本的に所得制限を設けていないので、中位所得以上の高齢者も参加することができる。それだけでなく、高齢者の就職意欲が高まっており、政府としては予算額を減らせない事情もある。**図表3-9**で、2011年の政府と自治体予算を合わせると、約3,195億ウォンが配分されていることが見てとれる。2016年になると、その額が7,473億ウォンにのぼり、5年間で約2.3倍増になっている。

図表 3-8　高齢者向け社会活動支援事業の概要（2016 年現在）

区分			対象		運営体制＊	一人当たり支援額（期間）	参加者数（人）	平均月額報酬
大分類	小分類	類型	年齢と基準	所得制限				
公共分野	公益活動	第Ⅰ	65 歳以上、基礎年金の受給者	○	①	年 194 万ウォン（9 か月）／年 256 万ウォン（12 か月）	305,140	20 万ウォン
	才能シェア	第Ⅱ	65 歳以上、関連経歴や資格の保有者	×	③	年 62 万ウォン（6 か月）	40,847	10 万ウォン
民間分野	市場型事業団	第Ⅲ	60 歳以上、経歴	×	①	年 194 ～ 200 万ウォン	22,889	30 万ウォン
	人材派遣型事業団	第Ⅳ	60 歳以上	×	①	年 15 万ウォン	9,730	94 万ウォン
	シニア・インターン	第Ⅴ	60 歳以上	×	②	月額 30 万ウォン	6,176	87.3 万ウォン
	高齢者親和企業（シニア職能型を含む）	第Ⅵ	60 歳以上	×	②	3 億ウォンまで（シニア職能型は 8 千万ウォン）	1,181	123.8 万ウォン

（注）＊①：保険福祉部→地方自治体（マッチングファンド）→シニアクラブ、大韓老人会、老人福祉館、社会福祉館→参加者
②：保険福祉部→韓国老人人力開発院→各企業→参加者
③：保険福祉部→大韓老人会、韓国老人総合福祉館協会、韓国老人人力開発院など→大韓老人会、老人福祉館→参加者
（資料）キム・ウジュ（2016：2、9）に基づき筆者が作成

図表 3-9　高齢者働き先および社会活動支援関連予算の推移（2011 ～ 2016 年）

（単位：百万ウォン）

項目	2011	2012	2013	2014	2015	2016
中央政府（A）	159,148	178,465	239,763	297,265	349,900	382,416
地方自治体（B）	160,388	176,903	241,374	293,969	331,701	364,941
合計（A+B）	319,536	355,368	481,137	591,234	681,601	747,357

（注）2013 年と 2015 年は補正予算額を含む
（資料）キム・ウジュ（2016：17）より

福祉事業に対する高まる需要と高齢者の労働市場における深刻な超過需要の実態が反映されている。

4　市場型事業の内容と課題[13]

（1）高齢者親和企業事業

高齢者親和企業事業は、2004 年からの市場参加型事業と 2009 年からの創業モデル型事業を統合し、それを発展する形で 2011 年から再スタートさせたものである。ユニークなのは、他の事業は政府と自治体の資金捻出によって展開されているのに対し、この事業は民間企業または民間団体からの出資（支援申請額の 70%以上）を要件にしている点である。

そして、この事業は、三つのタイプに分けられている。①既存の市場型事業団[14]が成功した場合の「市場型事業団の発展型」、②複数の高齢者が彼らの出身企業と連携して設立する「母体（親企業や親団体）連携型[15]」、③同じ職場の出身者同士で能力を引き続き発揮するために結成する「シニア職能型」、がそれである。2016 年現在で、①と②のタイプは計 81 か所、③のタイプは 50 か所が支援対象になっている[16]（**図表 3-10**）。

高齢者を 30 人以上雇用すること、支援を受けた 3 か月以内に 60 歳以上が全従業員の 70%以上を占めることも条件にしている。支援の内容としては、最大 3 億ウォンまでの初期資金が支援されており、最大 3 年間にわたって経営コンサルテーションや販売指導などの間接支援も受けられる。

2014 年に 31 社の高齢者親和企業を対象にした調査を行ったチ・ウン

図表 3-10　「高齢者親和企業（シルバー企業）事業」の内容

区分		内容と特徴
三つのタイプ		①市場型事業団の発展型、②母企業（出身企業）連携型、③シニア職能型
対象	企業	・マッチング投資：企業や民間団体からのマッチング投資が要件 ・雇用：3 か月以内に 60 歳以上が全従業員の 70%を占めること（ただし、例外措置として初年度のみ 60%以上） ・支援期間中、政府や自治体の他事業に参加しないこと
	高齢者	・60 歳以上 ・政府や自治体による他事業（公共就労型事業など）の参加者は対象外 ・国民健康保険の職場加入者は対象外
支援期間		・最大 3 年間
支援内容	金銭	・スタートアップ資金の支援：3 億ウォンまで
	非金銭	・経営：コンサルティング、製品の販売支援 ・教育：経営者スクール、参加者教育、懇談会

（資料）チ・ウンジョン（2014：97）と韓国老人人力開発院の資料に基づき、筆者が作成

ジョン（2014）は、次の特徴を明らかにしている。立地では、ソウル、京畿、釜山のような大都市圏が45％を占めている。タイプ別では、74.2％が母体連携型であり、28.8％が市場型事業団の発展型である(17)。母体連携型においては母体の58％が非営利団体である。福祉財団法人または宗教法人が多く主導していることが推測される。民間企業を基盤とする割合が半分以下である点からすると、既存の高齢者関連の非営利団体が組織拡大のためにこの事業に積極的に加わっていることがうかがえる。高齢者親和企業のビジネス分野では、製造業が42％、サービス業と人材派遣業が29％ずつを占めている。平均従業員数は60人で、高齢者の平均月額報酬は76.4万ウォンである。人件費の全額を政府や自治体予算で賄っている公益分野（図表3-8の第Ⅰ類型と第Ⅱ類型）の平均月額の20万ウォンに比べると、相対的に高い額である。

(2) シニア・インターンシップ事業

シニア・インターンシップ事業は、高齢者就業のミスマッチを緩和する目的から導入されている。高齢者の労働市場は超過供給状況が続いている。しかしながら、実際には、就業を希望する高齢者のほとんどは労働市場の需要側が求めるレベルの技術やノウハウを持っておらず、求められる仕事に適切に対応できない状況である。そのギャップを埋めるため、高齢者の職務研修にかかる費用を、政府と企業が負担することがこの事業の意図である。

高齢者親和企業事業と同様、シニア・インターンの対象は60歳以上にしている。関連の求人情報は韓国老人人力開発院のデータベースや自治体から入手することができる。金銭的支援として、3か月間の報酬補助を原則とし、継続して正式雇用する場合は3か月の追加分が補助される。シニア・インターンを採用する企業と関連の求人情報の提供や仲介のサポート機関にも別途の奨励金を支給し、求人情報の拡散を促している。この事業はシニア・インターンを経験した高齢者の継続雇用を誘引するのが到達目的である。そのため、2年間に継続雇用の実績がない場合は、新規の支援対象から除外している。

シニア・インターンシップを導入する479社を対象にしたチ・ウンジョン（2014）の調査では、次の特徴を明らかにしている。シニア・インターンを受け入れる企業の業種は、全体の43.4％が製造業、23.4％が社会サービス業、23.0％が流通・消費者サービス業、10.2％が生産者サービス業・その他となっており、思いのほか製造業が多い。企業の平均従業員数は32人で、ほとんどが中小企業であることがわかる。全従業員の平均給料は月額154万ウォンで、シニア・インターンのそれは104万ウォンである。シニア・インターン導入の理由については、「政府支援による人件費軽減」が39.5％で最も多く、その次が36.1％の「人材不足」となっている。政府の人件費補助がシニア・インターンの導入に重要な要因になっていることを意味する。

（3）シニア職能クラブ事業

シニア職能クラブとは、同じ職場を退職した高齢者の経験、専門知識および技術を有効活用し、彼らが継続して社会活動に参加できる場として結成する団体をいう。2016年からは、高齢者親和企業事業の一つのタイプに分類されることとなった。人件費の補助ではなく、初期設備や事業運営費の用途で最大8,000万ウォンまでが単年度で支援される。支援対象になったクラブは、政府支援額の20％以上に相当する資金を、自己資金あるいは出身企

図表3-11　「シニア・インターンシップ」事業の内容

区分			内容と特徴
対象	企業		・4大社会保険に加入している企業または非営利団体 ・常用雇用者5人未満の事業所に対しては現場実査を実施 ・除外：直近の2年間で継続雇用の実績がない企業、風俗・警備・掃除・建設・介護など、インターン研修に相応しくない業種
	高齢者		・60歳以上 ・政府や自治体による他事業（公共就労型事業など）の参加者は対象外 ・直前3か月以内に当該企業に常勤していた高齢者は対象外 ・前年度に同一事業所でインターン経験のある高齢者は対象外
支援期間			・3か月間の報酬補助。継続して正規雇用した場合は、3か月分の追加補助
支援内容	金銭	企業	・企業支援：研修型月30万ウォンまで、インターン型月45万ウォンまで ・採用祝い：研修型なし、インターン型月45万ウォン
		運営機関	・委託運営費：研修型月10万ウォンまで、インターン型月30万ウォンまで ・採用報酬：一人当たり月5万ウォン
	非金銭		・参加者教育 ・事後管理

（資料）チ・ウンジョン（2014：100）より

業や団体から集めることを条件にしている（**図表3-11**）。

実績を見ると、2011年に7か所、2012年に11か所、2013年に13か所、2014年に10か所、2015年に8か所が結成され、5年間で計49か所にのぼっている。出身職場の内訳では、民間企業は少なく、政府系機関、マスコミ関連および業界団体の退職者が結成したクラブが大半を占めている。例として、（株）韓国電力KPSの退職者が結成した「韓電KPSシニア職能クラブ」をあげよう。2016年2月現在で、218人の退職者がこのクラブに加わっており、2014年に支援の対象になった。現役時代に従事した送電施設の整備や安全管理業務のアウトソーシングを、設立母体の（株）韓国電力KPS(18)から受けている。初期事業費の一部もそこから出資を受けている。注目したいのは、クラブ所属の高齢者の平均月額報酬が253万ウォンで、他の高齢者事業に比べるとかなり高額である点だ。政府系機関や業界団体の退職者が結成するクラブが大半を占めている実態が問題視され、特定の裕福な高齢者に対する政府資金の過剰支援という点から非難の声もある（キム・ウジュ、2016：44-49）。

（4）評価と政策課題

市場型事業の例として紹介した三つの事業は、高齢者と準高齢者の社会活動参加を推奨する目的から始まった。人件費の補助ではなく、必要な初期資金や事業費の一部を市場に分担させる点は共通している。主に低所得者層を対象にする公共分野では人件費自体に対して支援する点との明らかな違いである。そこに着目すると、公共分野の就労事業は所得補助の側面が強いといえる。それとは対照的に、市場型事業は、参加者の所得水準からすると、所得補助よりは彼らが持っている能力や技術の継続活用に主眼が置かれている。

現在の韓国高齢者の教育水準は決して高くはない。しかし、高い大学進学率(19)を勘案すると、今後、高齢者の高学歴化は必然的に到来する。市場型事業に対する将来需要を押し上げる要因になるだろう。福祉予算の急増と国の財政状況を照らすと、市場型事業の持続可能性が問われる。政府の財政資金の増額を伴わない非金銭的支援を拡充する方向の模索が求められる。

5　市場型事業と格差拡大

以上、2000年代以後の高齢者データに基づいて高齢者雇用の実態を把握したうえで、関連支援策について市場型事業を中心に検討した。雇用の実態においては、韓国高齢者の就業率は他の先進国に比べて極めて高いことが判明した。また、韓国におけるサラリーマンの実質退職年齢の早さに着目して、55～64歳の準高齢者の動向もあわせて検討した。高齢者就業が増えている理由としては、生計費の調達がもっとも多く、その割合は年々増え続けている。とくに、低所得者と低学歴者でそのような経済的困窮を理由にする就業がより多い。

それに対処するため、韓国は2004年ごろから高齢者向け社会活動支援事業を本格化しており、その予算も増やしている。その事業の参加者属性では、所得水準で二分化していることが特徴である。低所得者層中心の高齢者就労事業（公益分野）と中高所得者層中心の市場型事業に分けられている。前者の参加高齢者の平均報酬は、2004年から変わらず低い状態が続いている。それに比べると、後者の参加高齢者は、事業参加による平均報酬がかなり高い。その点からすると意図しない高齢者の所得格差を加速させる要因になっていると考えられる。

最後に、高齢者向けの政策のあり方について述べておきたい。言うならばこの事業は福祉政策の一環なのか、それとも雇用政策の一環なのかという問題である。背景からとらえると、この事業は高齢者向け福祉政策の観点からスタートしたといえる。福祉政策を、広義のソーシャルポリシー（social policy）ではなく、狭義の社会福祉政策に限定すると、"権利的性格の明らかな最低生活保障制度としての公的扶助を基軸に、個人や家族の所得を一定水準まで上げ、医療、住宅、教育、レクリエーションなどの福祉を増大させようとする活動や制度"と定義することができる。それに対して、雇用政策において本来目指すべきなのは、年齢に関係なく働く意思を持つ人が働ける社会である。低所得の高齢者向け事業は福祉政策の一環として、中高所得の高齢者向け事業である市場型事業は雇用政策の一環として位置付けることができる。**高齢者支援事業にみられる福祉政策と雇用政策の二分化**は、それらによる所得水準だけでなく、事業の性格にも現れているといえる。政策事業の性格云々の話はさておき、「年金だけでは暮らしていけない（NHKスペシャル取材班、2015）」レベルを超え、「年金すらもらっていない高齢者」が多い韓国で、市場型事業によって高齢者の格差拡大が更に広がっている点は否定できない現状なのである。

注

（1）保健福祉部・韓国保健社会研究院の「老人実態調査」、韓国老人人力開発院の「老人就労動向」、そして、2003年から公表している統計庁の「高齢者統計」は、韓国高齢者に関する有益な資料であり、本稿もそれらを参照している。

（2）藤田（2015）は、経済的貧困に加えて社会的孤立にも注目している。

（3）1960年代後半から、高齢者福祉関連法の制定の動きがあったが、結局、1981年に制定されることになった。

（4）インターネットや訪問調査の代わりに、2015年から全数調査部門を行政情報に基づいて推計する「登録センサス方式」に転換している。

（5）人口センサスの報告書では、高齢者の基準を60歳以上と65歳以上を混用している。国民年金は2013年から、公務員年金は2016年から、年金受給年齢を60歳から65歳に段階的に引き上げている。「2015年高齢者統計」も65歳を基準にしている。

（6）国連の人口推計に基づいた厚生労働省（2016）の倍加年数と1年の違いがある。韓国統計庁が2011年12月に公表した「将来人口推計」に基づく17年がより正確であろう。

（7）中央日報インターネット版、2015年5月6日記事（http://news.joins.com/article/17736376、2016年10月13日アクセス）。

（8）韓国統計庁の国家統計ポータル（KOSIS）より。

（9）基礎年金制度は、たんに所得と保有資産に比例して少額（約20万ウォン）を支給するものである。年金の積み立てを要しないため、厳密にいうと中低所得層向け高齢者手当の一種といえる。基礎老齢年金という名称で2008年から導入された。

（10）一部特殊職群（公務員、私立学校、軍人）を除き、韓国は皆年金制度を国民年金に一元化している。

（11）2016年1～3月の平均月額。正規職が283万ウォンで非正規職が151万ウォンである。統計庁の「経済活動人口調査付加調査」より。

（12）実質GDPの前年比成長率が1998年のマイナス5.5%から、1999年には11.3%、2000年には8.9%まで上昇した。しかし、2001年には4.5%、2003年には2.9%まで下がった。韓国銀行「国民所得」データより。

（13）制度の詳細と関連調査として、チ・ウンジョン（2014）とチ・ウンジョンほか・イホチャン・イゼィウォン（2015）を参照されたい。キムウジュ（2016）は事業の効果について計量分析している。本稿もそれらを参照している。

（14）高齢者の就業に該当する業種のうち、小規模の売り場や専門職種において高齢者同士が運営する場合、一定期間の事業費や人件費の一部を補助する事業。民間企業や団体からの出資を要件としない。

(15) 母体は営利企業だけでなく、非営利団体も可能である。

(16) 韓国老人人力開発院ホームページ（https://kordi.go.kr/mainSub.do?mCode=B0846、2016年9月20日アクセス）。

(17) 調査時点の2014年当時は、①と②の区分しかなく、③は別のカテゴリーに入っていた。

(18) 政府系の（株）韓国電力の系列企業で、発電設備の整備を主に担っている。

(19) 高卒者の進学率は、1991年の33.1%から、2001年には70%を超え、2008年には83.8%まで上昇した。統計庁の国家統計ポータル（KOSIS）より。

参考文献

＜日本語文献＞

大泉啓一郎（2007）『老いてゆくアジア――繁栄の構図が変わるとき』中央公論新社。

NHKスペシャル取材班（2015）『老後破産――長寿という悪夢』新潮社。

金炫成（2016）「韓国の人口センサス――センサス方式の大転換」科学研究費助成事業（基盤研究B、2010年人口センサスからみた東アジア8カ国・地域の社会大変動の比較と今後の展望、研究代表者・末廣昭）2016年10月研究会報告。

金炫成・金成桓（2015）「増加する単独世帯者の高学歴化と高齢化――韓国」アジア経済研究所編『アジ研ワールド・トレンド』2015年8月号（No.238）。

厚生労働省（2016）『平成28年版厚生労働白書』厚生労働省。

藤田孝典（2015）『下流老人――一億総老後崩壊の衝撃』朝日新聞出版。

＜韓国語文献＞

キム・ウジュ（2016）『老人就労事業評価』国会予算企画処。

チョン・ギョンヒほか6名（2005）『2004年度全国老人生活実態および福祉ニーズ調査』韓国保健社会研究院・保健福祉部。

チョン・ギョンヒほか12名（2014）『2014年度老人実態調査』韓国保健社会研究院・保健福祉部。

チョン・ギョンヒほか13名（2012）『2011年度老人実態調査』韓国保健社会研究院・保健福祉部。

チ・ウンジョンほか3名（2015）『老人就労および社会活動支援事業の改編方向に関する研究――市場型事業を中心に』韓国老人人力開発院。

チ・ウンジョン（2014）『市場自立型老人就労支援事業の政策効果分析Ⅱ――シニア・インターンシップ企業と高齢者親和企業を中心に』韓国労働人力開発院。

韓国老人人力開発院編（2015）『2014老人就労統計動向』韓国老人人力開発院。

＜統計およびインターネット資料＞

韓国老人人力開発院ホームページ（https://kordi.go.kr/、2016年9月20日アクセス）。

シニア活動ポータル（http://www.100senuri.go.kr、2016年10月8日アクセス）。

将来人口推計2010～2060（2011年12月7日）

統計庁「2015高齢者統計」（2015年4月、統計庁報道資料）

統計庁国家統計ポータル（KOSIS）（http://kosis.kr/、2016年10月14日アクセス）.

老人就労事業情報システム（セヌリシステム）（http://www.saenuri.go.kr、2016年10月8日アクセス）。

4章

ソウル市蘆原区（ノウォン）における高齢者の生活と生活保障

崔 鮮熙

1　地域および住民の現況

地域現況

蘆原区（ノウォン）は、ソウルの北東側の端に位置する面積35.44㎢の区で、ソウル市面積の約5.85％に及ぶ。月渓一洞をはじめとする22の洞、19地域からなる（図表4-1）。

図表4-1　ソウル市蘆原区地域

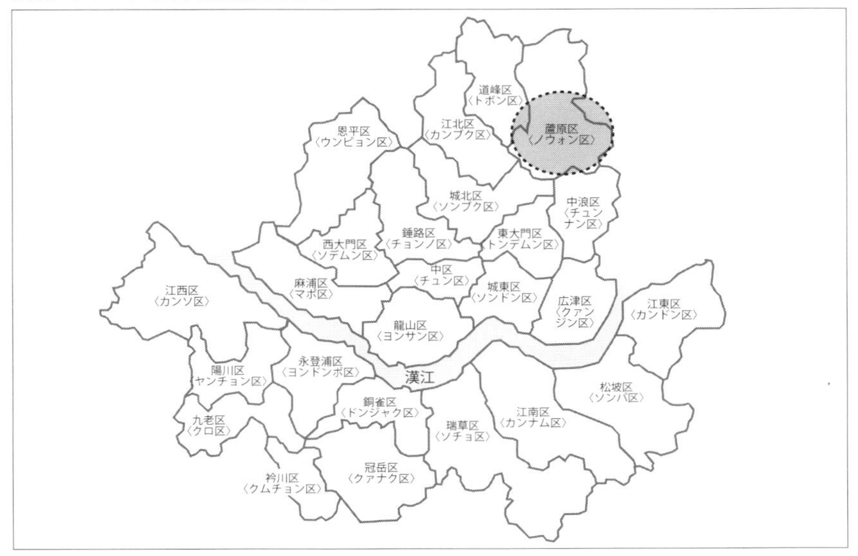

人口現況

図表 4-2 にみられるように、蘆原区の人口は 2016 年 8 月時点でソウル市全体人口の約 5.7％に当たる 57 万 1,483 人である。そのうち、男性が 27 万 8,279 人（48.7％）、女性 29 万 3,204 人（51.3％）で、女性の方が若干多い。蘆原区の居住人口はソウル全 25 区のなかで松坡区につぎ 2 番目に多い。また、社会福祉の政策や実践において重要な要素となる 65 歳以上の高齢者は 7 万 250 人で、ソウル市内全区の中でもっとも多い。高齢者の年齢別構成に関しては**図表 4-3** を参照されたい。

蘆原区における国民基礎生活保障（日本の生活保護にあたる）の受給者は、実数においても割合においてもソウル市でもっとも多い。**図表 4-4** にみられるように、受給者割合は、全国で 3.0％、ソウルで 2.4％であるが、蘆原区は 4.2％となっている。高齢者低所得層の割合も全国で 0.8％、ソウルで 0.7％であるが、蘆原区は 1.1％と高い。

2　高齢者の生活状況

蘆原区における高齢者の生活について、蘆原区からの依頼を受けて筆者が 2015 年 10 月に行った調査（「蘆原区中渓 9 団地ニーズ調査概要」）をもとに、蘆原区における高齢者の生活についてみてみたい。対象は、蘆原区の代表的な低所得地域である中渓 9 団地の住民 500 人（うち 65 歳以上の高齢者は 211 人）であり、主に生活実態およびニーズについて調査を行った。

（1）健康

主観的な健康状態

蘆原区の低所得地域における高齢者の健康状態を主観的認識のもとに検討した結果、**図表 4-5** にみられるように、「健康でない」（「まったく健康でない」「健康でない」）と回答した高齢者が 63.7％であり、「健康である」（「非常に健康である」「健康である」）と回答した高齢者は 9.5％に過ぎなかった。ここから、多くの高齢者が健康ではないと認識しながら生活をしている様子が伺われる。なお、全体の 4 人に 1 人は「全く健康でない」と認識していることも注目に値する。

図表 4-2　蘆原区の年齢別人口（2016 年）

（単位：人，%）

年齢別	全国		ソウル		蘆原区	
	男性	女性	男性	女性	男性	女性
総計	25,809,031	25,840,521	4,899,436	5,071,675	278,279	293,204
19 歳以下	5,250,020 (20.3)	4,895,407 (18.9)	885,970 (18.0)	835,662 (16.4)	58,924 (21.1)	54,899 (18.7)
20 ～ 64 歳	17,639,348 (68.3)	16,945,226 (65.5)	3,447,622 (70.3)	3,516,306 (69.3)	190,362 (69.4)	197,048 (67.2)
65 歳以上	2,919,663 (11.3)	3,999,888 (15.4)	565,844 (11.5)	719,707 (14.1)	28,993 (10.4)	41,257 (14.0)

（資料）「2016 年 8 月基準住民登録人口現況」(1)

図表 4-3　蘆原区における高齢者の年齢別人口（2016 年）

（単位：人，%）

年齢別	全国		ソウル		蘆原区	
	総計	比率	総計	比率	総計	比率
全体人口	51,649,552	100.0	9,971,111	100.0	571,483	100.0
合計	6,919,551	13.3	1,285,551	12.8	70,250	12.2
65 歳～ 69 歳	2,228,587	4.3	452,141	4.5	23,446	4.1
70 歳～ 79 歳	3,209,957	6.2	595,073	5.9	32,374	5.6
80 歳～ 89 歳	1,291,027	2.4	202,274	2.0	12,414	2.1
90 歳～ 99 歳	172,792	0.3	30,716	0.3	1,797	0.3
100 歳～以上	17,188	0.0	5,347	0.0	219	0.0

（資料）同上

図表 4-4　国民基礎生活保障受給者の現況（2015 年）

（単位：人，%）

年齢別	全国		ソウル		蘆原区	
	受給者数	比率	受給者数	比率	受給者数	比率
合計	1,554,484	3.0	246,580	2.4	23,942	4.2
未成年期(19 歳以下)	450,946	0.8	64,747	0.6	5,389	0.9
青年期（20 ～ 64 歳）	684,086	1.3	110,393	1.1	11,855	2.1
老年期（65 歳以上）	419,452	0.8	71,440	0.7	6,698	1.1

（資料）保健福祉部（2015）から作成

図表 4-5　主観的な健康状態

（単位：人，%）

	全く健康ではない	健康でない	普通である	健康である	非常に健康である
高齢者（n=201）	52（25.9）	76（37.8）	54（26.9）	12（6.0）	7（3.5）
成人住民全体（n=487）	88（18.1）	141（29.0）	145（29.8）	91（18.7）	22（4.5）

健康管理

日常生活のなかで健康を気にして運動などの健康管理をしているかという質問に対して、**図表4-6**にみられるように、全体の高齢者のうち17.6%のみが「こつこつと取り組んでいる」と回答し、29.7%が「全くしない」あるいは「できない」と回答した。ここから、健康管理がきちんと行われていない状況が伺われる。

疾病

現在患っている疾病に関する質問について、複数回答の結果、**図表4-7**のように高／低血圧（56.5%）、関節炎（49.5%）、糖尿病（28.5%）、骨粗鬆症（20.0%）、歯科疾患（19.5%）、眼科疾患（18.5%）、胃腸疾患（18.0%）の順

図表4-6　健康管理

（単位：人，%）

	こつこつと取り組んでいる	たまにしている	しない / できない
高齢者（n=182）	32（17.6）	96（52.7）	54（29.7）
全体（n=453）	68（15.0）	233（51.4）	152（33.6）

図表4-7　現在患っている疾病

（単位：人，%）

	高齢者（n=200）	全体（n=433）		高齢者（n=200）	全体（n=433）
高血圧、低血圧	113（56.5）	183（42.3）	白内障等眼疾患	37（18.5）	50（11.5）
脳卒中	9（4.5）	19（4.4）	聴覚疾患	13（6.5）	23（5.3）
心臓疾患	26（13.0）	33（7.6）	歯科疾患	39（19.5）	78（18.0）
胃腸疾患	36（18.0）	81（18.7）	認知症	6（3.0）	6（1.4）
肝臓疾患	3（1.5）	11（2.5）	精神科的疾患	10（5.0）	30（6.9）
神経性疾患	16（8.0）	31（7.2）	座骨神経痛	17（8.5）	30（6.9）
糖尿病	57（28.5）	88（20.3）	骨粗鬆症	40（20.0）	58（13.4）
呼吸器疾患	16（8.0）	31（7.2）	その他	4（2.0）	41（9.5）
関節炎	99（49.5）	169（39.0）			

図表4-8　疾病治療

（単位：人，%）

	全く受けていない	きちんと受けていない	よく受けている*
高齢者（n=192）	16（8.3）	106（55.2）	70（36.5）
全体（n=431）	38（8.8）	198（45.9）	195（45.2）

注）病気が良くなっていることとは無関係に治療をしている場合をいう

で回答が出された。ちなみに、2013 年度末に、低所得高齢者ではない一般高齢者を対象に蘆原区で行われた調査（「蘆原区地域福祉計画樹立のためのニーズ調査概要」2013 年 12 月）では、3 か月以上患っている疾病があると回答した高齢者は 82.2%にも上っていた。

疾病治療

高齢者のうち、患っている疾病に対して 36.5%のみが治療を受けていると回答し、55.2%はきちんと受けていない、そして、8.3%は全く受けていないと回答している（**図表 4-8**）。

健康状態が悪くなりケアが必要となった場合に受けたいサービス

2013 年度末に実施した蘆原区では、一般高齢者を対象に健康状態が悪くなりケアが必要となった場合に受けたいサービスは何かについて調査を行った。結果をみると、在宅で訪問ヘルパーがケアをしてくれることを希望する高齢者が 64.4%おり、もっともニーズが高かった。次いで、介護施設へ入所し生活することを希望する者が 29.7%で、子どもからケアを受けたい人は 2.5%に過ぎなかった。

(2) 経済

経済面でみる生活状況

高齢者の生活状況と関連して、87.1%が経済的に「困難である」（「非常に困難である」「困難である」）と回答しており、そのなかで「非常に困難である」と答えた高齢者が 4 人に一人（24.4%）となっている（**図表 4-9**）。ここから、多くの高齢者が経済的な困難を抱えていることがわかる。

経済的な面で生活状況が厳しいと回答した人のみを対象に、生活を送るうえでもっとも大変な点について質問した結果、**図表 4-10** にみられるよう

図表 4-9　経済面での生活状況

（単位：人，%）

	非常に困難である	困難である	困難ではない	豊かな方である
高齢者（n=201）	49（24.4）	126（62.7）	22（10.9）	4（2.0）
全体（n=482）	98（20.3）	307（63.7）	72（14.9）	5（1.0）

図表 4-10　経済的な面でもっとも困難な点

（単位：人、%）

	管理費及び税金	医療費	負債	子ども（孫）子女学費	基本生活費	その他
高齢者（n=113）	10（8.8）	26（23.0）	1（0.9）	0（0.0）	76（67.3）	0（0.0）
全体（n=263）	21（8.0）	40（15.2）	18（6.8）	8（3.0）	173（65.8）	3（1.1）

図表 4-11　就労状況

（単位：人、%）

	仕事あり	仕事なし
高齢者（n=179）	16（8.9）	163（91.1）
全体（n=442）	146（33.0）	296（67.0）

図表 4-12　就労していない主な理由

（単位：人，%）

	健康が良くないから	余暇を楽しみたいから	家族が反対するから	生活に困難がないから	仕事したくないから	適当な仕事がないから	その他
高齢者（n=153）	121（79.1）	1（0.7）	3（2.0）	2（1.3）	0（0.0%）	8（5.2）	18（11.8）
全体（n=279）	214（76.7）	5（1.8）	6（2.2）	2（0.7）	1（0.4）	16（5.7）	35（12.5）

に、高齢者の場合、その回答は、基本的生活費（67.3%）と医療費（23.0%）という二つの項目に集中していた。他方管理費および税金に対する回答も8.8%と少なくはなかった。

就労状況

高齢者の8.9%が何らかのかたちで就労をしており（**図表 4-11**）、就労の理由は生活費を稼ぐためであった。一方、就労していないと回答した高齢者を対象に、その理由を聞いた結果、**図表 4-12** にみられるように、高齢者の79.1%が、健康が良くないため仕事ができないと回答しており、適当な仕事がないからという回答は5.2%であった。

（3）日常生活

日常生活に対する満足度

高齢者に日常生活にどの程度満足しているかについて質問したところ（**図**

図表 4-13　日常生活満足度

（単位：人、%）

		本当にそうである	そうである	そうでない	全くそうでない
人と往来が多い	高齢者（n=190）	41（21.6）	89（46.8）	43（22.6）	17（8.9）
	全体（n=467）	91（19.5）	227（48.6）	99（21.2）	50（10.7）
周りに私のことをよく理解してくれる人がいる	高齢者（n=186）	24（12.9）	109（58.6）	34（18.3）	19（10.2）
	全体（n=460）	62（13.5）	262（57.0）	86（18.7）	50（10.9）
最近、孤独で寂しいと感じた時がある*	高齢者（n=184）	42（22.8）	76（41.3）	44（23.9）	22（12.0）
	全体（n=456）	66（14.5）	187（41.0）	136（29.8）	67（14.7）
精神的なストレスや疲れを感じた時がある*	高齢者（n=183）	49（26.8）	71（38.8）	39（21.3）	24（13.1）
	全体（n=455）	99（21.8）	188（41.3）	101（22.2）	67（14.7）
現在自分の生活に満足している	高齢者（n=190）	13（6.8）	47（24.7）	55（28.9）	75（39.5）
	全体（n=472）	29（6.1）	140（29.7）	136（28.8）	167（35.4）

注）*は逆コーディング質問項目である。「（本当に）そうである」と回答した事例はポジティブな意味で、「最近、孤独で寂しいと感じた時がない」と「精神的なストレスや疲れを感じた時がない」と解釈する

表 4-13）、「満足している」（「非常に満足している」「満足している」）と回答した者は 31.5%に過ぎず、68.5%は「満足していない」（「あまり満足していない」「まったく満足していない」）と回答した。周りの人と往来が多いと答えたのは 68.4%、自分を理解してくれる人が周りにいるとの回答は 71.5%で肯定的な認識が高いが、「孤独で寂しいと感じた時がある」「ストレスや疲れを感じた時がある」との回答は相対的に多少低く現れた。孤独とストレスにおいて「全くそうでない」と回答したのが 12.0%と 13.1%であることは注目に値する。

日常生活機能

日常生活を自らできるかどうかについてみてみると、**図表 4-14** のように高齢者は「必要な書類の作成（40.7%）」「健康上の問題解決（34.0%）」「友人宅の訪問（28.7%）」「金融機関での用務（25.5%）」を一人で解決することが難しいと回答している。そのようなことを一人で遂行することができないと答えた高齢者は少なくない。また、バス、地下鉄などを利用し外出することに関して、22.5%の高齢者が一人ではできないと答えている。これらの人々に対する助けてくれる人の有無に関する質問では、「必要な書類の作成」については 48.1%、「健康上の問題解決」では 33.3%、「友人の家を訪問」では 30.3%、「金融機関の用務」では 41.7%が助けてくれる人がいると答えた。そして、2013 年度末に実施した蘆原区の一般高齢者に対する調査での日常生活に関連する設問では、「入浴」では 3.4%、「部屋の出入」では

図表 4-14　日常生活機能

（単位：人、%）

		一人でできる	一人でできない	一人でできない場合	
				助けてくれる人がいる	助けてくれる人がいない
バスや地下鉄での外出	高齢者（n=204）	158（77.5）	46（22.5）	25（64.1）	14（35.9）
	全体（n=487）	415（85.2）	72（14.8）	39（61.9）	24（38.1）
健康上の問題解決	高齢者（n=188）	124（66.0）	64（34.0）	14（33.3）	28（66.7）
	全体（n=462）	353（76.4）	109（23.6）	35（46.7）	40（53.3）
日用品の購入	高齢者（n=196）	161（82.1）	35（17.9）	11（45.8）	13（54.2）
	全体（n=475）	424（89.3）	51（10.7）	19（50.0）	19（50.0）
日常生活	高齢者（n=194）	172（88.7）	22（11.3）	7（36.8）	12（63.2）
	全体（n=472）	436（92.4）	36（7.6）	13（41.9）	18（58.1）
家事（掃除、洗濯など）	高齢者（n=194）	163（84.0）	31（16.0）	7（33.3）	14（66.7）
	全体（n=473）	409（86.5）	64（13.5）	21（45.7）	25（54.3）
金融機関での用務	高齢者（n=188）	140（74.5）	48（25.5）	15（41.7）	21（58.3）
	全体（n=465）	393（84.5）	72（15.5）	22（43.1）	29（56.9）
必要な書類の作成	高齢者（n=189）	112（59.3）	77（40.7）	25（48.1）	27（51.9）
	全体（n=465）	354（76.1）	111（23.9）	41（53.9）	35（46.1）
友人宅の訪問	高齢者（n=195）	139（71.3）	56（28.7）	10（30.3）	23（69.7）
	全体（n=478）	376（78.7）	102（21.3）	15（25.4）	44（74.6）

1.7%、「小便・大便調節」では 1.7%、「食事」では 0.8%、「トイレ使用」では 0.8%が、人の助けがなければまったくできないということが明らかになっている。また、「食事の準備」では 5.9%、「家事」では 4.2%、「洗濯」では 4.2%、「交通利用」では 4.2%、「近距離外出」では 2.5%、「買い物」では 2.5%が、人の助けがなければまったくできないとなっている。

（4）住民交流

図表 4-15 は住民交流に関する調査結果である。住んでいる地域における住民の間の交流について、「困難な時にお互い助け合う」という回答 70.6%、「仲良く挨拶をする」が 88.2%であった。ここから、住民の間で交流と助け合いがよく行われていることが垣間見られる。一方、住民交流を図るための集まりや場所などのネットワークとインフラは相対的に不足している状況がみられる。ボランティア活動や非営利団体の活動（71.0%）、自治会、町内会、子ども会などの地域団体の活動（71.8%）が活発に行われておらず、その理由としては、会館や公園など、住民が気軽に集まる場所がないことがあげられている（60.4%）。

図表 4-15　住民交流に対する認識

（単位：人、%）

		全くそうでない	そうでない	そうである	本当にそうである
住民同志で仲良く、挨拶している	高齢者（n=203）	8（3.9）	16（7.9）	109（53.7）	70（34.5）
	全体（n=486）	28（5.8）	57（11.7）	277（57.0）	124（25.5）
掲示板、お知らせ板などが活用されている	高齢者（n=183）	43（23.5）	34（18.6）	68（37.2）	38（20.8）
	全体（n=463）	74（16.0）	100（21.6）	207（44.7）	82（17.7）
自治会、町内会、子ども会など地域団体の活動が活発である	高齢者（n=181）	82（45.3）	48（26.5）	37（20.4）	14（7.7）
	全体（n=456）	176（38.6）	148（32.5）	97（21.3）	35（7.7）
困難な時に近隣間お互い助け合っている	高齢者（n=187）	27（14.4）	28（15.0）	98（52.4）	34（18.2）
	全体（n=465）	85（18.3）	102（21.9）	218（46.9）	60（12.9）
会館、公園、近隣の家など気楽に人が集まる場所があり、よく集まる	高齢者（n=189）	71（37.6）	43（22.8）	50（26.5）	25（13.2）
	全体（n=466）	179（38.4）	138（29.6）	106（22.7）	43（9.2）
ボランティア活動や非営利団体の活動が活発に行われている	高齢者（n=183）	89（48.6）	41（22.4）	38（20.8）	15（8.2）
	全体（n=457）	201（44.0）	133（29.1）	88（19.3）	35（7.7）

（5）資源と助け合いの程度

困難な時に頼りにできる人や機関について高齢者に質問した結果、**図表 4-16** にみられるように、近隣の住民がもっとも頼りになっている（70.1%）ことが明らかになっている。その次は、区役所・洞事務所の職員（67.5%）、福祉館職員（56.3%）、同居家族（54.2%）、保健所（51.5%）の順であった。ここで、同居家族より近隣の住民、区役所・洞事務所の職員、福祉館職員が頼りになると回答した高齢者が多かったことは注目に値する。

（6）社会関係資本

社会関係資本尺度を用いて社会資本を測定した結果、**図表 4-17** の通り、0 点から 4 点までの基準において、高齢者の社会関係資本の平均は 1.28 で低かった。下位要素別でみると「信頼」が 1.33 でもっとも高く、その次に「社会参加」（1.25）、「互恵性」（1.21）の順であった。

（7）地域サービス・施設

自宅の近くにある地域サービス・施設の十分性に対する認識について

図表 4-16　資源と助け合いの程度

（単位：人、%）

		全く頼りにならない	頼りにならない	頼りになる	非常に頼りになる
区役所・洞事務所職員	高齢者（n=200）	37（18.5）	28（14.0）	92（46.0）	43（21.5）
	全体（n=475）	108（22.7）	97（20.4）	197（41.5）	73（15.4）
該当問題専門家（医者、弁護士など）	高齢者（n=172	61（35.5）	59（34.3）	30（17.4）	22（12.8）
	全体（n=429）	168（39.2）	130（30.3）	92（21.4）	39（9.1）
福祉館職員	高齢者（n=174）	41（23.6）	35（20.1）	63（36.2）	35（20.1）
	全体（n=424）	132（31.1）	125（29.5）	117（27.6）	50（11.8）
地域リーダー相当の人	高齢者（n=185）	71（38.4）	56（30.3）	47（25.4）	11（5.9）
	全体（n=445）	167（37.5）	146（32.8）	109（24.5）	23（5.2）
近隣住民	高齢者（n=197）	34（17.3）	25（12.7）	115（58.4）	23（11.7）
	全体（n=470）	86（18.3）	75（16.0）	265（56.4）	44（9.4）
同居家族	高齢者（n=179）	52（29.1）	30（16.8）	59（33.0）	38（21.2）
	全体（n=444）	83（18.7）	58（13.1）	190（42.8）	113（25.5）
非同居家族	高齢者（n=180）	83（46.1）	27（15.0）	55（30.6）	15（8.3）
	全体（n=443）	156（35.2）	66（14.9）	170（38.4）	51（11.5）
友人/趣味生活を共にする仲間	高齢者（n=170）	86（50.6）	21（12.4）	48（28.2）	15（8.8）
	全体（n=422）	176（41.7）	57（13.5）	143（33.9）	46（10.9）
宗教団体	高齢者（n=166）	65（39.2）	25（15.1）	37（22.3）	39（23.5）
	全体（n=417）	162（38.8）	58（13.9）	99（23.7）	98（23.5）
保健所	高齢者（n=165）	55（33.3）	25（15.2）	61（37.0）	24（14.5）
	全体（n=408）	176（43.1）	93（22.8）	103（25.2）	36（8.8）
精神健康増進センター	高齢者（n=162）	111（68.5）	32（19.8）	15（9.3）	4（2.5）
	全体（n=398）	263（66.1）	83（20.9）	41（10.3）	11（2.8）
119 消防署	高齢者（n=171）	86（50.3）	26（15.2）	45（26.3）	14（8.2）
	全体（n=416）	194（46.6）	75（18.0）	106（25.5）	41（9.9）
交番や警察署	高齢者（n=169）	97（57.4）	25（14.8）	35（20.7）	12（7.1）
	全体（n=416）	216（51.9）	67（16.1）	98（23.6）	35（8.4）

図表 4-17　社会関係資本

（単位：平均、標準偏差）

	社会参加	互恵性	信頼	社会資本
高齢者	1.25（1.01）	1.21（1.15）	1.33（1.12）	1.28（1.05）
全体	1.32（0.93）	1.27（1.10）	1.40（1.06）	1.35（0.99）

の質問では（**図表 4-18**）、高齢者の場合、子どもの養育相談（84.8%）、成人（社会）教育（75.0%）、娯楽施設（72.0%）、高齢者・青少年が集まる場所（65.9%）、家族の生活に役立つ相談施設（56.4%）に関しては「あまりない」という回答が多かった。他方、福祉サービス（26.2%）、医療サービス（33.5%）については「あまりない」という回答が相対的に少なかった。

図表 4-18 地域サービス・施設

(単位：人、％)

		あまりない	不足ではあるが、ある	十分である
家族生活に対する助けや相談	高齢者 (n=172)	97 (56.4)	54 (31.4)	21 (12.2)
	全体 (n=424)	230 (54.2)	144 (34.0)	50 (11.8)
成人(社会)教育	高齢者 (n=164)	123 (75.0)	30 (18.3)	11 (6.7)
	全体 (n=409)	299 (73.1)	86 (21.0)	24 (5.9)
医療サービス	高齢者 (n=188)	63 (33.5)	93 (49.5)	32 (17.0)
	全体 (n=464)	187 (40.3)	203 (43.8)	74 (15.9)
福祉サービス	高齢者 (n=191)	50 (26.2)	102 (53.4)	39 (20.4)
	全体 (n=465)	186 (40.0)	206 (44.3)	73 (15.7)
子ども養育相談に対する助けや相談	高齢者 (n=164)	139 (84.8)	20 (12.2)	5 (3.0)
	全体 (n=405)	330 (81.5)	60 (14.8)	15 (3.7)
高齢者・青少年が集まる場所	高齢者 (n=164)	108 (65.9)	43 (26.2)	13 (7.9)
	全体 (n=418)	245 (58.6)	145 (34.7)	28 (6.7)
何でも話せる親友	高齢者 (n=181)	81 (44.8)	64 (35.4)	36 (19.9)
	全体 (n=439)	184 (41.9)	171 (39.0)	84 (19.1)
余裕を楽しめる娯楽施設	高齢者 (n=168)	121 (72.0)	34 (20.2)	13 (7.7)
	全体 (n=418)	308 (73.7)	76 (18.2)	34 (8.1)

2013年度末の蘆原区の一般高齢者を対象とした日常生活関連調査における高齢者福祉施設と関連した設問では、敬老堂の利用経験が33.9％で最も多く、その次に福祉館が17.8％、高齢者大学／高齢者学校／高齢者教室が11.9％であった。今後の利用意向に関しては、敬老堂が46.6％、福祉館が38.1％、高齢者大学／高齢者学校／高齢者教室が20.3％の順で、高かった。福祉関係施設とサービスに対しては、訪問看護サービス（61.9％）と家事支援サービス（53.4％）のニーズがとくに高く、その次に高齢者療養施設（29.7％）、高齢者食事／おかず配達サービス（28.8％）、高齢者専門病院（25.4％）、敬老食堂／無料給食（24.6％）のニーズが高かった。

(8) ニーズ

全般的なニーズ

健康・職業・経済・家族生活などの分野における支援機関があるとすれば、どのような分野での支援をもっとも受けたいかということに関する質問に対して、**図表 4-19** の通り、「健康」が47.0％でもっとも多く、次いで「経済」が39.6％であった。ここから、健康と経済問題が高齢者の生活においてもっ

図表 4-19　希望する支援の領域

（単位：人、％）

	健康	職業	経済	家族生活	その他
高齢者（n=164）	77（47.0）	6（3.7）	65（39.6）	6（3.7）	10（6.1）
全体（n=410）	144（35.1）	36（8.8）	193（47.1）	18（4.4）	19（4.6）

図表 4-20　サービスニーズ

（単位：人、％）

	高齢者（n=192）	全体（n=455）
予防	54（28.1）	97（20.9）
健康検診	65（33.9）	142（30.5）
治療	72（37.5）	133（28.6）
リハビリ	25（13.0）	55（11.8）
医療費支援	87（45.3）	211（45.4）
家事・看病支援	12（6.3）	20（4.3）
移動・入浴	2（1.0）	5（1.1）
安全	10（5.2）	26（5.6）
友人関係	9（4.7）	25（5.4）
補助具支援（車椅子など）	6（3.1）	14（3.0）
施設保護	1（0.5）	4（0.9）
育児、保育支援	1（0.5）	10（2.2）
家族支援	4（2.1）	15（3.2）
教育・相談	4（2.1）	18（3.9）
経済的支援	109（56.8）	268（57.6）
住宅支援	8（4.2）	62（13.3）
権利擁護	2（1.0）	8（1.7）
文化・余暇プログラム	7（3.6）	56（12.0）
仕事・就職	12（6.3）	57（12.3）
自活	20（10.4）	31（6.7）
事例管理	1（0.5）	1（0.2）
その他	2（1.0）	3（0.6）

とも重要な問題であることがわかる。

具体的なサービスに関するニーズ

具体的なサービスに関するニーズにおいても、**図表 4-20** の通り、「健康」と「経済」関連のニーズがもっとも高かった。具体的には、経済的支援（56.8％）と医療費支援（45.3％）、治療（37.5％）、健康検診（33.9％）、予防（28.1％）、リハビリ（10.4％）に対するニーズが高かった。

3　高齢者の生活保障

ここでは、「第3期（2015～2018）地域社会保障2016年度施行計画」（蘆原区 2016）をもとに蘆原区における高齢者の生活保障に関して検討を行う。蘆原区の第3期地域社会保障計画の基本概要は**図表4-21**の通りである。「生命と安全を最も大事に守る福祉蘆原」というビジョンを達成するために

図表4-21　蘆原区のビジョンと戦略目標および核心課題

（資料）蘆原区（2016）から作成

図表4-22　蘆原区における高齢者の生活保障の諸領域

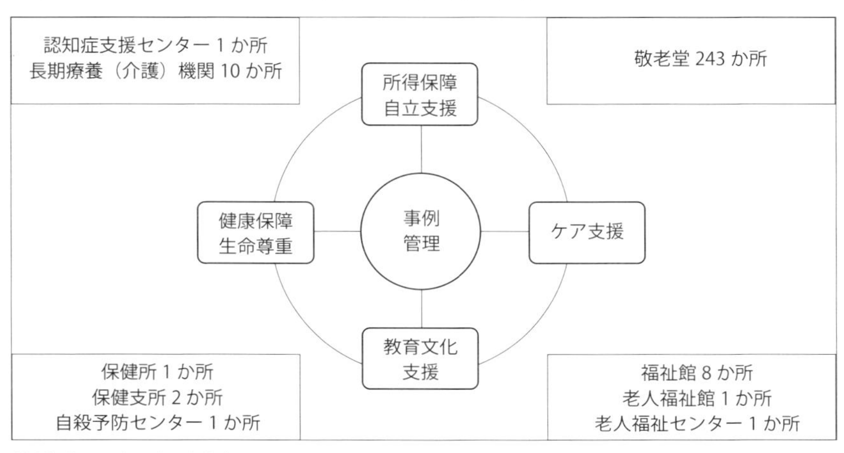

（資料）蘆原区（2016）から作成

「福祉死角地帯のない蘆原区」、「区民が幸福な蘆原区」、「人が優先される蘆原区」という三つの戦略目標を設定し、12の核心課題をあげている。

そのなかで、高齢者の生活保障と関連する部分を検討すると、**図表4-22**にみられるように、大きく五つの領域の課題から構成されている。

第1に、福祉供給体制の強化（訪問SOS福祉システムの構築）と官民協力の活性化（統合ヒューマンサービスの強化）に含まれている「事例管理（日本でいうケースマネジメント）」、第2に、低所得支援に含まれている「所得保障」と高齢者就労支援事業などの「自立支援」、第3に、基本サービスや総合サービス事業などの各種「ケア支援」、第4に、区立シルバー楽団など各種の「教育文化支援」、第5に、「健康保障・生命尊重」である。

蘆原区高齢者に対する生活保障の全体像は、「所得保障・自立支援」を通じて基本的な生活を保障し、「ケア支援」を通じてケアサービスが必要な高齢者に対する日常生活を保障し、「教育文化支援」を通じてアクティブな老後生活を保障し、「健康保障・生命尊重」を通じて健康な生活を保障するということができる。さらに、これらの諸領域での保障が難しい高齢者の生活に対しては、多様な困難と問題を解決する「事例管理」を通じてアプローチをする。このような保障システムは、敬老堂243か所、老人総合福祉館（以下、老人福祉館）1か所、老人福祉センター1か所、総合社会福祉館（以下、福祉館）8か所、保健所と認知症支援センター1か所、長期療養機関10か所などの施設の運営とサービス支援を通じて成り立っている。

（1）事例管理

蘆原区における事例管理は、老人福祉館、福祉館、保健所、認知症支援センターと長期療養機関などを中心に行われてきた。最近、「訪問する洞住民センター事業」を施行することにより、区役所と洞住民センターにおいても民間と協力して統合的な事例管理が行われている。また、リスクを抱える家庭の発見と支援の連携、訪問相談およびモニター相談を行っている。

具体的には、蘆原区内で、2015年に168件の事例管理、1万4,790件のリスクを抱える家庭の発見および支援の連携、1万3,255件の訪問相談およびモニター相談を提供した。2016年は1,040件の事例管理、リスクを抱える家庭の発見および支援連携1万5,000件、訪問相談およびモニター相談1万4,500件のサービスを計画し遂行中である。

(2) 所得保障と自立支援

高齢者の所得保障のための制度は、国民基礎生活保障、基礎年金、ソウル型基礎保障、緊急福祉支援、希望オンドル支援、国民健康保険料支援、高齢者無料給食などで構成されている。

国民基礎生活保障は、日本の生活保護にあたる制度であり、高齢者のみならずすべての年齢層を対象とするものである。低所得者のためのもっとも基本的な所得保障制度であるといえる。

基礎年金は、所得が一定基準以下である高齢者を対象とする無拠出年金制度である。所得水準に応じて2万ウォンから20万2,600ウォンまでの年金を支給しており、蘆原区内では、2015年には4万5,073人、2016年には4万8,579人が受給している。

ソウル型基礎保障は、ソウル市で運営している制度で、中位所得の40%以下の低所得層のうち、国民基礎生活保障を受けていない高齢者に対して支給される手当である。これは、ボーダーライン層の高齢者に対する保障といえる。

緊急福祉支援は、危機状況にある高齢者に対して緊急支援を行い安定した生活を維持することができるようにするために設けられた制度である。蘆原区内で、2015年には1,180世帯に、2016年には1,200世帯に生計費、医療費、住居費などを支援している。

希望オンドル支援（「暖かい冬を過ごす希望オンドル支援」）は、一時的な危機状況を解決するため、蘆原区と社会福祉共同募金会が共同で推進している事業である。2015年度に蘆原区内の1万世帯に現物および現金支援（住居費、生計費、医療費）を行っており、2016年度には1万1,000世帯へと増加している。

その他に、65歳以上世帯のうち国民健康保険料が月1万ウォン以下の世帯に対する保険料支援や、低所得高齢者への無料給食サービス提供を行っている。無料給食の場合、蘆原区で2015年度には2,561人に、2016年度には2,593人に支援を行っている。

なお、自立支援は、高齢者就労支援事業、長期療養保険在宅給付支援、老人福祉基金事業、人生二毛作支援などから構成されている。

高齢者就労支援事業は60歳以上の基礎年金受給高齢者を対象に働く場を提供する事業である。蘆原区内で2015年には3,442人、2016年には3,564人に支援を行っている。

長期療養保険在宅給付支援は、国民基礎生活保障の受給者および医療扶助の受給者のうち老人性疾患高齢者を対象に、訪問療養・看護・入浴、昼・夜間及び短期保護などの在宅給付サービスの提供を行うものである。蘆原区で2015年には1,208人、2016年には1,365人の高齢者を対象に支援している。

老人福祉基金事業は、蘆原区の民間機関に委託して、高齢者の社会参加の向上および健康維持を目的にさまざまな自己開発プログラムを提供する事業である。蘆原区内で2015年に7,788人の高齢者に、2016年度には9,254人の高齢者を対象に事業を提供している。

その他に、50、60代世代を対象に再就職や起業などを支援する人生二毛作支援センターを運営しており、2015年には65人、2016年には100人を対象に支援を行っている。

(3) ケア支援

高齢者に日常生活を送るうえで必要なサービスを保障するケア支援事業は、高齢者ケア基本サービス、高齢者ケア総合サービス、ソウル在宅管理事業、高齢者余暇福祉施設支援（敬老堂支援)、敬老堂巡回孝行マッサージサービス、美しい旅程、高齢者アクア教室などで構成されている。

高齢者ケア基本サービスは、一人暮らしの高齢者の生活実態と福祉ニーズを把握し、定期的な安全確認、生活教育および福祉サービス連携などのサービスを提供する事業である。蘆原区内で2015年に1,250人に、2016年には1,275人に対してサービスを提供している。

高齢者ケア総合サービス事業は、老人長期療養保険（日本の介護保険にあたる）の非該当判定で、全国世帯平均所得の150％未満の低所得世帯高齢者に、日常生活の便宜をはかり安定した老後生活を営めるようにするサービスを提供する事業である。具体的には、食事・洗面の介助、着替え、体位変換、身体機能の維持・増進、トイレ介助、外出同行、生活必需品の購買、掃除・

洗濯などのサービスがある。蘆原区内で 2015 年度には 414 人に、2016 年度には 476 人にサービスを提供している。

ソウル在宅管理者事業は、低所得で身体上の不便さを抱える高齢者に対して在宅管理者を派遣し、個人活動と家事の支援や友愛相談サービスを提供するものである。蘆原区内で 2015 年度には 138 人に、2016 年度には 150 人に支援を行っている。

高齢者余暇福祉施設支援は、蘆原区内で 7,353 人の高齢者が利用している 243 か所の敬老堂を支援する事業であり、一定額の運営費支援を行っている。

その他にも、敬老堂巡回孝行マッサージサービス事業（蘆原区内で 4,600 人支援）、また 65 歳以上で人との付き合いが無かったり家族関係が断絶したりして孤立状態にある高齢者を対象にケアサービスと葬礼サービスを提供する美しい旅程支援事業（蘆原区内で 2015 年度 71 人、2016 年度 80 人支援）、男性一人暮らし高齢者の自殺予防のための水泳教室である高齢者アクア教室（蘆原区内で 2015 年度 44 人、2016 年度 46 人支援）などがある。

（4）教育文化

アクティブな老後生活を保障するため、シルバー楽団、シルバーサッカー団、青春劇場、シルバーカフェを運営・支援している。

シルバー楽団は、音楽活動を通じた明るく元気な老後生活を営むことができるよう、公演ボランティア活動の機会を提供したり、高齢者のしごと創出を目的として 14 人の団員と二人の歌手で構成された楽団を区立で運営したりするものである。

シルバーサッカー団は、高齢者の健康管理と余暇文化を活性化するため 24 人のサッカーチームを運営するものである。

青春劇場は、高齢者の文化的ニーズの充足や余暇文化の活性化のため、高齢者を対象に 3 か所で毎週月曜日から金曜日の週 5 回、無料で映画を上映するものである。

シルバーカフェは、高齢者の集まる場所及び文化空間を設け、仕事及び文化公演の機会を提供することを目的に運営されている。22 人が勤務しており、毎日 1 回ボランティアの公演と週 1 回の無料公演などが運営されており、蘆原区内で利用者は 2015 年 1 年間で 9 万 7,500 人にも上っている。

(5) 健康保障と生命尊重

健康保障として、医療給付受給者健康検診、訪問健康管理事業、ウェルダイング教育などを行っている。

医療給付受給者健康検診は、健康保険加入者と同様に 2 年に 1 回、国の健康検診を受けるようにするもので、高齢化の進展と成人病の増加などにより導入された。

訪問健康管理事業は、高齢社会の到来に対応し、基礎生活受給者、ボーダーライン層世帯のうち健康リスクの高い世帯に対して訪問健康管理を行う事業である。蘆原区内で 2015 年に 8,039 人に、2016 年に 8,000 人にサービスが行われた。

ウェルダイング教育は、人生の最後をよりよく迎えるための教育を支援する事業で、生と死の理解、生と健康、生の整理などが教育内容となっている。蘆原区内で 2015 年に 420 人に教育を支援し、2016 年も同程度の人数に対し教育支援を行っている。

生命尊重としては、OECD 加盟国の中で最も高い自殺率を見せている韓国の状況において蘆原区の自殺率を下げるための自殺予防推進事業を行っている。

自殺予防事業は、大きく分けて生命尊重、文化助成、自殺危険群の発見及び管理、精神健康増進事業から構成され、推進されている。また、高齢人口の急激な増加と生活習慣の変化で脳心血管疾患の有病率が増加していることから、蘆原区民を対象に心肺蘇生法教育を 2015 年には 2 万 2,000 人に実施し、応急対処能力を高めている。

4　生活保障の特徴

蘆原区は、ソウル市の北東側奥に位置する。永久賃貸住宅が大規模で建てられた三つの区（蘆原区、江西区、江南区）のうちの一つで、ソウル市 25 区のうち、低所得層住民だけでなく高齢者の人口規模も最も多い地域である。

低所得地域を中心に検討した高齢者の生活は福祉ニーズが非常に高いとい

う性格を有する。健康でない高齢者の比率が非常に高く、疾病発生率が高いにもかかわらず、健康管理や疾病の治療が十分に行われていないのが現状である。経済的な困難を感じている高齢者も多く、そのほとんどが基本的な生活費と医療費において困難を抱えている。高齢者の1割程度のみが何らかの仕事についているが、残りは健康を理由に働けない状況におかれている。周りの人との往来や理解してくれる人の有無に関しては、肯定的な回答が多かったものの、全般的な生活満足度は低い。日常生活機能に関しては、必要な書類の作成、健康上の問題解決、友人の家への訪問、金融機関の用務解決などを一人で行うのは困難であるという高齢者が多い。それにもかかわらず、助けを受けることができるとする高齢者はけっして多くない。この点については、低所得高齢者と一般高齢者との間で大きな違いがみられた。住民交流については、3～4割の高齢者が肯定的に評価しており、困難な時に頼りにできる人や機関について高齢者に質問した結果、近隣住民が最も頼りになるとしており、次いで区役所・洞事務所職員、福祉館職員、同居家族、保健所が頼りになると回答した。また低所得地域の高齢者の社会関係資本は比較的に低い水準であった。

低所得高齢者は、全体的なニーズとして健康とかかわる支援に対するニーズがもっとも高く、それに次いで所得保障など経済関連ニーズも高かった。サービスに関するニーズは、経済的支援、医療費支援、治療、健康検診、予防、リハビリの順番であった。

蘆原区における高齢者の福祉ニーズが高くなるにつれ、これへの対応も積極的に行われるようになっている。政府およびソウル市の制度・政策を含めて自治体である蘆原区が地域社会福祉計画を立て、それを通じて推進する高齢者の生活保障は、所得保障と自立支援による基本的な生活保障、ケア支援によるケアが必要な高齢者の日常生活保障、教育文化支援による活発な老後生活保障、健康保障と生命尊重による健康生活保障からなり、これらの領域で保障できない高齢者に対しては多様な困難と問題を解決する事例管理を通じて保護を行っている状況である。

以上のような蘆原区における高齢者の生活保障は、国民基礎生活保障と基礎老齢年金などの所得保障、そして健康保険や長期療養保険などの健康・ケア保障のような福祉国家の典型的な制度的福祉と、自立支援、ケア支援、教育文化支援、生命尊重などのさまざまな社会サービス的福祉とから構成されているといえる。国民基礎生活保障と基礎老齢年金は低所得層高齢者向けの制度であり、健康保険と長期療養保険は健康やケアを必要とする高齢者に対する基本的なものであるため、高齢者に対する基本的な保障が普遍的に行われているとはいいがたい。したがって蘆原区における高齢者の生活保障は、韓国全体の高齢者福祉と同様に選別的な性格の基本的な保障とこれを補完するための社会サービスを提供する方式で行われているといえる。

とはいえ、福祉館 8 か所、老人福祉館 1 か所など少なくない福祉関連機関が多種多様なサービスを提供しており[(2)]、最近では「訪問する洞住民センター事業」を通じて、サービスをより豊かに提供しながら高齢者の多様なニーズに対して積極的に対応していることを指摘しなければならない。所得保障と社会サービスとともに、これら地域で活発に展開されているコミュニティ活動が、高齢者の生活保障に今後ますます重要な役割を果たすことになると思われる。

注

（1）「住民登録人口統計現況」は、http://rcps.egov.go.kr:8081/jsp/stat/ppl_stat_jf.jsp を参照。
（2）蘆原区内の福祉関連施設は、http://land.nowon.kr/nw2015/welfare.jsp を参照。

参考文献

蘆原区（2014）『第 3 期（2015-2018）蘆原区地域社会福祉計画』蘆原区。
蘆原区（2016）『2016 年地域社会保障年次別施行計画（案）』蘆原区。
保健福祉部（2015）『2015 年国民基礎生活保障受給者現況』保健福祉部。
韓国聖書大学産学協力団（2015）『中渓 9 団地保健・福祉・ケア統合型福祉館模型開発』韓国聖書大学産学協力団。

5章

蘆原（ノウォン）老人福祉館・月渓（ウォルゲ）福祉館の低所得高齢者向け福祉サービス

金 禧秀

1 老人福祉館と福祉館

本章では、ソウル市蘆原区にあるソウル市立蘆原（ノウォン）老人総合福祉館と月渓（ウォルゲ）総合社会福祉館が低所得高齢者を対象に提供している福祉サービスを紹介する。

蘆原区はソウル市全25区のなかで国民基礎生活保障（日本の生活保護にあたる）受給者の割合がもっとも高く、高齢者人口の規模ももっとも大きい[1]。また、蘆原区はソウル市で低所得者と高齢者が密集しているため、他の区に比べて福祉ニーズも相対的に高いといえる。このように低所得層および高齢者が多く居住している蘆原区では、高齢者の福祉ニーズの充足のため、老人福祉館1か所、総合社会福祉館（以下、福祉館）1か所、老人福祉センター（老人専門療養センター）1か所、保健所1か所、認知症支援センター1か所、長期療養機関10か所、敬老堂243か所など、高齢者福祉関連施設が多数設置・運営されている。

老人福祉館は、老人余暇福祉施設に含まれるサービス体系の一つとして、高齢者の教養・趣味生活および社会参加活動などに対する各種情報とサービスを提供し、健康増進および疾病予防、所得保障、在宅福祉、その他高齢者の福祉増進に必要なサービスを提供することを目的とする施設である（老人福祉法第36条）。老人福祉法施行規則第24条によると、老人福祉館利用対象は60歳以上であり、2016年現在で全国に258か所、ソウルに46か所が設置されており[2]、高齢者向け福祉サービスの提供において、韓国で中心的役割を果たしている。「2015年老人福祉館評価指標」（保健福祉部・韓国社会福祉協議会社会福祉施設評価院 2015）と「2015 老人保健福祉事業案内」（保健福祉部 2015）によると、生涯教育、ボランティア、在宅福祉、就業、老人社会活動支援（高齢者就労支援事業）、老人ケア、相談、敬老堂の活性化、健康増進および機能回復、デイケアが老人福祉館の 10 大事業として定められている（ウォン・ヨンヒ／チェ・ヘジ 2015）。

一方、福祉館は、地域福祉のサービス供給の核心の担い手の一つである。社会福祉事業法第 2 条によると、福祉館は、地域社会を基盤に一定の施設と専門人材（ソーシャルワーカー）を備え、地域住民の参加と協力を通じて地域社会が抱えているさまざまな問題に対して、それを解決するために総合的な福祉サービスを提供する施設として位置づけられている。福祉館は、地域社会の特性と地域住民の福祉ニーズを考慮し、サービス提供など地域福祉増進のための事業を実施している。すべての地域住民をサービス提供の対象にしており、社会福祉事業法第 34 条第 5 項に定めた優先事業対象者には国民基礎生活保障法による受給者とボーダーライン層および高齢者が含まれている。福祉館の事業は、基本的に、社会福祉事業法施行規則において事例管理（日本でいうケースマネジメント）機能、サービス提供機能、地域社会組織化機能を遂行するための内容で構成するように定められている[(3)]。福祉館は 2016 年現在で全国に 460 か所が設置・運営されており、そのうち 98 か所がソウルに所在している[(4)]。

次節では、ソウル市立蘆原老人総合福祉館と月渓総合社会福祉館の事業を通じて低所得高齢者にどのような福祉サービスが提供されているかを検討する。

2　蘆原老人福祉館の低所得高齢者向け福祉サービス

ソウル市立蘆原老人総合福祉館（以下、蘆原老人福祉館）は、韓国で初めて設立された老人福祉館で、蘆原区内の永久賃貸住宅団地の一つである中渓住公 9 団地に位置している。蘆原老人福祉館の利用者のほとんどは低所得高齢者である。2016 年事業計画書によると、彼らのための福祉事業は、相談事業、在宅福祉事業、社会教育事業、生涯教育事業、機能回復事業、健康管理事業、老人社会活動支援（高齢者就労支援事業）、高齢者就業斡旋事業、高齢者ボランティア育成事業、福利厚生事業、地域福祉協働事業、特化事業、敬老堂活性化事業に区分され、各事業の具体的な内容は次の通りである。

相談事業は60歳以上の高齢者を対象に、生活問題を予防および解決し、急変する社会へ機能的に対処できるよう支援することにより、満足できる老年期を営めるようにすることを目的とする。相談の内容は多様であり、老人福祉館を利用するために行われる利用相談、ケースマネジメントにおける相談、そして法律・精神健康・栄養・依存症・性問題などの専門領域に関する相談がある。また、個人相談以外にグループ相談の形で行われる集団精神療法や美術療法がある。

在宅福祉事業は、蘆原区に居住している65歳以上の高齢者を対象に、地域内の高齢者の多様で複合的なニーズに対応するために専門的な介入を行うことで、地域社会の構成員として日常生活を営むことができるよう支援することを目的とする。具体的には、事例管理、食事および総菜の配達、結縁後援金の支援、生活必需品などの物品の支援、訪問する誕生日パーティーなどがある。これらの事業を通じて、地域社会の高齢者が日常生活を送るうえで困難がないよう各種支援を行っている。

社会教育事業は、蘆原区に居住する60歳以上の高齢者を対象に、多様で専門的な教育を提供し、活気ある地域社会づくりに参加できる機会を提供する事業である。具体的には、書道、四君子（東洋画）、英語、日本語、中国語、歌教室などの教養文化を中心にする内容、チャング（伝統楽器）、民謡、伝統舞踊など伝統文化を中心にする内容、健康体操、ヨガ、ダンス、エアロビクスなど健康のためのプログラム、パソコン関連内容を教育する情報化教育プログラム、また、美術、ダンス、伝統舞踊、エアロビクスなどを中心とした活動がある。また、年3回高齢者が記者となり直接新聞（「ヘオルム新聞」）を企画・制作・発刊する出版プログラムや、成熟した市民意識を涵養することを目標に、市民意識、人権観、リーダーシップ、コミュニケーションなどの内容を教育する「先輩市民学堂プログラム」がある。

生涯教育事業は、75歳以上の後期高齢者を対象に多様な内容の余暇プログラムを提供する事業である。これを通じて、身体機能を維持・増進し、社会的関係ネットワークを形成することにより、幸福な老後生活を営めるようにしている。具体的な内容としては、健康増進のための体操教室（気功体操、生活体操、挽き臼（メッドル）体操など）、マッサージ、脳呼吸マッサージ、関節リハビリ運動、エアロビクス、ヨガストレッチングなどがあり、趣味・余暇のための歌教室、美術、折り紙、編み物、ナンタ、ネイルアートなど、また教養文化プログラムとして教養講座、ハングルおよび算数教室などがある。その他にも、秋夕（チュソク、日本のお盆にあたる）の行事、忘年会などの主要な季節行事、そして美術療法プログラムも含まれている。

機能回復事業は、60歳以上の高齢者を対象に慢性老人性疾患により低下した身体機能を回復させ、健康増進を支援する事業である。施設内に備えている機能回復室を利用し、理学療法を提供し、器具運動、マッサージ、水圧マッサージなどの健康増進プログラムを提供している。また、地域内の漢方病院、視覚障害者連合会、蘆原区国学気功連合会などの関連団体と連携し、漢方診療、マッサージサービス、スポーツマッサージを提供している。

健康管理事業は、60歳以上の高齢者を対象とし、疾病の早期発見および予防の機会を提供し、健康増進とともに自宅での健康管理を支援する目的をもつ。具体的な事業内容は、機関内あるいは家庭訪問、敬老堂訪問などを通じた嘱託医および看護師、健康相談、糖尿教育、血糖および血圧などの基礎健康指標チェック、無料歯科診療、結核検診・聴覚検診および補聴器の修理・認知症早期検診、ソウル大学病院精神科および韓国認知症協会と連携したうつ病および認知症に対する遠隔診療などが含まれている。

老人社会活動支援事業（高齢者就労支援事業[(5)]）は、60歳以上の高齢者に社会参加の機会を提供する事業である。老人福祉館の高齢者就労支援事業を通じて高齢者が参加する活動は、学校給食ヘルパー、公営駐車場および公共施設の環境改善活動に参加する公共施設キーパー、地域内の高齢者を対象にお弁当の配達および情緒支援サービスを提供するシルバー・キーパー（老々ケア)、そして地域内保育園、放課後教室、療養施設などに派遣され領域別講師とする活動もある。

高齢者就業斡旋事業は、他の事業とは異なり、55歳以上で就職を希望する高齢者を対象とし、求職登録、求人登録、就業訓練教育、就業斡旋、求職者および求人先へのアフターケアなど、就業のための準備過程から就業および就業維持のためのアフターケアまでの一連の過程を通じて就業を支援する事業である。2015年の場合、実際に就職したのは15人であり、就職先の賃金水準はおよそ月平均70万～90万ウォン水準であった。

高齢者ボランティア育成事業は、老人福祉館を利用する高齢者を対象にボランティア活動の機会を提供し、社会構成員として役割を果たし、地域社会に貢献できる場を設ける目的をもつ。「ウンピッナヌム団」という名称のボランティア団体を通じて、専門領域（ヘオルム記者、アナウンサー）、準専門領域（講師、公演、写真ボランティア）、一般領域（弁当配達、総菜配達など）でボランティア活動が行われる。領域別区分は、該当ボランティア活動と関連する職場経験、資格証所持、専門的な知識や技術の程度により専門領域と準専門領域に区分され、一般領域の場合は専門性が要求されない領域で、ボランティア活動に関する教育を受けた高齢者が参加できる。

福利厚生事業は、敬老食堂を通じて60歳以上の高齢者を対象に低料金または無料での給食サービスの提供、誕生日パーティーと訪問理美容サービスの提供、公共交通が脆弱な地域にシャトルバスを運営することで交通の利便性を提供するサービスが含まれている。

地域福祉協働事業は、地域社会との交流を通じて老人を敬うことを実践し、地域内における高齢者の生活問題の予防・解決を支援し、地域社会の組織化および参加を誘導する事業である。具体的には、地域内の一人暮らしの高齢者に向けた100歳・90歳・80歳パーティーの開催、施設利用者を対象に「両親の日」開催、地域内の高齢者および機関利用高齢者を対象に老人の日に敬老祭を開催するなどのサービスが含まれている。

蘆原老人福祉館の特化事業として、「死への準備学校」、「ウェルダイング（well dying）コーチングシニア専門ボランティア団」、「幸せ分かち合いシニアオーケストラ」、「敬老堂巡回親孝行マッサージ事業」、「高齢者写真教室」、「蘆原シルバー・カフェ」などのプログラムがある。

「死への準備学校」は、60歳以上の高齢者を対象に死への準備教育を実施することで、死について正しく受容し、死に対する恐怖を軽減し、より生きがいのある日常生活を営むことで尊厳を保って死を迎えることをその目的とする。20人の規模で全15回行われ、自叙伝の執筆、死の意味・遺言相続・ホスピス・尊厳死・自殺予防関連教育、死に対する間接体験、臓器寄贈・終身寄付に対する教育、遺言状の作成などのサービスがある。

「ウェルダイングコーチングシニア専門ボランティア団」は、専門ボランティア活動の一環で地域社会内の機関や敬老堂に派遣され、自殺予防、生命尊重教育を行う事業である。教育を通じて生命尊重文化を拡散させ、ボランティア活動を通じて社会参加を拡大する効果がある。

「幸せ分かち合いシニアオーケストラ」事業は、60歳以上の高齢者を対象にする専門音楽教育やオーケストラとの協演活動である。合唱、クロマハープ、ハーモニカ、アコーディオン、ドラム、ヴァイオリン、フルート、カヤグム、ヘグムなど、多様な専門音楽教育と深化教育の性格をもつ活動が行われ、年 30 回のオーケストラとの協演と音楽会が開催されている。

「敬老堂巡回親孝行マッサージ事業」は、高齢者の文化共有空間として指定されている敬老堂を中心にマッサージサービスを提供する事業である。

「高齢者写真教室」は、写真を媒介に関係を結び疎通する機会を提供する目的で、写真教室の運営、写真展観覧および写真展示会開催を行っている。

「蘆原シルバー・カフェ」は、高齢者と地域住民の利便性および文化空間提供を目的に運営されているカフェで、カフェ内では、飲料の販売、本の利用、音楽公演を行っている。

敬老堂活性化事業は、敬老堂利用高齢者のため余暇、健康、教養、生活とかかわる多様なプログラムを提供し、敬老堂を利用する高齢者の生活の質を向上させ、敬老堂が地域内の文化活動空間としての役割を果たすことができるようにしている。具体的には、余暇支援として歌教室、体操、笑いの教室プログラム、健康相談、栄養・歯の健康管理・安全・認知症予防・ウェルダイング教育などを提供する。また、理美容サービス提供、後援物品配達なども含まれる。

以上、蘆原老人福祉館の低所得高齢者向け福祉サービスの具体的な内容をみてきた。これらのサービスを、第 4 章で示している「蘆原区における高齢者の生活保障の諸領域」(図表 4-22)、つまり事例管理、所得保障と自立支援、ケア支援、教育文化、健康保障と生命尊重という五つの領域として整理してみると、**図表 5-1** のようになる。領域別の福祉サービスの区分は、事業内容と事業目的をもとにまとめているが、類似した事業でもその目的によって他の領域に含まれるケースもあり[(6)]、また、同一事業でも提供者として参加する高齢者と利用者として参加する高齢者のそれぞれの側面があるため、複数領域に重複して含まれる場合もある[(7)]。

図表 5-1 ソウル市立蘆原老人福祉館における低所得高齢者対象福祉サービス

領域	事業名	内容
事例管理	在宅福祉事業	・地域に居住する高齢者個人の複合的なニーズを充足させるためのパーソナライズサービス計画および実行
	相談事業	・ケースマネジメントの文脈から行われる相談
所得保障自立支援	在宅福祉事業	・食事および総菜配達 ・結縁後援金支援 ・生活必需品などの物品支援
	老人社会活動支援事業	・学校給食ヘルパー、公共施設キーパー、シルバー・キーパー、高齢者講師バンクなど
	高齢者就業斡旋事業	・求職登録、求人登録、就業訓練教育、就業斡旋、求職者および求人先のアフターケアなど
	福利厚生事業	・敬老食堂を通じて低額または無料での給食提供
ケア支援	相談事業	・法律、栄養、性問題などの専門領域で行われる相談
	在宅福祉事業	・訪問する誕生日パーティー
	社会教育事業	・健康文化プログラム：健康体操、ヨガ、ダンス、エアロビクスなど
	生涯教育事業	・健康増進プログラム：体操教室（気功体操、生活体操、挽き臼（メッドル）体操など）、マッサージ、脳呼吸マッサージ、関節リハビリ運動、エアロビクス、ヨガストレッチングなど
	福利厚生事業	・訪問理美容サービス ・シャトルバス運営（交通便宜提供）
	特化事業	・敬老堂巡回親孝行マッサージ事業
	敬老堂活性化事業	・歌教室、体操、笑いの教室のような余暇プログラム提供 ・健康相談、栄養、歯の健康管理、安全、認知症予防、ウェルダイング教育などを提供 ・理美容サービス提供 ・後援物品伝達
教育文化	社会教育事業	・教養文化プログラム：書道、四君子（東洋画）、英語、日本語、中国語、歌教室など ・伝統文化プログラム：チャング（伝統楽器）、民謡、伝統舞踊など ・情報化教育プログラム：パソコン、インターネット、フォトショップ、パワーポイント、スマホ活用など ・趣味サークルプログラム：美術、ダンス、伝統舞踊、エアロビクスなどの活動 ・出版プログラム：ヘオルム記者教育、ヘオルム新聞発刊 ・特別プログラム：先輩市民学堂
	生涯教育事業	・趣味余暇プログラム：歌教室、美術、折り紙、編み物、ナンタ、ネイルアートなど ・教養文化プログラム：教養講義、ハングルおよび算数教室など ・秋夕の行事、忘年会などの主要な季節行事
	高齢者ボランティア育成事業	・ウンピッナヌム団：記者、アナウンサーなどの専門領域ボランティア、講師、公演、写真ボランティアなどの準専門領域、弁当配達・総菜配達など一般領域ボランティア
	地域福祉協働事業	・100歳・90歳・80歳パーティーの開催、両親の日開催、敬老祭開催など

領域	事業区	内容
教育文化	特化事業	・幸せ分かち合いシニアオーケストラ：合唱、クロマハープ、ハーモニカ、アコーディオン、ドラム、ヴァイオリン、フルート、カヤグム、ヘグムなど多様な音楽教育オーケストラ協演および音楽会開催 ・ウェルダイング（well-dying）コーチングシニア専門ボランティア団 ・高齢者写真教室：写真教室を運営、写真展観覧、写真展示会開催 ・蘆原シルバー・カフェ：飲料の販売、本の利用、音楽公演
健康保障 生命尊重	健康管理事業	・健康相談：機関内／家庭訪問／敬老堂訪問を通じた嘱託医および看護師健康相談 ・健康教育：糖尿教育 ・看護管理：血糖および血圧など基礎健康指標チェック、応急処置 ・無料歯科診療、結核検診、聴覚検診、認知症早期検診、うつ病および認知症に対する遠隔診療
	機能回復事業	・理学療法：温熱療法、電気療法、光線療法など ・健康増進プログラム：器具運動、マッサージ、水圧マッサージなど ・漢方診療、マッサージサービス、スポーツマッサージなど
	相談事業	・精神健康領域で行われる相談 ・集団精神療法、美術療法などの集団相談
	生涯教育事業	・美術療法プログラム
	特化事業	・死の準備学校 ・ウェルダイングコーチンシニア専門ボランティア団

3　月渓福祉館の低所得高齢者向けの福祉サービス

月渓総合社会福祉館（以下、月渓福祉館）は、蘆原区内の永久賃貸住宅団地の一つである月渓住公１団地に位置しており、利用者の大半が国民基礎生活保障法による受給者とボーダーライン層である。事業内容をみると、児童・青少年から高齢者に至るまでの全年齢層にかかる多様な事業を遂行しているが、ここでは、そのなかで主に低所得高齢者が主な対象となっている福祉サービスの内容を中心に検討する。

福祉館は、事例管理、サービス提供、地域組織化という三つの機能にもとづいた分類に沿って事業が行われている。事例管理事業のなかでは、事例管理、結縁後援、脆弱階層危機緊急支援、希望オンドル事業に低所得高齢者が対象として含まれている。サービス提供事業のなかでは、地域社会保護の一環としての欠食保護、健康保護、日常生活保護、疎外感予防事業、その他、自活事業、教育文化事業に低所得高齢者が対象として含まれている。地域組織化事業のなかでは、住民組織化の一環で高齢者対象の組織事業、「美しい隣人」、「月渓モニタリング団」、「休日欠食保護ネットワーク事業」、そして資源開発および管理の一環で実施されるボランティア育成事業に低所得高齢者が含まれている。各事業の具体的な内容は次の通りである。

まず、事例管理事業として提供されているサービスについてである。

事例管理は、複合的ニーズおよび危機状況に直面する低所得層を保護し、問題を解決し、エンパワメントを付与することを目的として行われている。蘆原区月渓1、2洞居住者のうち脆弱階層世帯を対象にし、月渓福祉館の事例管理対象者のうち約1／5が高齢者世帯である。

結縁後援は、経済的な困難により危機状況におかれている対象者に結縁後援金をつなぐものであり、生活維持能力を向上させる目的で実施されている。結縁後援対象者のうち高齢者世帯は全体の約15%を占めている。

脆弱階層危機緊急支援希望オンドル事業は、民間資源を動員し設けられた基金から地域内の国民基礎生活受給者、障害者、一人親家庭、欠食児童など困難な状況におかれている対象者に対して、生計費、医療費、光熱費、住居費などの緊急支援を行う事業である。同事業対象者のうち約50%が高齢者世帯である。

次に、サービス提供事業として提供されているサービスについてみる。

欠食保護事業には、60歳以上の高齢者を対象とする無料給食サービス、65歳以上の高齢者を対象とする食事および総菜配達サービス、また男性一人暮らし高齢者を対象にする「料理する男のセルフ健康食膳」事業がある。「料理する男のセルフ健康食膳」事業は、食生活の自立力量向上を図ることを目的とするもので、月1回の集団料理活動、外食などのサービスが提供されている。

健康保護事業には、保健医療事業、「威風堂々」、「月渓心の憩いの場」がある。保健医療事業は、健康管理が必要な地域住民、とくに高齢者と障害者、慢性疾患者の健康を保護することを目的とする事業で、健康相談、血圧および血糖測定、訪問看護、訪問診療、内科・歯科・眼科・漢方などの医療機関連携無料診療などのサービスが提供されている。「威風堂々」事業では、糖尿疾患を患っている低所得高齢者を対象にした週末糖尿間食提供、訪問健康教育、血糖管理サービスを提供している。「月渓心の憩いの場」事業は、うつ病がある一人暮らし高齢者を対象にする15人規模の小規模集団プログラムで、自殺予防教育、健康体操、園芸・音楽・美術療法、笑い療法、外出などのサービスが行われている。

日常生活保護事業としては、理美容サービス、車椅子貸与サービス、住居環境改善事業がある。理美容サービスは60歳以上の高齢者を対象に、専門ボランティアを活用し週1回理美容サービスを提供する。車椅子貸与サービスは、移動などに不自由がある高齢者に移動上の便宜を提供するためのサービスである。住居環境改善事業は、荷物の整理、掃除など住居環境を整理し、上張り、床・家具の交換など住居環境を改善する事業である。この事業の対象者にも低所得高齢者が含まれている。

疎外感予防事業では、外出サービスがあり、移動などに不自由がある高齢者や地域内高齢者を対象に、屋外活動を行うことで高齢者の孤独感および疎外感を予防している。自活事業には、老人社会活動支援事業（高齢者就労支援事業）がある。65歳以上の労働能力のある高齢者によって、地域内高齢者世帯訪問および食事を配達する老々ケア活動、環境キーパー活動、趣味および余暇のためのパソコン、英会話、ハングル、歌、チャング教室、健康維持のためのテコンド、ヨガ、挽き臼（メッドル）体操、卓球教室などが実施されており、特別行事として発表会および展示会を開催することもある。

最後に、地域社会組織化事業として提供されているサービスについてである。

住民組織化事業として行われている多様な住民自治活動のうち、「ヘオルムボランティア団」（自販機運営、餅バザー会開催などの活動）と「健康な街」（新環境石鹸制作および分かち合い活動）が高齢者を対象にする組織化事業である。

「美しい隣人」事業[(8)]は、地域住民が助け合う共同体を形成することを目的とし、地域内の低所得住民と商店を繋ぐことで、商店を通じて地域住民が必要とするサービスが提供されるようにコーディネートをする事業である。同事業の利用者のうち50％以上が高齢者世帯である。

その他にも、住民代表を委嘱して「月渓モニタリング団」を構成し、福祉館の運営改善のために住民の意見を聞きまとめる役割を担うようにしており、参加者のうち50％程度が高齢者である。

休日欠食保護ネットワーク事業は、低所得一人暮らし高齢者の休日欠食を予防することを目的とし、地域内の店舗と連携し休日に食事を提供する事業

図表 5-2　月渓福祉館の低所得高齢者対象の福祉サービス

領域	事業名	内容
事例管理	事例管理	・複合的ニーズおよび危機状況にある脆弱階層を保護し、問題を解決し、力量強化を助けるパーソナライズサービス計画および実行（対象者の内約 1/5 が高齢者世帯）
所得保障 自立支援	結縁後援	・結縁後援金支援（対象者の約 15%が高齢者世帯）
	脆弱階層危機緊急支援希望オンドル事業	・生計費、医療費、光熱費、住居費など緊急支援（対象者の内約 50% 程度が高齢者世帯）
	老人社会活動支援事業	・老々ケア活動、環境キーパー活動、小学校給食ヘルパー活動など
	欠食保護事業	・無料給食サービス ・食事および総菜配達サービス ・料理する男のセルフ健康食膳プログラム
	休日欠食保護ネットワーク事業	・地域内の店舗と連携した休日食事提供
ケア支援	日常生活保護事業	・理美容サービス ・車椅子貸与サービス ・住居環境改善事業
	疎外感予防事業	・外出プログラム
	健康維持プログラム	・テコンド、ヨガ、挽き臼（メッドル）体操、卓球教室など
	美しい隣人	・低所得地域住民と店舗を連携させた店舗を通じた多様なサービス提供（利用者の内 50% 以上が高齢者世帯）
教育文化	趣味・余暇プログラム	・パソコン、英会話、ハングル、歌、チャング教室など
	特別行事	・発表会、展示会開催など
	住民自治活動	・ヘオルムボランティア団、健康な街
	ボランティア育成事業	・ボランティア募集、教育、活動連結、持続的管理など（参加者の内約 40% が高齢者世帯）
健康保障 生命尊長	健康保護事業	・保健医療事業：健康相談、血圧および血糖測定、訪問看護、訪問診療、内科、歯科、眼科、漢方など医療機関と連携し無料診療など ・威風堂々：週末糖尿間食提供、訪問健康教育、血糖管理など ・月渓心の憩いの場：自殺予防教育、健康体操、園芸、音楽、美術療法、笑治療、外出などの内容でグループプログラム進行

である。

資源開発およびマネジメントの事業としてボランティア募集・教育・活動連結・持続的管理などのボランティア育成事業を行っており、この事業に参加しているボランティアの約 40%が高齢者である。

以上で紹介してきた月渓福祉館の低所得高齢者向け福祉サービスを、前節の蘆原老人福祉館の低所得高齢者向け福祉サービスと同様に、第 4 章で示した「蘆原区における高齢者の生活保障の諸領域」（図表 4-22）に照らして整理してみると、**図表 5-2** のようにまとめられる。

4　老人福祉館と福祉館における福祉サービスの比較

蘆原老人福祉館と月渓福祉館の低所得高齢者向け福祉サービスを五つの生活保障領域にまとめ比較したものが**図表 5-3** である。

蘆原老人福祉館と月渓福祉館では、事例管理、所得保障と自立支援、ケア支援、教育文化、健康保障と生命尊重の五つの領域すべてにわたって福祉サービスを提供している。とくに、事例管理、所得保障と自立支援における無料給食サービス、食事および総菜配達サービス、老人社会活動支援事業（高齢者就労支援事業）、ケア支援における健康維持・増進のための教育プログラム、理美容サービス、教育文化領域で各種社会教育プログラム、ボランティア育成事業、健康保障と生命尊重における保健医療事業、精神健康に対するアプローチは共通して行われている事業である。

図表 5-3　市立蘆原老人福祉館と月渓福祉館における低所得高齢者への福祉サービス比較

市立蘆原老人福祉館	領域	月渓福祉館
・事例管理	事例管理	・事例管理
・結縁後援金支援、生活必需品など物品支援	所得保障 自立支援	・結縁後援金支援
		・脆弱階層危機緊急支援希望オンドル事業
・実費あるいは無料給食提供 ・食事およびお菜配達		・無料給食サービス ・食事およびお菜配達 ・料理する男のセルフ健康食膳プログラム ・休日欠食保護ネットワーク事業
・老人社会活動支援事業（学校給食ヘルパー、公共施設キーパー、シルバー・キーパー、高齢者講師バンクなど）		・老人社会活動支援事業（老々ケア活動、環境キーパー活動、小学校給食ヘルパー活動など）
・高齢者就業斡旋事業		
・健康文化プログラム／健康増進プログラム（体操、マッサージ、脳呼吸マッサージ、関節リハビリ運動、エアロビクス、ヨガストレッチング）	ケア支援	・健康維持プログラム（テコンド、ヨガ、碾き臼体操、卓球教室など）
・訪問理美容サービス、シャトルバス運営		・理美容サービス、車椅子貸与、住居環境改善事業など
・敬老堂活性化事業（余暇プログラム、健康相談および健康関連教育、理美容サービス、後援物品伝達など） ・敬老堂巡回親孝行マッサージ事業		
・訪問する誕生日パーティー		・外出プログラム
		・美しい隣人
・法律、栄養、性問題などの専門相談		

市立蘆原老人福祉館	領域	月渓福祉館
・教養文化プログラム（書芸、四君子、英語、日本語、中国語、歌教室などの教養文化） ・伝統文化プログラム（チャング、民謡、伝統踊り） ・情報化教育プログラム（パソコン、インターネット、フォトショップ、パワーポイント、スマホ活用など） ・趣味部活プログラム（美術、ダンス、伝統踊り、エアロビクスなどの部活） ・趣味余暇プログラム:75 歳以上高齢者対象（歌教室、美術、折り紙、編み物、ナンタ、ネイルアートなど） ・教養文化プログラム : 75 歳以上高齢者対象（教養講義、ハングルおよび算数教室など）	教育文化	・趣味・余暇プログラム（パソコン、英会話、ハングル、歌、チャング教室など）
・出版プログラム（ヘオルム記者教育、ヘオルム新聞発刊など） ・先輩市民学堂		・特別行事 (発表会、展示会開催など) ・住民自治活動（ヘオルムボランティア団、健康な街）
・秋夕の行事、忘年会など主要季節行事 ・100 歳・90 歳・80 歳パーティーの開催、両親の日行事、敬老祭など		
・ボランティア育成事業（シルバー・ボランティア団） ・幸せ分かち合いシニアオーケストラ ・ウェルダイングコーチングシニア専門ボランティア団		・ボランティア育成事業
・健康相談（嘱託医および看護師、健康相談） ・健康教育：糖尿教育 ・看護管理（血糖および血圧など基礎健康指標チェック応急処置など） ・診療サービス（無料歯科診療、結核検診・聴覚検診・認知症早期検診 , うつ病および認知症に対する遠隔診療） ・物理治療（温熱治療、電気治療、光線治療など） ・健康増進プログラム（器具運動、マッサージ、水圧マッサージなど） ・漢方診療、マッサージサービス、スポーツマッサージなど	健康保障 生命尊重	・保健医療事業（健康相談、血圧および血糖測定、訪問看護、訪問診療、内科、歯科、眼科、漢方など医療機関と連携し無料診療などの提供）
		・威風堂々（週末糖尿間食提供、訪問健康教育、血糖管理など）
・精神健康領域で行われる相談 ・精神治療、美術治療などの集団相談		・月渓心の憩いの場（自殺予防教育、健康体操、園芸、音楽、美術治療、笑治療、外出などの内容でグループプログラム進行）
・死の準備学校 ・ウェルダイングコーチンシニア専門ボランティア団		

その一方で、蘆原老人福祉館では、ほとんどの事業が高齢者を対象に行われているため、高齢者を対象の一部としている福祉館に比べると、サービスの種類や内容の面で多様性が確認できる。とくに教育文化領域と健康保障および生命尊重領域で大きな違いがみられている。すなわち、蘆原老人福祉館の場合、高齢者の参加できる教育文化プログラムと保健医療サービスの内容が多種多様であり、月渓福祉館では行われていない「死への準備学校プログラム」や「ウェルダイングコーチングシニア専門ボランティア団」などの活動を通じて、死に対する健康な認識と準備ができるようにし、地域内関係機関にウェルダイング教育を提供している。また、所得保障の領域での高齢者就業斡旋事業、ケア支援の領域での敬老堂活性化事業も、福祉館では提供していない事業であった。

なお、月渓福祉館は、所得保障領域で蘆原老人福祉館が提供していない「脆弱階層危機緊急支援希望オンドル事業」を実施しており、男性一人暮らしの高齢者向けの「料理する男のセルフ健康食膳プログラム」、休日一人暮らし高齢者の欠食を予防するための「休日欠食保護ネットワーク」事業、地域内の店舗と連携し必要なサービスを提供する「美しい隣人」事業などは、地域内に居住する高齢者の個別化されたニーズに焦点を合わせ開発されたプログラムである。これらは、対象者にかぎらず地域社会全体のニーズに対応しており、地域内の資源の連携・組織化を行い地域社会の問題に積極的に対応することを目的とする福祉館であるからこそ実施できる事業といえる。

以上本章では、蘆原老人福祉館と月渓福祉館で行われている低所得高齢者向けの福祉サービスの内容を紹介した。本書第４章で提示している高齢者の生活保障における五つの領域（事例管理、所得保障と自立支援、ケア支援、教育文化、健康保障と生命尊重）のすべてにおいて漏れなく事業が実施されており、これらの事業を通じて公的福祉制度によって十分に保障されていない低所得高齢者の生活を補完的に支援しているといえる。すなわち、民間の物的・人的資源が開発・動員・組織化され地域内の低所得高齢者の生活保障と余暇、健康のための福祉サービスへ転換され提供されているのである。

また、地域社会住民の全年齢層を対象とする福祉館に比べ、高齢者を主な対象とする老人福祉館がより多種多様な内容のサービスを提供しており、とくに高齢者就業斡旋事業、敬老堂活性化事業、死を受容し準備するプログラムは老人福祉館のみに差別化された事業内容であった。一方、「脆弱階層危機緊急支援希望オンドル」事業は福祉館のみで提供しており、「料理する男のセルフ健康食膳」事業、「休日欠食保護ネットワーク」事業、「美しい隣人」事業などは、福祉館の特性がよく反映されているプログラムといえる。これらのプログラムは地域社会全体のニーズに敏感であり、地域社会の問題解決能力を向上させようとする福祉館の特性があらわれているといえよう。

最後に、（蘆原）老人福祉館であれ、（月渓）福祉館であれ、地域内の低所得高齢者のため多様な福祉サービスを提供しているにもかかわらず、所得保障と自立支援領域では福祉サービスだけでは限界があることを指摘しておきたい。低所得高齢者のウェルビーイング（well being）とウェルダイング（well dying）を支援するためには、福祉サービスのような現物給付のみならず、所得保障のような現金給付も必要であるからである。また、蘆原老人福祉館と月渓福祉館の事業を通じて検討した低所得高齢者対象の福祉サービスが五つの領域の全体にわたっており、高齢者の生活の多様な側面において必要な支援が行われていることは事実であるが、低所得者を主な対象として選別的に行われることが多く、すべての高齢者のための普遍的なサービスが提供できるキャパシティーがあるかという点については疑問をもたざるをえない。この点についての分析を今後の課題として指摘しておきたい。

注

（1）具体的な数値は 第 5 章の表 1、表 3 を参照。

（2）韓国老人総合福祉館協会ホームページ（http://www.kaswcs.or.kr/）の全国老人福祉館現況を参照。

（3）社会福祉事業法施行規則で定められた事例管理、サービス提供、地域社会組織化の福祉館の三つの機能にもとづき、福祉館の事業は事例管理事業、サービス提供事業、地域社会組織化事業に区分できる。事例管理事業には、地域内で支援が必要な対象者および危機介入対象者に対して彼らのニーズと問題を解決するため、ニーズに合わせたサービスを提供することで、ケース発掘、介入、サービス連携などを行う事業が含まれる。サービス提供事業には、家族機能強化 (家族関係増進事業、家族機能補完事業、家庭問題解決および治療事業、多文化や北朝鮮離脱住民のための事業など)、地域社会保護（給食サービス、保健医療サービス、経済的支援、日常生活支援、在宅福祉サービスなど）、教育文化（多様なプログラム、余暇、娯楽、文化プログラムなど）、自活支援（職業訓練、就職斡旋など）のための多様なサービスが含まれる。地域組織化事業には、地域内の福祉機関および関係機関とのネットワーク構築、住民参加と共同体意識にもとづく住民組織の育成および支援、地域内資源の開発とマネジメントのための事業が含まれる。

（4）韓国社会福祉館協会ホームページ（http://kaswc.or.kr/）福祉館現況を参照。

（5）老人社会活動支援事業（高齢者就労支援事業）の具体的な内容は本書 3 章に紹介されている。

（6）在宅福祉事業で行われる「訪問誕生日パーティー」と地域福祉協働事業の「100 歳、90 歳、80 歳のパーティー」は、全ての誕生日パーティー行事と類似した内容の事業である。しかし、「訪問する誕生日パーティー」の場合、一人暮らしの高齢者の家に訪問し誕生日祝いをすることからケア支援領域に含まれており、「100 歳、90 歳、80 歳パーティー」は地域社会との交流および地域社会参加をもとに地域内高齢者対象の行事を行うものであるため、教育文化領域に含まれる。また、敬老堂活性化事業の場合、細部内容を確認すると教育文化領域に該当するプログラムとなるが、敬老堂活性化事業の全体的な目的を考慮すると、ケア支援領域に含まれることが適切であると考えられる。

（7）特化事業で行われるウェルダイングコーチングシニア専門ボランティア団の場合、教育提供者として参加する高齢者の側面では、ボランティア活動をすることから教育文化領域に含まれるといえるが、教育を提供してもらう敬老堂利用高齢者の側面からみると、健康保障と生命尊重療育の福祉サービス提供として捉えられる。

（8）「美しい隣人」事業は月渓福祉館の地域社会組織化事業の代表的な内容として本書 5 章で詳しく紹介している。

参考文献

保健福祉部・韓国社会福祉協議会社会福祉施設評価院（2015）「2015 年老人福祉館評価指標」保健福祉部・韓国社会福祉協議会社会福祉施設評価院。

保健福祉部（2015）「2015 老人保健福祉事業案内」保健福祉部。

ソウル市立蘆原老人総合福祉館（2015）「2015 年事業評価書」（未発刊報告書）。

ソウル市立蘆原老人総合福祉館（2015）「2016 年事業計画書」（未発刊報告書）。

ウォン・ヨンヒ／チェ・ヘジ（2015）「重要事業を通じてみた老人福祉館の役割の中心性と固有性――ソウル市老人福祉館を中心に」『社会福祉実践と研究』12（2）。

月渓総合社会福祉館（2015）「2016 年事業計画書」（未発刊報告書）。

月渓総合社会福祉館（2015）「2016 年事業上半期評価書」（未発刊報告書）。

チェ・ソンヒ（2015）「中渓 9 団地保健・福祉・ケア統合型福祉館モデル開発」（中渓 9 団地保健・福祉総合社会福祉館建立・運営企画研究報告書）。

＜インターネット資料＞

老人福祉法：http://www.law.go.kr/lsSc.do?menuId=0&subMenu=1&query=%EB%85%B8%EC%9D%B8%EB%B3%B5%EC%A7%80%EB%B2%95#liBgcolor1

社会福祉事業法：http://www.law.go.kr/lsSc.do?menuId=0&subMenu=1&query=%EC%82%AC%ED%9A%8C %EB%B3%B5%EC%A7%80%EC%82%AC%EC%97%85%EB%B2%95#undefined

社会福祉事業法施行規則：http://www.law.go.kr/lsSc.do?menuId=0&subMenu=1&query=%EC%82%AC%ED%9A%8C%EB%B3%B5%EC%A7%80%EC%82%AC%EC%97%85%EB%B2%95#undefined

6章
月渓(ウォルゲ)福祉館の「美しい隣人」事業

呉 東俊・金 成垣

1 「美しい隣人」事業の概要

（1）事業の仕組み

「美しい隣人」事業は、ソウル市蘆原区月渓洞にある月渓(ウォルゲ)総合社会福祉館（以下、月渓福祉館[1]）で2003年に始まった新しい福祉事業である。同事業の仕組みを簡単に説明すると以下の通りである。

図表6-1にみられるように同事業は、福祉館・商店・住民という三つの主体によって展開されている。まず、福祉館は、制度の運営主体として、モノやサービスを提供する商店（経営者）を探し出し、モノやサービスを利用す

図表6-1 「美しい隣人」事業の仕組み

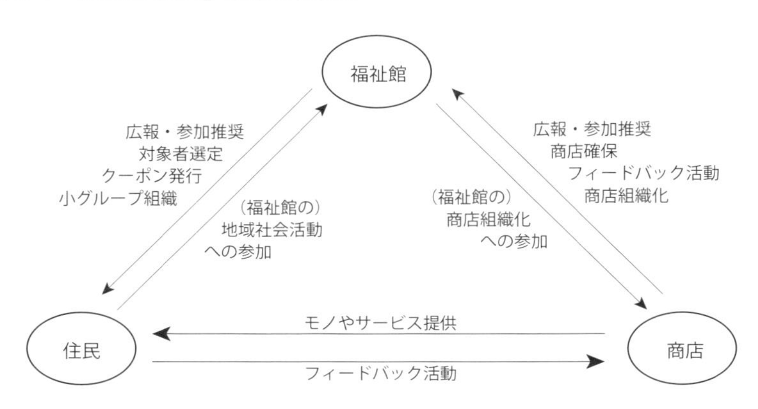

る人々を選定し、利用者に各商店で利用できるクーポンを発行する。次に、商店は提供できるモノやサービスの項目と数量を定め、福祉館で発行したクーポンをもつ住民にモノやサービスを提供する。最後に、住民は、クーポンを利用し商店で必要なモノやサービスを受けるかわりに、商店の広報および地域社会のためのボランティア活動に参加する。

具体的な例をあげてみよう。ソウル市内で低所得者や高齢者がもっとも多い地域の一つである月渓洞において[(2)]、個別訪問調査を行った結果、住民の主なニーズとして、食事、健康、理美容、入浴など日常生活にかかわるものが多いことが浮かび上がった。それらのニーズに対応しうる地域の商店――食事に関してはレストランやスーパー、健康に関しては病院や薬局、理美容に関しては理容室や美容室、入浴に関しては銭湯やサウナなど――に、福祉館の職員（ソーシャルワーカー）が訪問し事業の趣旨を説明し、たとえば、あるレストランからは１日３人の無料の食事、ある病院からは１日３人の無料での治療を受けるといったようなかたちで寄付を受け、福祉館の管理・運営のもとで、高齢者は福祉館が発行したクーポンをもって、レストランや病院を利用できるようにする。そして利用した高齢者は、商店の宣伝活動および街の掃除や交通安全指導、福祉館や学校での給食補助、祭りの企画・参加などボランティアを含む地域のさまざまな活動に参加するという流れで事業が展開されている。

（2）事業の意義

以上の仕組みからなる「美しい隣人」事業のもつ意義として、大きく次の二つを指摘することができる。

まず、コスト節約的な福祉事業としての意義である。これまで韓国の地域社会において住民の生活困難やニーズに対応するさまざまな福祉事業を展開してきたのは福祉館であるが[(3)]、常に存在する人的および物的制約のため、それらに十分に対応することはできなかった。そこで、地域社会に存在する資源を最大限活用することで、地域住民のニーズに対応しようとして始まったのが同事業である。福祉館がモノやサービスを提供する地域の商店を確保し、商店が提供するモノやサービスを必要とする地域の住民につなげる同事業において、政府の財政的支援はほとんど不要である。実際、同事業は、月渓福祉館で、政府から十分な財政的支援を受けることができないなか、地域住民の生活困難の深刻化やニーズの多様化に対応できるような新しい福祉事業の仕組みを作り出そうとして構想された。政府の立場からしても、同事業は財政負担の少ない都合のよい福祉事業であり、商店の側からしても、金銭の寄付は躊躇するかもしれないが、モノやサービスなら負担が相対的に軽い。これらの点が、その後の急速な事業拡大を促す重要な要因となった。

次に、同事業のもつ意義はコストの面だけではない。それより重要なのは、新しいまちづくり（community building）としての意義である。それを考えるさいにポイントとなるのが、福祉の受給者と福祉の供給者の役割転換である。たとえば、これまで行政の制度・政策の対象であった商店（経営者）が、同事業のなかでは、地域住民に対してモノやサービスを提供する、いうならば福祉の供給者になる。また同事業のなかで、地域の住民が、商店が提供するモノやサービスの提供を受けるだけでは、同事業のなかで住民は福祉の受給者であるが、しかし実際には、モノやサービスを利用した住民は、その見返りとして商店のための宣伝活動や地域社会全体の福祉増進のためのさまざまな活動に参加する。ここで住民は福祉の受給者にとどまらず、福祉の供給者になる。この地域の住民が福祉の供給者になる場面で、地域の商店は福祉の受給者になる。つまり、住民も商店も同様に、福祉の受給者にも供給者にもなるのである。実際、2003年に同事業を企画・開始するにあたり、月渓福祉館は、商店と住民が「お互いに助け合う住みやすいまちづくり」をもっとも重要な目標として掲げていた[(4)]。

（3）事業展開の概要

「美しい隣人」事業は、2003年のスタート時に月渓福祉館の事業担当者（ソーシャルワーカー）が地域の協力商店を探し回り、10か所から協力を得て、地域住民100人程度がそれらの商店を利用することから始まった（通称「月渓愛コミュニティ」）。2005年には、蘆原区内の月渓洞以外の洞も参加し、協力商店も利用住民も急速に拡大した（「蘆原愛コミュニティ」）。2006年から、蘆原区以外のいくつかの区も加わり、2008年にはソウル全区が参加することとなった（「ソウル愛コミュニティ」）。2008年末になると、ソウル市傘下のソウル福祉財団が、各地域で個別的に展開されてきた事業を整理し総括管理・運営することとなり、ソウル市全体での展開を試みることとなった。事業名もこれまでの「美しい隣人」事業から「美しいソウル・ディディムドル(steppingstone、踏み石)」事業へと変え、ソウル市のすべての区が参加する大型の福祉事業として展開されている。

図表 6-2 と**図表 6-3** は、2003 年の「美しい隣人」事業から 2005 年の「美しいソウル・ディディムドル」までの事業展開の概要と現在の「美しいソウル・ディディムドル」事業の目的と目標を示したものである。

図表 6-2 「美しい隣人」から「美しいソウル・ディディムドル」までの事業展開

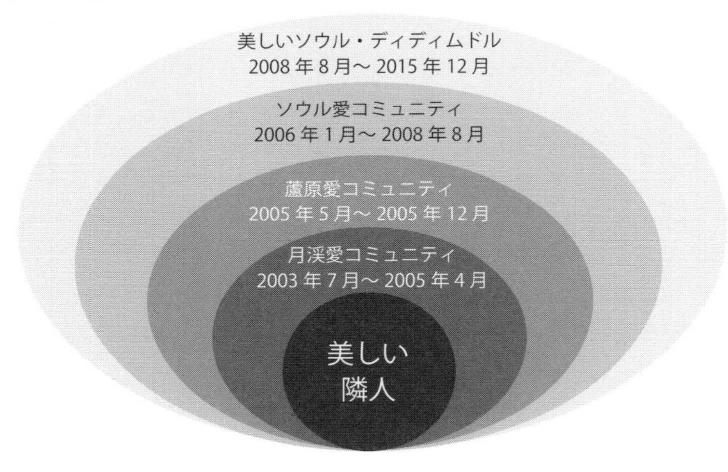

図表 6-3 「美しいソウル・ディディムドル」事業の目的および目標

お互いに助け合うソウル型分かち合い共同体の形成

官民協力サービス体系およびインフラ構築	地域共同体意識および地域内協力関係の形成	生活全般に関わる多様なサービスの提供と市民満足度の向上
「美しい隣人」事業によって低所得住民の生活支援を行う	「美しい隣人」事業の構成員の相互支援活動を促し、商店経営者の組織化を行う	ソウル市内の低所得層を中心に「美しい隣人」事業を拡げ市民運動として拡散させていく

以上が「美しい隣人」事業の大まかな概要である。それをふまえ次節では、2003 年に同事業が始まり 2015 年に「ソウル・ディディムドル」まで事業が拡大していく過程を詳細に紹介する。事業展開の全体は、大きく次のような段階で区分することができる。すなわち、第 1 に、月渓洞単位で事業が展開された段階＝第 1 段階「月渓愛コミュニティ」、第 2 に、月渓洞を超え蘆原区で事業が展開された段階＝第 2 段階「蘆原愛コミュニティ」、第 3 に、蘆原区を含むソウル市全体で事業が展開された段階＝第 3 段階「ソウル愛コミュニティ」である。ただし、第 3 段階は、ソウルの各洞および各区で個別的に事業が展開された段階＝第 3-1 段階と、ソウル市の総括管理・運営によって事業が展開された段階＝第 3-2 段階とに分けることができる。

以下では、それぞれの段階での目標と成果および限界と課題をとりあげながら事業の全体的な展開過程を紹介したい。

2 「美しい隣人」事業の展開

（1）第 1 段階：月渓洞単位事業（2003 年 7 月～ 2005 年 4 月）

概要

前述したように、2003 年に月渓福祉館で企画された「美しい隣人」事業は当初、月渓洞地域の 10 商店、住民 100 人程度が参加してスタートした。これが同事業の第 1 段階である。

目的と目標および成果と限界

第 1 段階における事業展開の目的と目標および成果と限界は、**図表 6-4** のようにまとめられる。

評価

第 1 段階の事業展開にみられた成果と限界および課題に関しては、以下のように評価できる。

第 1 に、福祉の供給主体が行政機関（政府）と民間機関（福祉館など福祉関連機関）から地域社会の商店へと転換されたことに大きな意義があるといえる。同事業を通じて、商店という地域の資源を確保し活用することで、政

図表 6-4 「美しい隣人」事業第 1 段階の目的と目標および成果と限界

「美しい隣人」事業第 1 段階：月渓愛コミュニティ
目的と目標
■事業目的 月渓洞地域で協力商店を確保し組織化して、低所得住民（主に一人暮らし高齢者、重度障害者）の生活の質を向上させる。 ■事業目標 目標Ⅰ　商店（経営者）の組織化で地域社会の問題に対応できる力を育む。 細部目標①　協力商店（経営者）の確保および組織化（1 年次（2003 年）：10 か所、2 年次（2004 年）：20 か所、3 年次（2005 年）：30 か所）。 細部目標②　地域貨幣の製造とそれによる住民と商店、福祉館の積極的な参加促進 目標Ⅱ　協力商店によるモノやサービスの提供で 200 人以上の低所得住民に生活支援を行う。 細部目標①　100 人以上の低所得一人暮らし高齢者、貧困児童・青少年、障害者の欠食防止支援（1 年次（2003 年）：50 人、2 年次（2004 年）：70 人、3 年次（2005 年）：100 人）。 細部目標②　100 人以上の歩行に助けが必要な高齢者や慢性疾病を抱えた低所得住民の健康維持と衛生管理の支援（1 年次（2003 年）：50 人、2 年次（2004 年）：70 人、3 年次（2005 年）：100 人）。
成果と限界
■成果 ・目標Ⅰ細部目標①：協力商店 30 か所以上達成 ・目標Ⅱ細部目標②：1,200 人以上低所得一人暮らし高齢者、貧困児童・青少年、障害者の欠食防止、健康維持と衛生管理の支援 ■限界 ・事業企画 ①地域貨幣を造るという目標の不適切 ②提供者中心のサービス ・事業実行 ①対象選定およびサービスの連携の困難さ ②商店（経営者）の組織化の不十分さ ③行政管理システムの不十分さ ④マンパワーの不足

府や福祉館の財政的負担を軽くしつつ、住民のニーズに対応する仕組みを構築できたのである。

第 2 に、協力商店についていえば、福祉館の事業担当者が商店に直接訪問し、事業内容を説明して協力を依頼する方法をとっているが、訪問した商店のうち 30％程度から実際に協力を得ることができたのが大きな成果であった。業種としては、ほとんどが飲食関連（80％）で、その他に、美容室、銭湯、薬局などがあった。商店との交渉過程で、商店の経営者たちが地域社会のさまざまな問題に関心を持っており、問題の解決・改善への取り組みへの意識も高いことが確認できたのも重要な成果であったといえる。ただし、商店の持続的な参加のための商店経営者への教育および広報活動や懇親会の開催などは十分に行われなかったことが反省点として指摘できる。

第 3 に、利用住民に関しては、主に低所得層（高齢者が 80％）を中心に欠食防止、健康維持や衛生管理など、日常生活上の支援を行うことができた。

第4に、地域貨幣の実行を通じて提供者と利用者の間で資源循環の輪を作ろうとしたが、マンパワーが非常に不足している状況のなかで、担当者の業務負担が多くなり、事業実施の初期段階で地域貨幣の構想は中断された。担当者の負担増とともに、モノやサービスの価値を標準化することの困難さや、住民の間でのモノやサービスの選好度の偏りも、地域貨幣の中断の要因となった。

第5に、事業の運営主体である福祉館の課題として、より多くの商店に協力を得るために、商店経営者に対する多方面にわたる広報活動の重要性が確認された。広報活動のためには、商店から提供されるモノやサービスの管理および利用者の選定基準の明確化、モノやサービス利用に必要なクーポンの作成、寄付控除の認定や後援品領収書の発行などの行政的な手続きのためのシステム構築が課題として指摘された。

第6に、事業の定着・拡張のためにマンパワーの確保が必要であるが、福祉館の他の業務との関係上、同事業に専従する担当者の配置が困難であった。そこで、ボランティアあるいは地域福祉に興味のある社会福祉実習生を活用した新しい方法の模索が求められるようになった。

以上のような成果と限界をもちながらも、2003年にスタートした第1段階の事業展開のなかで、その斬新なアイディア、とくにコスト節約的な福祉事業という点、そして福祉の受給者と供給者の転換という点が世間の注目を集め、2004年と2005年には多くの新聞やニュースまたテレビ放送などで紹介されるようになった。事業の実際の成果も評価されソウル市で行われた第1回社会福祉優秀プログラム公募（2005年）で受賞することとなった。これらをきっかけにその後、同事業は月渓洞以外の地域にも急速に広がっていった。

(2) 第2段階：蘆原区単位事業（2005年5月～2005年12月）

概要

第2段階では、前段階で月渓洞を中心に展開された事業に、月渓洞を含む蘆原区の3洞（下渓洞、上渓洞）が参加し、事業が拡大展開されることとなった。月渓福祉館を含む四つの福祉館が事業の運営主体となり、協力商店は 41 に上り、利用住民も 540 人まで拡大した。

目的と目標および成果と限界

第 2 段階の事業展開における目的と目標および成果と限界は、**図表 6-5** のようにまとめられる。

図表 6-5　「美しい隣人」事業第 2 段階の目的と目標および成果と限界

「美しい隣人」事業第 2 段階：蘆原愛コミュニティ
目的と目標
■事業目的 蘆原区三つの洞で協力商店を確保し組織化して、低所得住民（主に一人暮らし高齢者と重度障害者）の生活を支援する。 ■事業目標 目標Ⅰ　商店（経営者）の組織化で地域社会の問題に対応できる力を育む。 細部目標　協力商店を確保し組織化する（2005 年：40 か所）。 目標Ⅱ　協力商店によるモノやサービスの提供で 250 人以上の低所得住民に生活支援を行う。 細部目標①　150 人以上の低所得の一人暮らし高齢者、貧困児童・青少年、障害者の欠食防止の支援 細部目標②　100 人以上の歩行に助けが必要な高齢者や慢性疾病を抱えた低所得住民の健康維持と衛生管理の支援 目標Ⅲ　蘆原区内の永久賃貸住宅団地の低所得地区を中心に事業を広げ、区民運動として拡散させる（月渓洞、下渓洞、上渓洞）。 細部目標①　蘆原区で三つ以上の地域別共同体が組織化できるように支援 - 月渓洞地域（月渓住公 1 団地〈永久賃貸 a〉：月渓福祉館を中心に組織化） - 下渓洞地域（下渓洞住公マンション：下渓福祉館を中心に組織化） - 上渓洞地域（上渓福祉館を中心に組織化） 細部目標②　行政管理システムの構築、セミナーおよび評価ワークショップの開催、教育および広報活動の活性化
成果と限界
■成果 ・目標Ⅰ細部目標①：協力商店 40 か所以上達成 ・目標Ⅱ細部目標②：250 人以上低所得一人暮らし高齢者、貧困児童・青少年、障害者の欠食防止、健康維持と衛生管理の支援 ■限界 ・事業企画 ①実績（量的）中心の事業目標 ②提供者中心のサービス ・事業実行 ①事業遂行のための財政的負担 ②利用者のニーズを反映しないサービス提供 ③行政管理システムの不十分さ ④事業拡大による業務量の増加 ⑤マンパワーの不足 ・その他 ①サービス利用者の権利意識の向上によるニーズの拡大 ②福祉館の事業理解および動機の不足 ③福祉館ネットワーク構築による業務負担の増加

評価

第2段階の事業展開にみられた成果と限界および課題に関しては、以下のように評価することができる。

第1に、第1段階で指摘されたマンパワーの不足の問題が再度確認された。第2段階の事業展開を通じて、マンパワーの不足の問題に関して福祉館内部での解決が難しいと判断されたため、民間企業の社会貢献活動や福祉関連財団あるいは社会福祉共同募金会の公募事業に応募し、事業費と人件費を確保する必要があることが指摘された。

第2に、協力商店に関して、その数が40商店まで増加し、業種としては、第1段階からの飲食関連、美容室、銭湯、薬局などの業種に加え、教育（書店、文房具など）、交通、外食・間食業者などの多様な業種の商店から協力を得ることができた。商店からの協力の確保に関して、第1段階で指摘された広報不足の問題点を改善するために、広報ポートフォリオ、福祉館機関紙を活用した協力商店の現況と商店経営者のインタビュー内容の掲載などの方法を積極的に用いた。その結果、訪問した商店のうち40％（第1段階では30％）から協力を得ることができた。一方、参加の促進と維持のために、地域別および業種別で商店（経営者）の組織化を行うことが必要となり、そこで教育・広報活動および懇談会などのイベントを年4回実施した。ただし、商店経営者の参加率は高くなかった。

第3に、利用住民に関していえば、前段階に比べ量的増加がみられた。低所得層の支援は250人程度まで増加した。利用者の属性については、高齢者は前段階に比べ10％程度低下し、児童・青少年と障害者の支援が多少増加した（高齢者70％、児童・青少年15％、重度障害者10％、その他低所得者5％）。利用サービスの内容も多様化し、これまでの欠食防止と健康維持および衛生管理以外に、児童・青少年を対象にする外食・間食の提供、書店、文房具などの教育関係、タクシーやバスなどの交通関連のモノやサービスが提供された。これによって、対象別のニーズに合わせてより多様な生活支援ができるようになったといえる。

第4に、事業とかかわる行政的な手続きの面においても重要な成果があった。前段階で明らかになった課題を克服するために利用者の選定や管理基準の明確化、モノやサービス利用に必要なクーポンの作成、寄付控除の認定や後援品領収書の発行などに関する行政管理システムを構築し、事業の効率的運営の基盤を整えることができた。行政管理システムの整備によって、モノやサービスの提供・利用量の増加にともなう行政的手続きの負担増などに効率的かつ効果的に対応することができただけでなく、協力商店の確保のための教育・広報活動もより体系的に行うことができるようになった。これをふまえ次の段階では、ホームページの作成・公開を通じた広報活動を行い、協力商店の確保という単純な資源動員の段階を超え、地域社会全体の認識を変化させていくことが課題となる。

第５に、事業が拡大しモノやサービスを利用する住民も増加したが、住民の協力商店に対する感謝の気持ちが弱くなったことが問題点として指摘できる。同時に、他の住民より多くあるいはより良いモノやサービスを受けられなかった場合は、不満の声が出されることもあった。利用住民の権利意識は高まったものの、それがけっして今後の事業展開にポジティブな影響を及ぼすとはいえず、この点についての改善が今後の課題となった。

第６に、事業の地域的な拡大とともに、事業の運営主体としての福祉館の参加も増え、複数の福祉館の間のネットワーク構築、それによる情報・意見交換など業務協力が行われるようになったことも大きな成果であった。ただし、それぞれの福祉館では、事業拡大にともない協力商店と利用住民への広報および教育活動など担当者の業務量が増え、それに福祉館の間のネットワーク事業管理などの業務量も増え、この点にかかわるマンパワーやコストの問題をいかに改善するかが重大な課題としてあらわれた。

第１段階から第２段階への移行に伴って、同事業が地域社会に定着し、ニーズをもった住民に対してより多くの商店が多種多様なモノやサービスを提供するようになった。事業の運営主体である福祉館は、福祉供給と受給の中継者としての介入の経験を蓄積しつつ、事業を運営する複数の福祉館の間のネットワーク構築による業務協力も可能となり、量的な側面だけでなく質的な側面においても事業のさらなる拡大と発展が期待されるようになったといえる。以上の成果と限界および課題をふまえ、第３段階に向けて、蘆原区３洞を含む、区全体そして他区へ事業拡大をすすめることとなった。

(3) 第3-1段階：ソウル市単位事業（2006年1月～2008年8月）

概要

2006年には、ソウル市内で蘆原区以外の区も参加することとなり、五つの区の8の福祉館が参加し、55の協力商店、利用住民は1,027人まで拡大して、同事業の第3-1段階がスタートした。この第3-1段階を通して、ソウル市12の区の18の福祉館と烏山（オサン）市内の一つの福祉館が参加し、115の協力商店、2,500人の利用住民まで広がった。

目的と目標および成果と限界

第3-1段階の事業展開における目的と目標および成果と限界は、**図表6-6**のようにまとめられる。

評価

第3-1段階における事業展開において、以下を重要な成果として指摘できる。

第1に、何よりマンパワーの確保において大きな成果があった。社会福祉共同募金会の公募事業に「美しい隣人」事業の企画が採択され、事業費と人件費の支援を受けることとなった。これにより前段階に比べ安定して事業を運営していくことができた。

第2に、事業のさらなる拡大と安定的な運営によって、地域商店や住民の「福祉の受給者から福祉の供給者への転換」がさらに進展し、「お互いに助け合う住みやすいまちづくり」という事業目標の達成により近づいたと評価できる。

第3に、協力商店の業種がより多様化し、これまでの食品関連業種、美容室、銭湯、病院、薬局などの低所得層のためのモノやサービス、また教育関連（塾、書店、文房具など）、交通機関、外食・間食関連商店とともに、体育館やテコンドーなど健康および体育関連、衣類・靴販売商店や映画館またカラオケなど余暇関連などにまで対象領域が広がった。これによって、住民の多様なニーズに、よりきめ細かく対応することができるようになった。協力商店の増加とそれによるモノやサービスの提供の増加にともない、利用住

図表 6-6 「美しい隣人」事業第 3-1 段階の目的と目標および成果と限界

「美しい隣人」事業第 3-1 段階：ソウル愛コミュニティ
目的と目標
■事業目的 商店（経営者）と住民そして福祉館が協力して「お互いに助け合う住みやすいまちづくり」をめざし、新しい共同体モデルを提示することで、ソウル市全体を利益共同体（community of interest）へと変化させていく。 ■事業目標 目標Ⅰ　2,500 人以上の低所得住民の生活支援を行う。 目標Ⅱ　協力商店を確保し組織化しつつ、地域社会構成員の間の相互支援活動を誘導する。 細部目標①　協力商店 100 か所および地域別・業種別の商店組織化 細部目標②　利用住民の相互支援活動の促進（受給者から供給者への転換） 目標Ⅲ　低所得地区（永久賃貸住宅団地）を中心に事業を広げ、市民運動として拡散させる。 細部目標①　ソウル市 12 区 18 福祉館と烏山市 1 福祉館の全 19 地域の組織化 細部目標②　情報管理システムとマニュアルの制作による福祉館の事業運営支援
成果と限界
■成果 ・事業企画 ①相互扶助の目標確定：受給者から供給者への転換の試み ②事業費の外部公募を通じて事業費および人件費の確保 ・事業実行 ①事業拡大：利用住民 2,500 人へ増加、協力商店 115 か所、ソウル市内の 12 区 18 福祉館 , 烏山市内の 1 福祉館、全 19 地域の組織化 ②行政管理および情報管理システムとマニュアルの制作および活用 ③利用住民のニーズを反映したサービスの提供 ④ネットワーク事業管理のためのマニュアル普及 ⑤大型スーパーや大型ショッピングモールなど共有資源の拡大 ⑥利用住民の組織化（5 人 1 組の小グループ） ⑦事業拡大のためのキャンペーンとセミナー実施 ■限界 ・事業企画 ①「お互いに助け合う住みやすいまちづくり」という目標の不十分な達成 ②協力商店および利用住民の組織化戦略の不足 ③提供者中心のサービス ・事業実行 ①事業展開のための財政的負担 ②協力商店と利用住民の間の葛藤 ③行政管理および情報管理システム活用の不十分さ ④参加福祉館の間の葛藤（資源独占など） ・その他 ①サービス利用者の権利意識の向上によるニーズの拡大 ②事業担当者の頻繁な離職と専門性の欠如 ③ネットワーク参加福祉館の事業に対する理解度および参加動機の不足 ④ネットワーク参加福祉館の業務量の増加 ⑤社会福祉共同募金会との葛藤 ⑥将来の自治運営方式および自主運営意識の弱体化

民も 2,500 人（高齢者 65％、児童・青少年 20％、重度障害者 5％、その他低所得者 10％）へと大幅に増加した。

第 4 に、情報管理システムを活用した業務の効率化が図られた。住民と商店の情報管理以外にモノやサービスの利用に必要なクーポンの作成、寄付控除の認定や後援品領収書の発行の電子化、ネットシステムを利用した他の福祉館との業務協力、情報共有と事業モニタリングおよびフィードバックなどが積極的に展開されるようになった。同時に、他の福祉館とのネットワーク事業の強化により、事業担当者を対象にマニュアルの普及、教育・訓練、セミナーの実施なども容易に行うことができ、また経験的なデータの蓄積が可能となり、迅速な事業拡大の基盤となった。

第５に、事業展開に対して外部機関から良い評価を受けることができた。社会福祉共同募金会の優秀事業として選定され、３年連続事業費支援を受けることができた。また社会福祉優秀プログラム公募戦では最優秀プログラム賞を受賞し、新しい福祉事業として社会的な関心も広がった。

ただし、以下の点については限界が指摘され、今後の課題が明確となった。

第１に、各主体の事業参加においていくつかの問題があらわれた。すなわち、事業の運営主体である福祉館では、マンパワーやコストの面で負担が増え、事業のさらなる活性化の阻害要因となった。協力商店では、一部ではあったが、同事業による無料利用住民と一般の有料利用者との差別がみられたり、寄付控除額の拡大を求めてきたりするような状況が報告された。利用住民側では、定めたモノやサービス以外に追加的な要求（お酒など）をするケースもみられた。そのため、商店と住民の間で争いが生じることもあった。

第２に、福祉館の事業担当者の場合、行政管理および情報管理システムの使用面において経験不足などを理由に業務遂行に困難が生じることもあった。また、業務量の増加により、教育プログラムや情報管理システムの簡素化を求める声も上がってきた。

第３に、協力商店の確保のために福祉館の間の競争が激しくなり、福祉館および担当者の間で葛藤が生じることがしばしばみられた。一つの商店に対して、複数の福祉館がアプローチすることがあり、その場合、商店の経営者がどの福祉館を支援するかについてストレスを受けることがあった。

第４に、事業の拡大とともに、地域社会で同事業に対する認知が広がり、事業の展開に有効な環境が整備されたが、その一方で、モノやサービスの利用権が与えられなかった住民の不満が顕在化し、利用者選定を行う福祉館への苦情が寄せられることもあった。

第５に、福祉館の館長や職員にみられる同事業に対する理解および参加動機の不足が、事業の活発な展開の阻害要因になる場合もあった。福祉館では、同事業以外にも多様な事業を展開しており、必ず同事業が優先されるとは限らない。そのため、経歴1年未満の新入職員が担当者になることもあり、同事業に関してはもちろん、地域社会や地域福祉に関する理解や経験が足りず、事業を円滑に遂行できない状況がみられた。その場合、担当者に対する教育・訓練が必要となるが、それが他の職員の業務負担増につながり、適切な措置が行われないことが多かった。

第6に、事業が蘆原区を超えてソウル市全域へと広がるにつれ、ソウル市からの事業評価を受けることとなったが、その評価が主に量的基準によるものであるため、福祉館では、地域住民のニーズを考慮することなく、協力商店の数や提供されるモノやサービスの量を増やすことに力を注ぐこととなった。このような状況がつづくと、業績中心の事業展開になってしまう恐れがある。

第7に、協力商店から提供されるモノやサービス価値の標準化が求められるようになった。同じ種類のものであっても、地域間あるいは商店間で値段が異なり（たとえば、銭湯利用料がA地域では5,000ウォン、B地域では7,000ウォン）、その価値の標準化に困難が生じた。ともに、モノやサービス価値の標準化が困難なため、寄付控除の認定や後援品領収書の発行を福祉館の間の共通の行政管理システムのなかで処理することができず、個別的に処理しなければならないという問題もみられた。それによって、事業担当者の業務負担が軽減できない状況があらわれた。

第8に、社会福祉共同募金から事業費と人件費など事業費の支援を受け、事業の安定的な運営が可能となったが、同時に、予算使用規制など募金会の事業に対する関与および介入のため、弾力的で柔軟な事業運用が難しくなる場合があった。募金会の選好に合わせて事業内容の定型化がすすみ、それにあてはまらない事業内容の場合は、募金会と福祉館との間で葛藤が生じることがあった。さらに、募金会の支援金との関連でいうと、支援期間が3年であるため、それ以降における事業の持続性についての問題が指摘された。

以上の限界をふまえ、次の段階に向けて以下の課題が明らかになった。

第1に、事業を持続的に展開していくための準備である。社会福祉共同募金会だけでなく、大手企業（Samsung, Hyundaiなど）の社会貢献活動や福祉関連財団の公募事業への応募、政府機関（保健福祉部、ソウル市）へのMOU（了解覚書）締結による財政的支援の要請、参加福祉館からの会費徴収など、事業の持続のための自主的な運営方法を模索しなければならないことが大きな課題となった。

第2に、事業企画および実行機能の強化である。「お互いに助け合う住みやすいまちづくり」という目標を達成するために、福祉館、商店、住民の役割分担をマニュアル化し、福祉館の間で共有する必要があった。またそのマニュアルをベースにして、大型スーパーや大型ショッピングモールなど大型資源の確保や共同活用をすすめることも事業のさらなる拡大のための課題となった。

第3に、事業展開をめぐる外部環境の改善として、ソウル市評価制度の改善（量的評価から質的評価へ）、モノやサービス価値の標準化、寄付控除の手続きや後援品領収書発行の基準設定および業務簡素化なども課題としてあげられた。

（4）第3-2段階：ソウル市単位事業（2008年9月～2015年12月）

「美しい隣人」事業の第3-2段階として、2008年9月から、ソウル市傘下のソウル福祉財団が、各地域で個別的に展開されてきた事業を整理し、総括管理・運営するかたちでソウル全体での展開を試みることとなった。事業名も「美しい隣人」事業から「美しいソウル・ディディムドル」事業へと変わり、それにしたがい事業の規模も大きく拡張された。実際、ソウル市の25区すべてが加わり、99の福祉館、774の商店、1万1,410人の利用住民まで大幅な事業拡大がみられた。2015年末現在、ソウル市以外にも広がりを見せ、1万6,090の協力商店、16万9,965人の利用住民まで広がっている。

目的と目標および成果と限界

第3-2段階の事業展開における目的と目標および成果と限界は、**図表6-7**のようにまとめられる。

評価

第3-2段階における事業展開において、以下のようなことを大きな成果

図表 6-7 「美しい隣人」事業第 3-2 段階の目的と目標および成果と限界

「美しい隣人」事業第 3-2 段階：ソウル愛コミュニティ
目的と目標
■事業目的 「お互いに助け合う住みやすいまちづくり」をめざす。 ■事業目標 目標Ⅰ　低所得住民の生活を支援する。 目標Ⅱ　協力商店を確保し組織化しつつ、地域社会構成員の間の相互支援活動を誘導する。 目標Ⅲ　「お互いに助け合う住みやすいまちづくり」を市民運動へ拡散する。
成果と限界
■成果 ・事業実行 ①協力商店：16,090 か所 ②利用住民：169,965 人 ③地域：25 区 454 地域 ④モノやサービス価値：28,288,619,174 ウォン ⑤行政機関（ソウル市役所、区役所など）の積極的な参加 ⑥行政と民間機関のネットワーク強化 ■限界 ・事業企画 ①「お互いに助け合う住みやすいまちづくり」という目標の不十分な達成 ②協力商店および利用住民の組織化戦略の不足 ③提供者中心のサービス・事業実行 ・事業実行 ①利用者のフィードバックの不十分さ ②行政管理および情報管理システム活用の不十分さ ③大型共有資源の非活性化 ・その他 ①サービス利用者の権利意識の向上によるニーズの拡大 ②事業担当者の頻繁な離職と専門性の欠如 ③ネットワーク参加福祉館の事業に対する理解度および参加動機の不足 ④モノやサービス評価の標準化の困難 ⑤後援金領収書の発行問題

として指摘できる。

第 1 に、事業がソウル福祉財団の管理・運営下に入り、全体的に安定的に運営が行われるようになった。

第 2 に、その結果、以下の**図表 6-8** にみられるように事業規模の目覚ましい拡大が達成できた。

第 3 に、行政機関（ソウル市役所、区役所）の参加によって、官民協力が実現できるようになった。これまでの事業は福祉館が主導し各地域で個別的に行われてきたが、この段階に入り、行政機関の積極的支援活動（大型資源の発掘、行政的支援など）が行われ、事業拡大の決定的要因となった。

第 4 に、区単位で福祉館など民間の運営主体を育成し、それによる民間の間での協力体制の構築が図られた。25 自治区の福祉館のなかで代表格となる拠点機関を選定し、その拠点機関を中心とする官民および民民の協力体制を整備することとなった。拠点機関は官民のネットワーク会議を主管し、地域社会（自治区）内で情報共有および業務協力を行うことによって、運営主体間の協議および調整機能を担うこととなっている。

第５に、大型商店の協力により資源の共有化の可能性が生まれた。行政機関（ソウル市役所、区役所）の信頼性が商店の事業参加を促進する要因となり、実際、企業、デパート、映画館、大型スーパーや大型ショッピングモール、大型教育機関などから協力を得ることができた。さらに、資源の共有化、つまり大型資源を各地域の拠点機関が共有することを通じて、モノやサービスの効率的な配分ができ、前段階でみられた一部福祉館の資源独占や福祉館の間の過当競争も防ぐことができた。

第６に、事業管理および支援機能の向上である。具体的にはソウル福祉財団の支援により事業の安定と活性化を図ることができた。とくに、テレビ放送や新聞などのメディアの活用、地下鉄などで広報活動を活発に行い、それが商店の事業参加を促進する役割を果たした。さらに、ソウル福祉財団によって事業の管理支援機能が強化され、事業とかかわる教育・訓練プログラムが十分に提供され、また、褒賞活動（優秀参加業者市長表彰、優秀機関褒賞）の実施によって事業参加者の動機向上につながった。

第７に、ソウル市が事業にかかわることとなり、他の自治体によるベンチマーキングの事例（釜山市、大邱（テグ）市、京畿道、忠清道など）があらわれ、全国単位の事業展開の可能性も高まった。実際、「美しい隣人」事業の第４の段階として「大韓愛コミュニティ」も構想されている。

図表 6-8「美しい隣人」事業第 3-2 段階における事業拡大

■事業地域			
	2008.12	2012.12	2015.12
事業地域	25 区 99 地域	25 区 259 地域	25 区 454 地域
■協力商店			
	2008.12	2012.12	2015.12
業者数	774 商店	13,164 商店	16,090 商店
■利用住民			
	2008.12	2012.12	2015.12
利用者数	11,410 人	126,346 人	169,965 人
■モノやサービス価値			
	2008.12	2012.12	2015.12
換算額	496,783,919 ウォン	14,532,439,475 ウォン	28,288,619,174 ウォン

ただし、以下の点については限界が指摘され、今後の課題が明確となった。

第１に、同事業を通じて「お互いに助け合う住みやすいまちづくり」をめざしているが、その戦略と方法に具体性を欠いたため、地域的な広がり、あるいはモノやサービスの量的拡大にもかかわらず、地域社会のあり方を変えるほどの十分な力を発揮することはできていない。同様に、運営主体である福祉館が実績重視、つまり協力商店の確保および拡大を中心として事業を展開することとなり、そのなかで、利用住民は福祉の受給者にとどまってしまうことが多い。

第２に、事業規模および範囲の拡大によって、住民のニーズに応じたモノやサービスの提供よりも、協力商店側の事情による提供が目立つようになっている。これは、事業拡大に必然的に随伴する問題ともいえる。

第３に、モノやサービス価値の標準化の問題が改善されず、依然として大きな課題として残されている。当初は、ソウル福祉財団がその標準化作業に取り組んでいたが、他の新規事業の推進などにより同事業の優先順位が下がってしまい、現在、中断されている状況である。

3 「美しい隣人」事業の成果と意義

「美しい隣人」事業開始の2003年7月から現在まで十数年が経過した。これまで毎年、同事業に関する評価を行い、問題点を明らかにし、それを解決および改善するプロセスを繰り返してきた。限界や課題も少なくなかったが、長期間にわたって事業が展開されていることをみると、全体的には、成功したモデルとして評価することができる。ここでは、以上でみてきた各段階での状況をふまえつつ、全期間における同事業の成果と意義を再度まとめておきたい。

第１に、何より、事業規模の目覚ましい拡大を大きな成果としてあげることができる。2003年に一つの小さい地域で10の商店、100人の住民から始まった同事業は、2015年12月現在で450以上の地域で1万6,000以上の商店が協力し、16万人以上の住民に生活支援を行う、いわゆる超大型福祉事業へと成長している。

第２に、このような大幅な拡大の背景には、行政管理および情報管理システムの構築と事業マニュアルの普及などが重要な役割を担ってきた。とくに行政管理および情報管理システムの構築によって、すべての福祉館が共通のツールを使用することができ、協力商店と利用住民の管理、モノやサービスの利用に必要なクーポンの発行や領収書の発給、統計業務処理などが可能となり、効率的で効果的な業務遂行が可能となった。そして、事業マニュアルは協力商店の確保、利用住民の選定、両者の管理・調整に重要な役割を果たすとともに、それが事業担当者の業務把握や負担軽減にもつながった。

第3に、事業の安定的運営および拡大のための支援基盤が整備されたことも重要な成果である。第3-2段階において、行政機関（ソウル市役所や区役所）が参加し、とくにソウル市傘下のソウル福祉財団が、各地域で個別的に展開されてきた事業を整理し総括管理・運営するかたちでソウル全体での展開をすすめつつ、行政管理システムおよびネットワーク事業管理を積極的に活用することにより、安定的な事業運営が行われるようになった。

第4に、行政機関（ソウル市役所、区役所）の参加により確保できた大型資源を共有化することで、各地域で協力商店の確保にみられた混乱や過当競争を防ぐことができたのも大きな成果である。これは、同事業の示す官民協力モデルとして高く評価できると思われる。

最後に、同事業の長期間にわたる成功的な展開のなかで、十分とはいえないものの、地域商店や住民の「福祉の受給者から福祉の供給者への転換」が試みられ、それによって「お互いに助け合う住みやすいまちづくり」という目標に向けてある程度進展がみられたのも大きな意義として評価することができる。

4 「美しい隣人」事業の限界と課題

以上の成果をふまえ、ここでは、これまでの事業展開でみられた限界をまとめつつ、今後の課題について検討したい。

第1に、協力商店の拡大とそれによる利用可能なモノやサービスの増加また利用住民の拡大は、たしかに大きな成果といえる。しかしながらその一方で、住民のモノやサービス利用に対する権利性や依存性が強くなり、定められたモノやサービス以外の追加的な要求をしたり、他の住民よりより良いモノやサービスが受けられなかった場合、不満の声が出されたりした。またそうするなかで、モノやサービスを提供する協力商店に対する感謝の気持ちが弱くなるような状況もみられている。これは、協力商店の積極的かつ持続的な参加を阻害する要因となり、この状況を放置すると、事業は失敗してしまう恐れもある。

第2に、この状況を打開するための一つの方法として、モノやサービスを利用する住民を組織化し、その見返りとして、地域社会への貢献活動に参加できる機会を与えることが求められる。そもそも同事業は出発点において、商店から住民へのモノやサービスの提供という一方的な関係を想定したわけではない。モノやサービスを利用した住民が、協力商店の売り上げ向上のため宣伝活動のような直接的なフィードバック活動を行ったり、街の掃除や交通安全指導、福祉館や学校での給食補助、祭りの企画・参加など商店を含む全体地域社会への貢献活動のような間接的なフィードバック活動に参加したりすることが想定されていた。「お互いに助け合う住みやすいまちづくり」の実現である。しかしながら、実際の事業展開のなかで、より多くのモノやサービスの提供のために協力商店を確保することに事業の重点がおかれ、その一方で、利用住民の組織化や地域活動への参加を積極的に促すことができなかったのは事実である。これをふまえ今後の事業展開においては、利用住民の組織化や地域活動への参加のためのイベントやプログラム開発により多くの力を注ぐ必要があると思われる。

第3に、利用住民のモノやサービスへの依存を弱め、地域活動への参加を促すイベントやプログラムの積極的な運営のために、ソウル市という大きな行政機関ではなく、洞単位の小さい地域を中心とした事業運営が望ましいと判断される。これまで十数年間、洞→区→市への事業拡大にともない、事業の主な運営主体が地域の福祉館ではなく、区あるいは市レベルの行政機関となった。行政機関による事業運営が、協力商店の確保や利用できるモノやサービスの増大に大きな役割を果たしたものの、行政機関による指導や統制が強くなり、地域における福祉館の参加が消極的なものになったり、住民と事業の運営主体との距離が遠くなり、住民の組織化や地域活動プログラムの開発が積極的に行われなかったりするような問題がみられたのも事実である。このような問題を改善するために、今後の事業展開において、行政機関の役割は、指導や統制ではなく、協力商店の確保などにおける地域間あるいは福祉館間の調整や役割分担およびモノやサービス提供の重複あるいは漏れの回避、大型資源の確保および共有化の推進などといった調整や管理に集中することが望ましい。それにより、小さい地域のなかで住民と近い距離にある福祉館の自主的な運営が可能な環境をつくることが重要であろう。

第４に、行政機関の具体的な役割とかかわって、事業に対する評価基準の変更が求められる。すなわち、これまでの評価基準は、協力商店の数、そこで提供されるモノやサービスの量や金銭的価値、利用住民の人数などといった量的基準による評価が中心であった。このような量的な基準による評価は、地域間および福祉館間の過当競争とそれによる葛藤をもたらし、事業展開に悪影響を与える危険性がある。それが、地域エゴの拡散や社会統合の阻害につながり、「お互いに助け合う住みやすいまちづくり」という事業本来の目的とは合致しない状況をも生み出しうる。そのため、量的基準による評価だけでなく、事業展開の質的な側面を評価できる新しい基準を設けることが重要である。

第５に、そのさい、一つ重要な評価基準として、提供されるモノやサービスの量ではなく、それらが利用住民のニーズに適切に対応しているのかという基準を設けることが必要である。これまでの事業展開をみると、地域住民のニーズに関する調査より協力商店の確保が、事業運営主体である福祉館の主な業務であった。そこでは当然ながら、利用住民のニーズに対応しないモノやサービスが提供されることもしばしばみられた。このような問題を解決すべく、住民のニーズに合わせた福祉の適切な提供を測る基準を開発して事業評価を行うことが、同事業を本来の目標に合致した方向へと展開させていくための一つの方法と考えられる。

その他に、事業のより円滑な展開のために、大型資源の確保や共有化、モノやサービス価値の標準化、またそれによる寄付控除の認定や後援品領収書の発行など行政的な手続きの簡素化なども今後の重要な課題である。

最後に、以上のいずれも、最終的に「お互いに助け合う住みやすいまちづくり」という「美しい隣人」事業の本来の目標に近づいていくための課題であることを指摘しておきたい。月渓洞という小さい地域で始まった同事業が、この十数年間に、洞単位→区単位→市単位へと拡大するにつれ、事業本来の目的が薄れてきたことは否めない。この意味において、「月渓愛コミュニティ」→「蘆原愛コミュニティ」→「ソウル愛コミュニティ」→「大韓愛コミュニティ」という事業拡大の目標設定自体が望ましくなかったかもしれない。小さい地域で顔の見える関係のなかで事業を展開することが「お互いに助け合う住みやすいまちづくり」の実現に近づけたのではないかと考えられる。ただし、事業開始後、十数以上にわたって事業が拡大しており、それを元に戻すわけにはいかないであろう。事業拡大のプロセスで明らかになった以上の課題に着実に取り組むことで「美しい隣人」事業の今後の展開をすすめていくことが必要であろう。

注

（1）韓国の総合社会福祉館については、第2章を参照されたい。

（2）月渓福祉館が位置する蘆原区月溪洞の主な特徴を簡単に紹介しておこう。蘆原区の場所はソウルの北東に位置し、そのなかに、月渓福祉館が所在する月渓1洞を含めて全体22洞から構成されている。主に住居地域であり、アパートやマンションなどの住居施設とともに古くからの商店や新しいショッピングモールなど商業施設が多い。一方、蘆原区の人口は57万1,483人で、ソウル全区（25区）では2番目に人口が多い。そのうち、高齢者人口は7万250人で、ソウルで高齢者がもっとも多い地域である。そのためであるが、国民基礎生活保障制度（日本の生活保護制度にあたる）の受給者（2万3,942人、区人口の4.2%）がもっとも多い地域である。なかでも月渓洞は蘆原区内で貧困者がもっとも多い。なお、蘆原区についての情報は、蘆原区庁のホームページ（http://www.nowon.kr/）を参照されたい。

（3）注（1）と同様。

（4）このような意義をもつ「美しい隣人」事業の展開は、「地域社会組織化」理論（たとえば、イ・ジャンヒョン（1996））、「社会関係資本」理論（たとえば、チェ・ヨンジュ／イ・ドンヒョン（2006））、「資源動員」理論（オ・ジョンス／リュ・ジンソク（2004））、「バウチャー制度」理論（たとえば、チェ・ジェソン（2000））、「ネットワーク」理論（たとえば、イ・ジュンヨン（2010））、「まちづくり」理論（たとえば、キム・ソンガブ（2014））など、社会福祉分野における多様な理論を実践的な面からバックアップすることになる。

参考文献

キム・ソンガブ（2014）「ソウル市まちづくりと地域社会福祉の関係に関する研究」（ソウル市立大学修士論文）。

オ・ジョンス／リュ・ジンソク（2004）『地域社会福祉論』学知社。

イ・ジャンヒョン（1996）「地域社会組織とボランティアに関する考察」『地域社会開発論叢』13。

イ・ジュンヨン（2010）「地域社会福祉協議会と地域社会福祉協議体の役割分担を通じてネットワーク活性化に関する研究」（ソウル市立大学修士論文）。

チェ・ヨンジュ／イ・ドンヒョン（2006）「社会関係資本の概念と適用に関する研究」『産業経営研究』14。

チェ・ジェソン（2000）「社会福祉サービスにおけるバウチャー導入の可能性と課題」『韓国社会福祉行政学』2。

第Ⅲ部
アジア諸国の事例

Ang Mo Kio Family Service Center（シンガポールの地域福祉拠点）における
高齢者向け地域活動の様子

7章
シンガポール
——変化する介護サービスの担い手

崔 仙姫

1 高齢者をめぐる環境変化をどうみるか

シンガポールでは、他の多くの先進諸国と同様に、医療技術の向上、平均寿命の延長、低出産などにより高齢化が急速に進んでいる。高齢化率は、1970年の3.4％から1999年に7％へと増加し高齢化社会となった。2015年には13.1％まで増加し、2016年には13.7％になっている。2030年にベビーブーム世代が高齢者となり、高齢化率は19％まで上昇する見込みである。

一方、OECD主要国の合計特殊出生率（TFR）をみると、アメリカが1.89、イギリスが1.97であるのに対し、日本が1.39、韓国が1.24と低い（OECD 2014[(1)]）。シンガポールは2015年に1.24を記録し、韓国と同様に低く、出生率の低い国である日本、韓国、香港のみならず、中央・東ヨーロッパを含め世界で最も低い数値となっている。さらに、平均寿命は日本が世界でもっとも高く、83.7歳である。その次がスイスの83.4歳であり、続いてシンガポールが世界3位で83.1歳となっている[(2)]。

シンガポールでは、医療技術の向上による平均寿命の延長、高齢化の急進行、核家族化の進展など、その地理的な位置は東南アジアであるにもかかわらず東アジアと同様の傾向が確認できる。そして、シンガポールの高齢化は他の国と同様に深刻な社会問題となっており、それらの諸問題に対する対策を探る必要性が増している。

シンガポール政府は、国民への福祉政策の方向に一貫性を保ってきた。それは、「先家族後国家政策[(3)]」であるといえるだろう。すなわち、国民の福祉はまず家族がその役割を果たし、それが十分でない場合にはコミュニティのなかで解決を図り、そして最後に国家が支援するというものである。

シンガポール政府は、高齢者の独立性・自立性を向上させるため、国が直接的に支援を行うよりは、高齢者本人に力を付与する政策を取っている。そのためには、身近な家族やコミュニティの役割が重要であるとしている。また、政策の持続可能性上においても、これらの基本枠組みが機能すると考えられている（Ministry of Community Development, MCD）。

アジア諸国では、伝統的に親の面倒を見ることが子どもの義務であった（Yeoh ら 2009）。それはシンガポールにおいても例外ではない。David（2009）が、シンガポールは、親が老後に経済的あるいは身体的に困難なとき、子どもがケアを担うということが文化であると論じているように、その価値観は未だに強く残っている。家族構成員自らがお互いにサポートし合うことにより家族の連体感が高まることを期待されているのである（Ow & Vasoo, 2002）。このような文化的な要素も働いているが、シンガポールでは 1995 年に世界の中ではユニークな法律である（Ow & Vasoo, 2002）両親扶養法（the Maintenance of Parents Act[(4)]）の制定によって、子による親の扶養の義務が規定されている。同法によれば、「子による扶養が困難な場合に限り、国が備えている制度が利用できる」としている。

これらのことから、シンガポールにおける高齢者の介護の担い手は基本的に家族であり、その上で「多様な援助の手（Many Helping Hands）」を整備するというアプローチをとっているといえる。

シンガポールでは国民の福祉の基盤は住宅供給であることが強調されており、供給体制の構築に力を入れてきた。その結果、シンガポール国民の 8 割以上が公共住宅（Housing & Development Board : HDB、以下 HDB に省略）で生活している（Thang 2014）。その反面、他の諸国で備えている租税を基盤とする公的福祉制度の役割は弱い。その代わり、国民自らが老後に備えるためのシステムが発達している。その代表的なものとして、中央積立基金（Central Provident Fund、以下、CPF に省略）を挙げることができる。CPF については後述するが、全ての労働者と雇用主が各一定比率（5 ～ 20%）の寄与金を積み立てる方式である。これらの点からすると、シンガポールは国家福祉よりは企業福祉あるいは個人福祉を志向しているものといえる。

しかしながら、出生率の低下（親のケアを担う子どもの数の減少）と平均寿命の伸長（ケアが必要な高齢者数の増加）、介護の実際の担い手とされていた女性の社会進出の増加などにより国の方針である家族が介護の主たる担い手になることは徐々に難しくなっている。

これらの点を踏まえて本稿では、まず、シンガポールという国の特徴について紹介し、理解を深めることとする。また、統計資料などを用いてシンガポールの高齢化の現状や動向などを検討した上で、高齢者の生活についても検討する。そして高齢者関連政策をまとめ、その内容を紹介した上で、シンガポールの高齢社会対策における担い手の特徴を明らかにする。

2 歴史的および社会経済的背景

（1）歴史的背景

シンガポールは18世紀から19世紀にかけてインドと中国の間で海上貿易が増加するなか、中継貿易港として注目が集まり始めた。その当時、インドと中国の間の貿易を拡張していたイギリスの東インド会社とオランダが貿易拠点としてシンガポールに注目した。その後、イギリスのThomas Stamford Rafflesがシンガポールの経済圏を確保した。彼は綿密な計画のもとに、シンガポールの主要基盤施設を建設し、イギリスの法律に基づいた法令を作成、シンガポールの基礎を作った。シンガポールの貿易は急速に発展し、人口も大幅に増加した。シンガポールの自由移民政策でマレーシア人、中国人、インド人のみならず、ジャバ族（Jawa）、ブーギス族（Bugis）など東南アジアの海洋種族、そして中央アジア、ヨーロッパ、アラブの多様な民族がシンガポールに移住、定着した。その当時、シンガポールは新しい経済的機会と政治的な安定感、伝統的な危機がなくなり、商業に対する規制がなかったため周辺の多様な民族には新しい機会の土地と思われた。その結果、1821年に約4,700人であった人口は、1840年には3万5,000人へと20年の間に急増し、1860年には8万人を突破し、1940年には77万人にまで至った。また、1921年まではシンガポールには男性が女性に比べ2倍以上多かった。このことは、移住民により人口が急増したこととしてとらえられる。

しかし、第1次世界大戦以降、世界の経済秩序が従来の自由貿易から保護貿易中心に変化し、自由貿易政策と自由移民政策を推進していたシンガポールは経済的に深刻な打撃を受けた。それとともに、世界大恐慌もシンガポールの経済難の原因となった。

1824年から1941年までという長いイギリスの植民地時代、そして第2次世界大戦を経て、独立に至った。1956年から1957年にわたるイギリスとの交渉を通じて、イギリス連邦内自治国としての地位を確保し、1959年には自治国として最初の総選挙が実施された。そこで、人民行動党（People's Action Party：PAP）のLee Kuan Yewが初代総理に当選した。しかし、自治国の地位を確保したシンガポールは深刻な危機にぶつかる。東南アジアの他の新生独立国が経済自立化を追求し、中継貿易は退潮し、過度な人口増加は失業問題をもたらした。結局、Lee Kuan Yewと人民行動党はイギリス連邦から脱退し、より大きな市場であるマレーシアとの連合を図り、1963年9月16日マレーシア連邦に加入した。そのことで、シンガポールは140年程度にわたるイギリス植民地時代を終えた。しかしながら、マレーシア連邦にも長くはいなかった。マレーシア政府との意見の違いや人種的対立が起き、シンガポールは1965年8月9日マレーシア連邦から脱退し、独立国家として出帆することになった。

（2）社会経済的背景

独立後当分の間は失業と生活必需品の不足により困難な時期もあったが、Lee Kuan Yewの長期政権の間に大幅な経済成長を遂げ、アジアを牽引するほどの経済力を持つことになった。総人口約560万人の都市国家であるシンガポールのGDPは毎年増加傾向にあり、2003年の2万3,574USドルに比べ、10年後である2013年には2倍以上の5万5,182 USドルとなり（World Bank）、世界の中でも高い国となっている。

経済的に豊かな国となったシンガポールにおいても、高齢化と少子化が進んでいる。少子高齢化の問題は北東アジアの問題のみならず、シンガポールを含む東南アジアにおいても大きな問題になってきているのである。

それでは、シンガポールの人口の動向はどうなのか。**図表7-1**をみると、シンガポール人口は、シンガポール人が341万人で6割を占めている。その他、永住権を持っている外国人が52万人で9％程度であり、さらに外国人が167万人で3割を占めている。その他外国人（非住居者）をより詳しく検討すると、労働者許可（Work Permit）を所持する労働者が44％で最も多い。また、外国人ドメスティックワーカー（Foreign Domestic Workers、以下

図表 7-1　シンガポールの人口構成

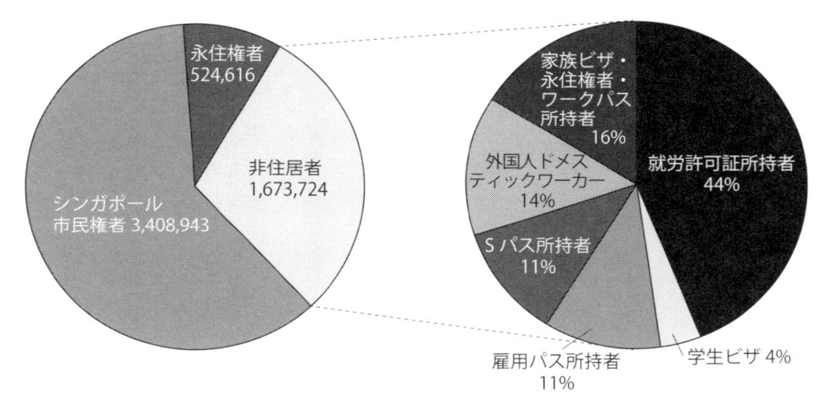

（資料）DOS. Population Trends. 2016 をもとに筆者作成

図表 7-2　シンガポールの人口の推移

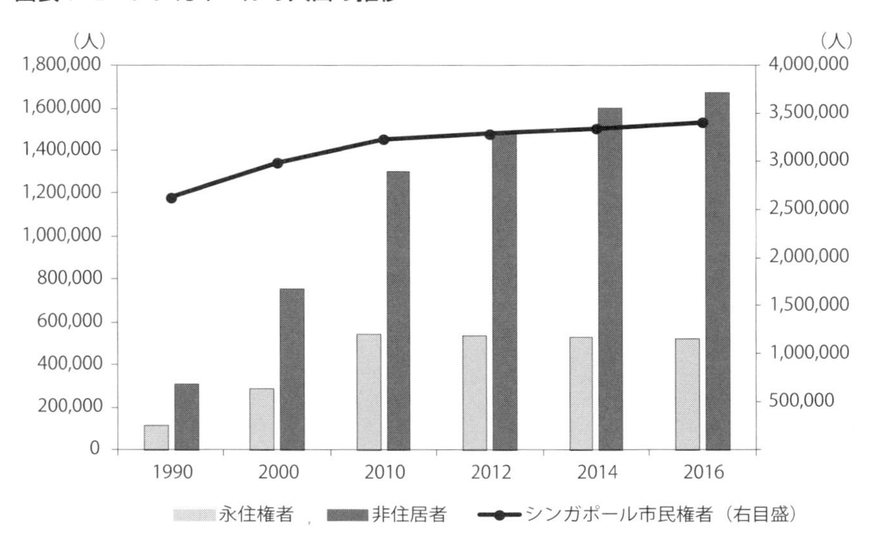

（資料）DOS. Population Trends. 2016 をもとに筆者作成

FDWsに省略）も14％を占めている。

シンガポールにおいて国際的な移民の増加は人口動態に大きな影響を及ぼしてきた。シンガポールでは、人口を把握する際にシンガポールの市民権を持っている者、非住居者、永住権者に分けることが一般的である。**図表7-2**をみると、シンガポール人は増加しつつあるが、外国人は減少傾向となっている。永住権所持者も2011年以降減少している。

シンガポールの人口は、大きく中華系、マレー系、インド系の三つの民族グループで構成されており、多民族社会である。中華系はその歴史的な背景から2016年は76.1％の最も多い比率を占めており、その次に、15.0％程度がマレー系、続いて7.4％程度がインド系となっている（**図表7-3**）。このような民族グループ別比率は、2006年から2016年の10年の間において大きな変化はない。

図表7-3　グループ別の人口構成

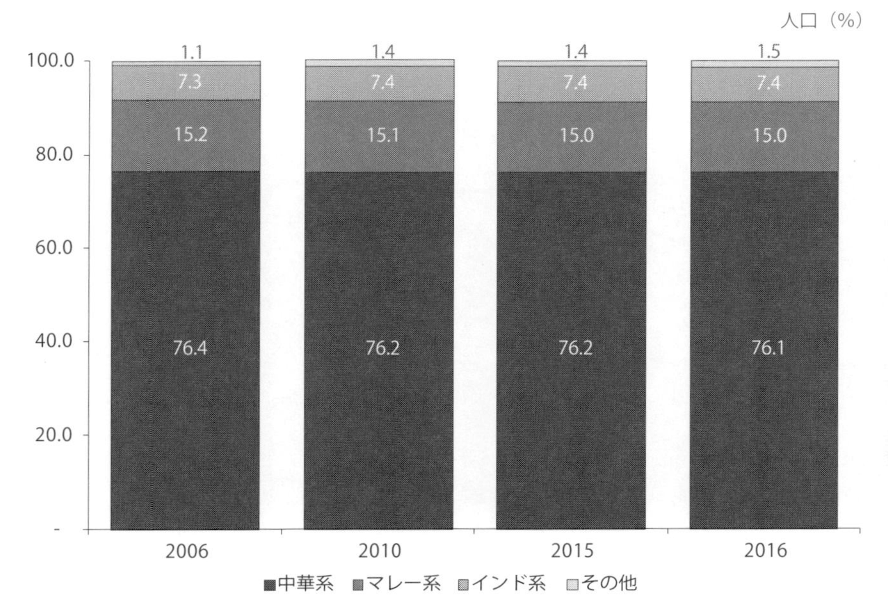

（資料）Kang, 2013. National Survey of Senior Citizen 2011

3　高齢化の動向および高齢者の生活

本節ではシンガポールの高齢化の動向と現状を検討することにより、シンガポールにおける社会問題の理解を深める。

（1）高齢化の動向

シンガポールにおける高齢化率を確認すると、1999年に高齢化社会（7％）に進入し、2016年には13.7％まで急速に増加した。高齢社会（14％）への進入は目前に迫っている。高齢化社会から高齢社会へ移行するのに日本が24年、韓国は18年で世界の中で最も早いスピードで高齢化すると報告されているが（OECD 2010）、シンガポールも1999年から2017年へと韓国と同様に18年で高齢社会を迎えると予測されている。さらに、ベビーブーム世代が65歳以上になる2030年には19％まで上昇する見込みである（Committee on Aging Issues 2006、DOS 2011）。**図表7-4**は平均寿命の簡単な比較を示している。シンガポールの平均寿命は83.1歳で、日本の83.7歳よりは低いものの、世界3位と高いことがわかる。

シンガポールのTFRは、1957年には6.56と高く、その傾向は1960年代まで続いた。その後、厳しい家族計画を通じて1970年代半ばまでに2.1まで下がり、その後も減少傾向が続き、2015年には1.24を記録した。これは東南アジアのみならず、世界で最も低い水準である。**図表7-5**は、人種グループ別TFRを示しているが、人種別には若干の差が存在する。例えば、全体は1.24であるが、最も低いのは中華系で1.10であり、次が1.15でイ

図表7-4　平均寿命の国際比較

順位	国	平均寿命	男性	女性	健康寿命
1	日本	83.7	80.5	86.8	74.9
2	スイス	83.4	81.3	85.3	73.1
3	シンガポール	83.1	80	86.1	73.9
・					
・					
・					
11	韓国	82.3	78.8	85.5	73.2

（資料）WHO. 2015. List by the world health organization. WHO Statistics. 2016. Monitoring Health for the SDGs.

図表 7-5　シンガポールの民族グループ別 TFR（図表修正）

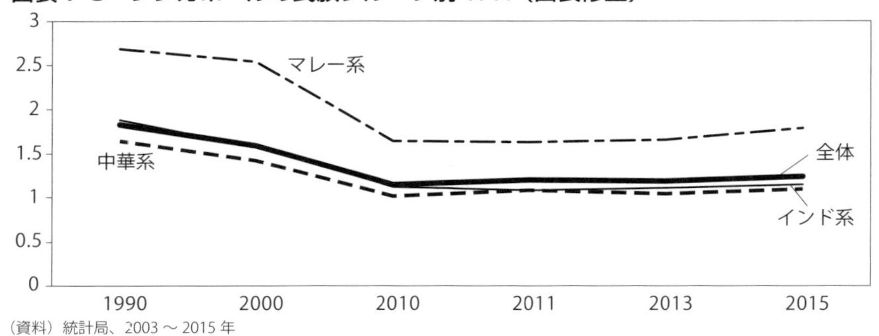

（資料）統計局、2003 ～ 2015 年

図表 7-6　経済活動人口に対する高齢者人口

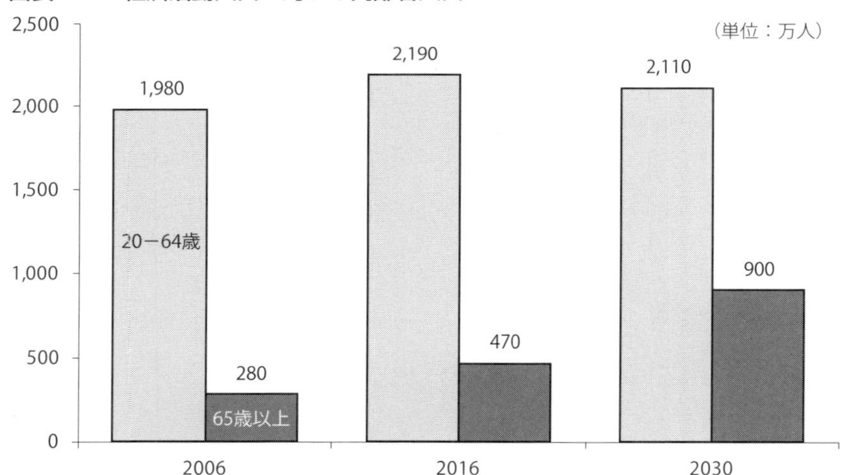

（資料）DOS. Population in Brief. 2015

図表 7-7　経済活動人口の推移

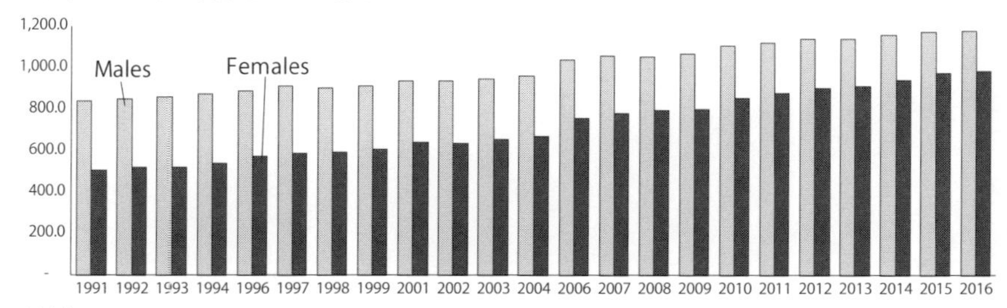

（資料）Ministry of Manpower. 1965~2014. Report on labour force in Singapore
Department of Statistics. Source for year 2000 and before : Key indicators on Gender

図表 7-8　シンガポールの地域別人口分布

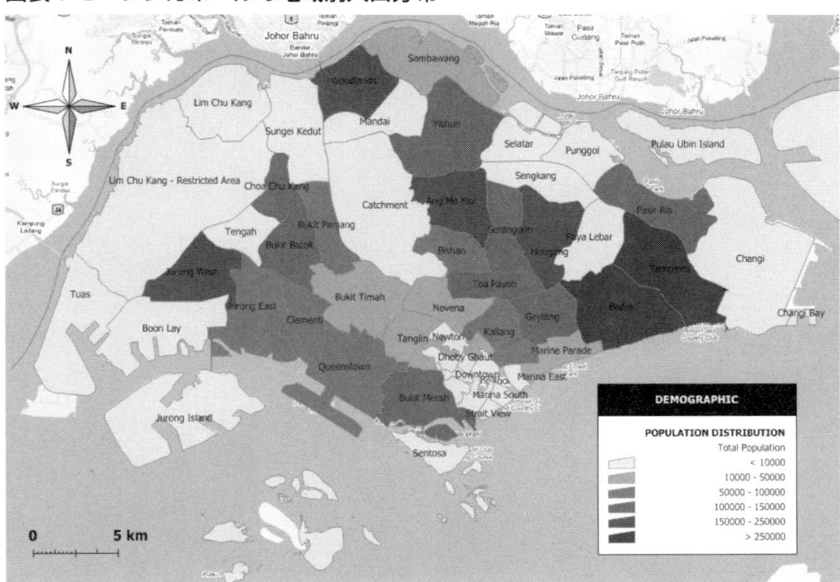

（資料）http://mariselagalicia1211.blogspot.sg/2015/09/population-singapore

図表 7-9　地域別の高齢化率

（単位 1000 人、%）

地域	総人口	65 歳以上人口	地域高齢化率	地域	総人口	65 歳以上人口	地域高齢化率
アウトラムパーク	17.2	3.7	21.5	ビシャン	91.0	8.6	9.5
ダウンタウンコア	3.7	0.6	16.2	リーヴァベリー	8.0	0.7	8.8
ローコ	15.9	2.5	15.7	ハウガン	216.8	18.9	8.7
ブキットメラ	156.7	23.8	15.2	ジュロンイースト	88.5	7.2	8.1
クィーンズタウン	98.5	14.8	15.0	タンピネス	261.3	17.5	6.7
トアパヨ	122.9	18.2	14.8	イシャン	184.4	12.2	6.6
カラン	98.2	14.2	14.5	ブキットバットク	144.3	9.1	6.3
マリンパーライド	46.4	6.6	14.2	ブキットパンジャン	127.5	7.9	6.2
ノベナ	46.1	6.6	14.2	シンガポールリバー	1.7	0.1	5.9
ゲイラン	120.1	14.7	12.2	ジュロンウェスト	264.0	14.6	5.5
アンモキオ	179.1	20.8	11.6	パシリス	132.1	7.3	5.5
クレメンティ	91.0	10.3	11.3	センカン	161.0	8.5	5.3
ブキッティマ	69.3	7.4	10.7	センバワン	70.1	3.7	5.3
ベドック	292.0	31.0	10.6	チョウチュカン	171.8	9.0	5.2
チャンギ	1.9	0.2	10.5	ウッドランズ	242.8	12.1	5.0
ニュートン	6.0	0.6	10.0	プンゴル	57.0	2.7	4.7
セラングン	124.6	12.2	9.8	その他	4.1	0.5	12.2
タングリン	16.7	1.6	9.6				

（資料）Population Trends 2009. DOS をもとに筆者再構成

ンド系、最も高いのはマレー系の 1.79 である。特に、中華系とマレー系のグループの間には 0.69 という大きな差が確認できる。

図表 7-6 は、経済活動人口に対する高齢者人口を示したものである。2006 年には 6.9 人が一人の高齢者をサポートしていたが、2016 年現時点では 4.7 人が一人の高齢者を支えなければならない。さらに、2030 年には 2.3 人に減少し、生産年齢人口層の高齢者ケアに対する負担は増大すると予測される。

また、女性の経済活動参加率が増加している。シンガポールの女性も他の先進諸国及び東アジア諸国と同様、職業に就く比率が高くなっている。1991 年には女性の経済活動参加率は 34.9％であり、男性の 79.3％の半分以下であったが、2000 年には 50.2％まで上昇し、女性の半分以上が仕事に就くことになった。その後も増加傾向は続き、2014 年には 60.4％まで上昇し、男性との差異は 16.7％まで小さくなっている（**図表 7-7**）。

次に、地域別に高齢者人口をみてみたい。まず、**図表 7-8** はシンガポールの地理的特性の理解を深めるための人口分布である。主に居住地域である、東部と西部に多くの人口が集中していることがわかる。

次に、地域別の高齢化率をみると、総人口に占める高齢者人口が最も多い地域はアウトラムパーク（Outram）であり、21.5％と高い高齢化率を見せる。その反面、高齢化率が最も低い地域はプンゴル（Punggol）であり 4.7％に過ぎない（**図表 7-9**）。シンガポールにおいても高齢化率の地域差は存在しており、それによって高齢者関連施設の整備の状況も異なる。

これらの社会的背景を踏まえ、急速な高齢化はシンガポール社会でも社会問題として認識され、高齢者の生活保障はシンガポール政府において重要な課題となっている。

（2）高齢者の生活

それでは、実際シンガポールの高齢者はどのような生活を営んでいるのか。上述したように、シンガポールの国民は家族構成員同士の連帯感が強く、家族構成員それぞれの間で義務と責任について認知している。そのため、シンガポールにおける高齢者の生活を検討するさいには家族と関連付けて検討する必要がある。

図表 7-10　年齢別家族構成員数（2011 年）

単位：(%)

家族数（人）	年齢グループ		
	55-64	65-74	75 以上
1	13.2	17.5	16.6
2	19.3	26.4	28.7
3	23.3	20.7	22
4	22.3	13.7	11.3
5	12.4	9	8.3
6 以上	9.5	12.8	13.1
平均	3.3	3.2	3.1

（資料）シンガポール国勢調査、2011

図表 7-11　年齢別家族構成（2011 年）

単位：(%)

居住形態	年齢グループ		
	55-64	65-74	75 以上
一人暮らし	13.2	17.5	16.6
配偶者	10.8	15.4	11.8
配偶者、子ども、孫なし	42.3	24.2	12.5
配偶者、孫、子どもなし	0.6	1.0	0.4
配偶者、子ども、孫	6.0	8.1	5.8
配偶者なし、子ども、孫	3.0	5.4	8.3
その他	24.1	28.4	44.7

（資料）シンガポール国勢調査、2011

図表 7-12　家族構成の推移：1995 年と 2011 年の比較

単位：(%)

居住形態	1995	2011
一人暮らし	3.1	14.9
配偶者	5.2	12.2
配偶者、子ども、孫なし	37.1	32.6
配偶者、孫、子どもなし	0.0	0.7
配偶者、子ども、孫	12.1	6.5
配偶者なし、子ども、孫	37.0	4.5
その他	5.6	28.6

（資料）シンガポール国勢調査、2011

図表 7-13　年齢別にみる家族との連絡頻度（2011 年）

単位：(%)

会う頻度	年齢グループ		
	55 － 64	65 － 74	75 以上
毎日	71.7	65.4	63.7
週 2 － 3 回	13.3	12.7	15.6
週 1 回	8.8	14.7	10.8
月 2 － 3 回	4.1	3.8	5.6
月 1 回	1.1	1.6	1.8
月 1 回未満	0.7	1.4	2.1
過去数年間連絡とっていない	0.3	0.4	0.6

（資料）シンガポール国勢調査、2011

まず、年齢別にみる家族構成員数について検討してみよう（**図表 7-10**）。65 歳以上の高齢者の場合、一人暮らしが 55 ～ 64 歳に比べて高く、二人で生活している比率が最も高い。すなわち、高齢者の場合、一人暮らしと夫婦のみの世帯が最も多い。その反面、55 ～ 64 歳の年齢代では、3 人あるいは 4 人家族が最も多く、配偶者以外の家族と同居している人が最も多いことがわかる。

それでは、次に誰と生活しているのかを確認してみたい。55 ～ 64 歳は、配偶者と子どもと一緒に生活する比率が最も高かった。しかし、65 ～ 74 歳になると、その比率は急激に減少し、その代わり一人暮らしまたは配偶者と二人で生活する比率が増加する。75 歳以上になると、配偶者以外の家族と住む比率が 65 ～ 74 歳の半分まで下がる（**図表 7-11**）。

それでは、このような傾向はいつから確認できたのだろうか。1995年と2011年を比較してみよう（**図表7-12**）。一人暮らしの高齢者は、3.1%から14.9%へと15年間にほぼ5倍増加しており、配偶者との二人暮らしは2倍以上増加したことがわかる。その一方、配偶者と子ども、孫の3世代が一緒に生活する形態は12.1%から6.5%へと半減し、配偶者はいないが子どもと孫と一緒に生活している家庭は37.0%から4.5%へさらに急激に減少したことがわかる。他方、配偶者と孫のみの世帯も0.0%であったのが、0.7%へ増加していることも一つの特徴である。ところが、配偶者と子どもが共に生活している割合は1995年でも2011年でも最も高い。シンガポールでは、家族共同体というのがまだ崩壊しておらず（崩壊しつつあるが）、親の面倒を家族がみていると考えられる。

次に、子どもと同居していない高齢者は、自分の家族とどの程度の頻度で連絡を取っているのかを確認すると、「毎日連絡を取っている」と回答したのは、55～64歳では7割以上を占めており、65～74歳でも65.4%、75歳以上は63.7%で55歳以上の年齢層全体において6割以上を占めていた（**図表7-13**）。

図表7-14は、高齢者の主な収入源を示したものである。最も多いのは、家族からの支援で4割を占めている。その次が、仕事で27%、貯蓄や生命

図表7-14　高齢者の主な収入源

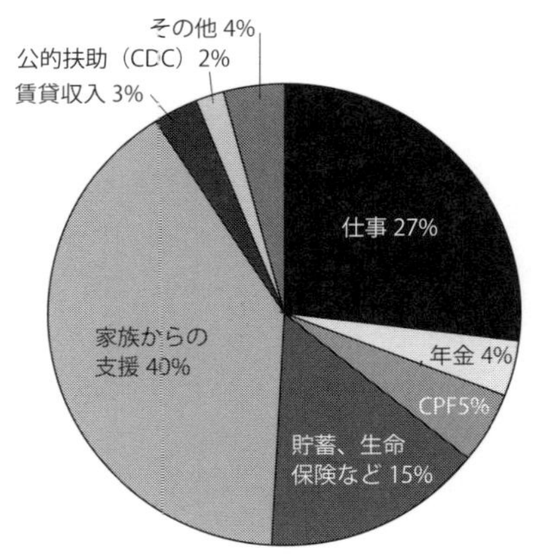

（資料）Source: Panel on Health and Aging of Singaporean Elderly（PHASE）. 2011

図表7-15　高齢者の支援資源（2011年）

単位：（%）

	年齢グループ		
	55 − 64	65 − 74	75以上
病気の時			
家族	92.8	92.9	91.3
友人	4.4	2.8	2
いない	5.4	5.1	5.8
経済的に困難な時			
家族	87.9	88.5	89.4
友人	4	2.5	1.5
いない	9.8	8.5	8.4
話し相手が欲しい時			
家族	88.6	88.7	88
友人	16.1	15.3	9.4
いない	6.8	5.5	8

（資料）シンガポール国勢調査、2011

図表 7-16　年齢別にみる高齢者が病気の時最も重要な支援資源（2011 年）

単位：(%)

	病気の時			話し相手が欲しい時		
	55 － 64	65 － 74	75 以上	55 － 64	65 － 74	75 以上
配偶者	53.4	41.2	20.7	45.0	32.4	16.6
子ども	28.4	43.6	64.2	31.1	47.0	65.1
親戚など	10.3	7.8	5.1	10.4	7.2	5.5
友人、隣人	1.4	1.2	0.9	6.0	6.2	2.9
その他	1.2	1.2	3.3	0.8	1.8	2.0
なし	5.4	5.1	5.8	6.8	5.5	8.0

（資料）シンガポール国勢調査、2011

図表 7-17　年齢別にみる最も重要な高齢者の経済的支援資源（2011 年）

単位：(%)

	病気の時		
	55 － 64	65 － 74	75 以上
配偶者	35.8	18.4	6.8
子ども	40.6	62.9	77.9
親戚など	10.8	6.3	4.2
友人、隣人	1.4	1.1	0.7
慈善組織 / 民間団体	0.3	0.5	0.4
政府	1.2	2	1.5
その他	0.2	0.2	0.1
なし	9.8	8.5	8.4

（資料）シンガポール国勢調査、2011

保険などが 15％を占めている。これらはほぼインフォーマルな支援であり、国からの支援としては公的扶助があるが、それは 2％に過ぎない。CPF もあるが、CPF は雇用者と職員の分担金が入るので、その全てを政府の支援としてみなすことは難しい。

図表 7-15 は、高齢者の年齢別にみた助けを求める対象について示しているものである。その結果をみると、年代に関係なく、病気の時、経済的に困難な時、話し相手が欲しい時など、全て家族へ依存する割合が最も高いことがわかる。

高齢者が病気になった時に、家族構成員の中で誰が最も重要な役割を担うのかについては、55 ～ 64 歳の場合、配偶者が 5 割強である反面、子どもは 3 割にも満たない。また、65 ～ 74 歳の場合は配偶者と子どもに同じ程度の比率で助けを求めている。しかし、後期高齢者（75 歳以上）は、配偶者は 2 割弱で、子どもからの支援が 6 割以上を占めている（**図表 7-16、図表 7-17**）。

このように、シンガポールにおいて家族は、最も大きな役割を担う担い手である。

4　高齢者福祉政策の展開と現状

（1）全体的な状況

上述したとおり、シンガポールもすでに高齢化が進んでおり、そのスピードも急速である。これらの状況に対応するため、シンガポール政府は1980年代から高齢化問題について議論し、委員会を組織し、関連政策を策定してきた。最も代表的なものとして次の三つを挙げることができる。第1に、「Successful Ageing Singapore」（Ministry of Community Development, MCD 1999）で、社会統合、保健ケア、財政的保障、雇用、住宅、世代間の葛藤の解消などが中心イシューである。第2に、2004年にエイジングイシュー委員会（Committee on Ageing Issues、CAI）を設置し、2006年に報告書(5)を発刊し、高齢社会へ備えることにした。第3に、「アクティブエイジング(6)」（Ministry of Community, Youth and Sports, MCYS 2009）である。これら三つは、高齢者のための公共政策のビジョンとして採用されたものであり、いずれも「高齢化」をポジティブにとらえようとするものである。

それに加えて、MCYSでは、高齢化に関するイシューに対して三つの原則を挙げている。それは、1）高齢者の社会統合、2）全てのセクターの連帯責任、3）持続可能性である。MCYSが提示していることも、既存の方向性と同様のものとしてとらえることができる。

シンガポールにおける高齢者関連福祉政策は、主に経済的な側面からの政策と、医療・保健関連政策、長期ケア関連政策に分けることができる。しかしながら、上述のように税金を使用し、国の責任で高齢者への支援を行うより、インフォーマルな支援が中心となっている。なお、経済的な部分と医療・保健の部分はCPFに含まれるが、本稿では、区分して検討する。

これらの点を踏まえて、本章では、高齢者へのケアと関連して、① 経済的関連政策としてCPF、② 医療・保健関連政策として3Mと呼ばれている、メディセーブ（Medi Save）、メディシールド（Medi Shield）、メディファンド（Medi Fund）、エルダーシールド（Elder Shield）③ インフォーマル支援としてコミュニティサービスと 外国人ケアワーカーに焦点をおいて検討する。

(2) CPF

シンガポールにおける福祉政策は、効率性と経済性が国の中心アジェンダとなっている。特に、福祉と労働の混合が特徴としてあげられる。それを代表する制度として自己責任と政府責任及び企業責任を調和させ、シンガポールにおける社会保障システムの最も代表的な個人口座に貯蓄するタイプのCPFを挙げることができる。

CPFは、シンガポール福祉政策の中心的な政策手段であり福祉制度の基盤となっている。CPFとは、シンガポールで働いているシンガポール人、永住権（Permanent Residents, PR）を持っている者が対象となる。シンガポールでは、1993年に引退年齢法を制定し、55歳から60歳へと引退年齢を延長した。1999年には62歳に引き上げ、現在まで維持されている（Ministry of Manpower homepage、2016年10月[7]）。すなわち、引退後の生活を準備するための社会保障システムがCPFである。CPFには、ヘルスケア、ホームオーナーシップ、家族保護などの機能が含まれている（Central Provident Fund Board Homepage ）。**図表7-18**でわかるように、中央年金口座があり、大部分の被用者は強制的に中央年金に加入させられ会員となり、会員は個人口座を持たなければならない。CPFには、通常口座（Ordinary Account)、特別口座（Special Account)、メディセーブ口座（Medisave Account）がある。

通常口座（Ordinary Account）は、CPFのうち最も大きな割合を占めている。メディセーブ口座（Medisave Account）は、1984年に導入されたもので、入院費用と特定の外来患者の治療にかかる費用のための口座である。特別口座（Special Account）とは、危機（例えば、加入者や扶養者の入院費用あるいは医療費用）や災害あるいは老年期に備える口座である。

図表7-19は、2005年のCPF構成比率と寄与分を、**図表7-20**は、2015年のCPF構成比率と寄与分を示したものである。二つの表を検討すると、雇用主の負担分が増加したことがわかる。2005年の13％から10年後の2015年には17％へと増加した。特に、引退後である55歳以上の人は、6％から2倍増しており、60歳以上の人については2倍以上増加した。

図表 7-18　CPF の構造

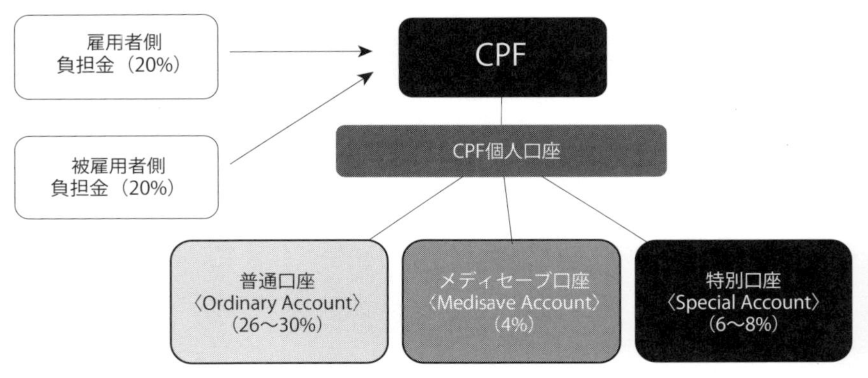

（資料）https://www.cpf.gov.sg/Members/AboutUs/about-us-info/cpf-overview をもとに再構成

図表 7-19　2005 年の CPF 構成比率と寄与分

雇用年齢（歳）	雇用主の寄与分（給料の%）	職員の寄与分（給料の%）	全体寄与（給料の%）	普通口座（%）	特別口座（%）	メディセーブ口座（%）
35 歳以下	13	20	33	22	5	6
35 − 44	13	20	33	20	6	7
45 − 49	13	20	33	18	7	8
50 − 54	11	19	30	15	7	8
55 − 59	6	12.5	18.5	10.5	0	8
60 − 64	3.5	7.5	11	2.5	0	8.5
65 歳以上	3.5	5	8.5	0	0	8.5

（資料）CPF ウェブサイト（http://www.cpf.gov.sg）

図表 7-20　2015 年の CPF 構成比率と寄与分

雇用年齢（歳）	雇用主の寄与分（給料の%）	職員の寄与分（給料の%）	全体寄与（給料の%）	普通口座（%）	特別口座（%）	メディセーブ口座（%）
35 歳以下	17	20	37	23	6	8
35 − 44	17	20	37	21	7	9
45 − 49	17	20	37	19	8	10
50 − 54	16	19	35	14	10.5	10.5
55 − 59	12	13	25	12	2.5	10.5
60 − 64	8.5	7.5	16	3.5	2	10.5
65 歳以上	7.5	5	12.5	1	1	10.5

（資料）CPF ウェブサイト（http://www.cpf.gov.sg）

（3）医療・保健関連政策（Long-term care サービス）

メディセーブ（Medisave）

メディセーブはCPFの一つの口座であり、給料の7～9.5％をメディセーブアカウントに積立てる。メディセーブの積立金は、自分あるいは家族がヘルスケアに関わる費用が急きょ必要となった場合に使用できる。

メディシールド（MediShield）

CPF制度を補完する制度としてメディシールド（MediShield）が1990年に導入された。これは、メディセーブ口座による支払いができない低所得者の医療費を提供するために導入されたものである。メディシールドは、政府から承認を得た多様な保険の購入に使用することができ、入院治療や高額診療・検査などに適用できる。

メディファンド（MediFund）

また、貧困者を対象に医療費支援を行うため1993年に導入されたメディファンド（MediFund）があるが、これはセーフティーネットとして機能している（David 2009: 139, Ow & Vasoo 2002: 104）。ただし、生活困窮者のための制度であるため、メディセーブを使っても足りない場合のみ使用でき、その支援は公立病院（診察費用が安い）に限られる。2007年にはMediFundと分離されたMedi fund Silverが導入された。それは65歳以上の高齢者のみが対象になる。しかしながら、この制度はセーフティーネットのようなもので、厳しいミーンズテストにより対象者が選ばれる。さらに、受給者は公共病院のB2クラスあるいはCクラスの病床[(8)]のみでケアを受けることができる、極めて限定的なものである。

エルダーシールド（Elder shield）

シンガポールには、長期ケア保険も導入されている（Lee hock 2008）が、それが2002年に創設されたエルダーシールドである。エルダーシールドは、高齢者本人と家族メンバーのための低費用の保険プランであり（Ow & Vasoo 2002）、加入は40歳以上である。2007年の制度改正により、エルダーシールドに加えてEldershield Supplemetが上位保険として加わった。これによ

図表 7-21　シンガポールにおける高齢者関連サービス

区分	サービス	内容
ホームベースドサービス	訪問医療ケア	医者が患者のもとを訪問し、診察、アセスメント、マネジメント、サービスを提供する。ホームケアの目標は、クライアントが自分の家で健康で機能的に独立された状態を維持しつつ、可能であればコミュニティや自宅で長く生活できるようにし、施設ケアを延期させる機能を担う。
	訪問看護ケア	看護師がドレッシングや経管栄養などのナーシングケアの提供を患者の自宅で行うことである。ここでの看護師の役割は、患者のケアプランのレビュー、医者との相談、ケア提供者に対するトレーニングなどの多様な役割を調整することもある。
	パリアティブ・ホームケア	パリアティブ・ホームケア提供者は全体的なサポート（医療、看護ケアなど）を本人と家族に提供することである。患者と彼・彼らを支援する家族を、多様な職種（医者、看護師、サービス提供者、ソーシャルワーカー）が一つのチームとなり支援するサービスである。パリアティブ・ホームケアは、痛みの調整、症状の緩和、ナーシングケアと相談などの、患者の残された日の質を改善することに焦点を当てている。
	食事配達サービス	挙動が難しいため買い物や食事の準備ができない利用者のため食事を家まで配達するサービスである。
	送迎／交通サービス	メディカルサービスが必要な高齢者が公共交通を用いて移動できない場合、送迎するサービスである。
	ホームパーソナルケア	高齢者の多様なニーズに応じるため、高齢者がサービスを選択するサービスである。例えば、個人衛生、家事、薬の準備（アラームサービス）、心のケア、その他のパーソナルケアサービスなどが挙げられる。
センターベースドサービス	コミュニティリハビリステーションサービス	コミュニティリハビリステーションサービスは、デイセンターによって提供されるサービスで（例えば、デイリハビリセンター、シニアケアセンター）、PI、OT などを提供する。
	認知症デイケアサービス	認知症デイケアサービスは、デイセンターにより提供されるサービスで（例えば、認知症デイケアセンター、シニアケアセンター）、デイケアで提供している主なサービスと多様な活動を行い、クライアントの認知症をコミュニティの中で改善することを目指している。
	ソーシャルデイケアサービス	ソーシャルデイケアサービスはデイセンター（例えば、ソーシャルデイケアセンター、シニアセンター）により提供されるサービスで、家族が仕事のため不在の時に高齢者のニーズに応じるサービスを提供する。
在宅－LTCサービス	コミュニティ病院	コミュニティ病院は、重度のケア施設である。入院患者の回復とリハビリケアが必要な患者が対象になる。
	慢性期病院	慢性期病院は、高度の複雑な症状のある高齢者に長期的にナーシングとメディカルケアを提供することである。
	ナーシングホーム	ナーシングホームは、長期的に熟練した専門家が介護サービスを高齢者に提供する。利用する高齢者は、家で家族やサービス提供者がいない場合、またナーシングホームに入る要件が満たされない利用者が対象となる。
	ホスピス入院ケア	入院患者ホスピスは、病気の最後の段階に入る患者の治療や痛みの調整などのサービスを提供する。
	精神疾患患者へのシェルターホームケア	シェルターホームケアの患者は医療的に深刻な状況ではないが、集中的なケア、視力の調整など身体的なサービスが必要な者に提供するサービスである。
	臨時的ケア	臨時的ケアは、コミュニティ病院やナーシングホームで入院（入所）できない場合、短期（数週間）的にサービスを提供するところで、施設サービスとは別である。

（資料）Ministry of Health, シンガポールにおけるヘルスケアシステム

図表 7-22　高齢者関連施設の推移

種類	1998	2005	2010	2014
老人ホーム	47	56	62	66
通所リハビリセンター	20	25	9	16
認知症デイケア	3	6	28	57
訪問医療	3	10	8	15
訪問看護	2	14	11	20

（資料）Ministry of Social and Family Development、Committee on Ageing Issues

り、ADL が機能できなくなった場合、必要とするサービスを購入することができる。エルダーシールドにはエルダーシールド 300 と 400 がある。保険料は前者が 300S$、後者が 400S$ で、それぞれ 5 年間と 6 年間保険料を支払うことで受給資格が得られる。

(4) コミュニティサービス

サービス種類

シンガポールにおける長期ケアサービスの種類は、大きく在宅サービス、施設サービス、訪問サービスに分けられる。主な役割を中心に整理すると**図表 7-21** のとおりである。

施設の現状

図表 7-22 は、1998 年度から 2014 年まで高齢者関連施設の推移を示したものである。関連施設は、多くの種別で 15 年間に増加している。老人ホームは 47 か所から 66 か所へ増加した。特に、認知症デイケアは 3 か所から 57 か所へと著しく増加したことがわかる。その反面、通所リハビリセンターは 20 か所から 16 か所へ減少している（**図表 7-22**）。

社会福祉協議会（National Council of Social Service、NCSS）

すでに述べたように、シンガポール国民の 8 割以上が HDB に居住している。1968 年からは CPF 口座の預金が労働者の住宅購入に活用されるようになった。HDB が建設した物件を購買する場合、住宅販売価格の 20％まで自分の口座から返すことができるようにした。このような口座の不動産購入補助制度はその後さらに拡大され、1981 年からは民間住宅購入にも使用できるようになった。シンガポール国民の大部分がHDBに居住していることは、利用者へのアクセスという側面では、他の国より容易な立場であると言える。

このHDBのある地域に、家族サービスセンター（Family Service Center、以下、FSCに省略）がある。FSCは、本人と家族をサポートし支援を提供する、コミュニティをベースにした団体である。FSCには、社会サービスを提供する専門家が雇用され、利用者と家族に専門的なサービスを提供している。現在、シンガポールにはHDBのある地域に47か所のFSCがあり、国や社会福祉協議会、VWO（Voluntary Welfare Organization）からの支援により運営されている。主なサービスは、情報提供や資源とニーズの連携、ケースワーク、グループワーク、コミュニティワークを通じた地域住民の支援である。地域を基盤に、身近な所から支援するという趣旨で、FSCでは、緊急時など高齢者の状態を把握するため、ナースコールを設置しているところがある。高齢者の部屋でナースコールを押すと、FSCとつながり、迅速に把握することができる。むろん、本人の同意を得て行うため全ての部屋が登録されているわけではない。これらの点を踏まえてみると、FSCはコミュニティのなかで、住民の最も身近なところでケアを行っているといえる。

外国人ケアワーカーの受け入れ

シンガポールの街では、高齢者または子のケアをしている外国人をよく目にする。しかしながら、このような姿は以前から目にするものではなかった。シンガポールの女性が社会進出する機会が増大し、それにより共働きも急増した。シンガポールにおいて育児や介護は家族の役割であったのであるが、共働き家庭の増加によりシンガポール女性の育児や介護の負担を解消してくれる存在が必要になった。そこで、1978年政府は外国人労働者（FDWs）を雇用することにした。その当時は、タイ、スリランカ、フィリピンの三つの国に制限されていたが（Cheng 1984）、徐々にFDWsとして仕事ができる国が増え、インド、インドネシア、ミャンマー、カンボジアが加わった（Huang & Yeoh 2015）。

シンガポールにおけるFDWsの現状について簡単に検討する。130万人以上が外国人労働者であるが、その内16％（2015年、22万人）がFDWsである。特に、インドネシア、フィリピン、ミャンマーからの者が多い。2007年の18万人から2015年には22万人となり、女性の社会進出（図

表7-7を参照）と共にますます増加していることがわかる。2030年には30万人へと増加する見込みである（The Straits Times, 11月13日2012年）。FDWsはシンガポールにおいて重要なインフォーマルなケア労働者となっている。

図表 7-23 FDWs の雇用状況

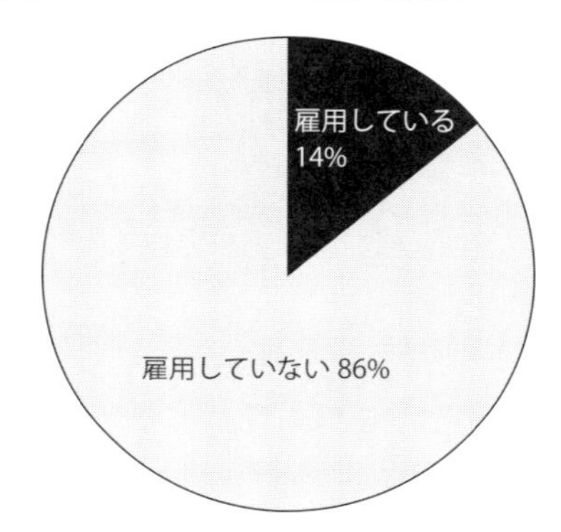

（資料）Panel on Health and Aging of Singaporean Elderly. 2011

PHASE（2011）のデータ[(9)]によると、回答者の14％の家庭でFDWsを雇用し、サービスを確保していることがわかった。他のHOMEで行った研究においても、FDWsが5軒に1軒の割合で雇用されている（Humanitarian Organization for Migration Economics 2015）。主に、住込み形態が多く、一緒に住み込み高齢者をケアすることがほとんどである（**図表7-23**）。

今後、高齢化が進むシンガポール社会では、自らの親をケアするため自らFDWsを雇用することが予想されている。現在はFDWsの雇用が20％に過ぎないが、今後ますます増加する見込みである（Østbye 2013）。

5 介護サービスの担い手

（1）全体的な状況

シンガポールにおいては、高齢者の財政的な側面と身体的な側面の独立性を維持するために、家族とコミュニティの役割と彼らの統合を重要視している。さらに、社会的結束力において、① 適切で、② 持続可能で、③ 役に立つ解決策を選ばなければならない。そのために、国はおおきく四つのレベルからの役割が必要であるとしている。すなわち、第1に、個人レベルである。第2に、家族レベルである。第3に、コミュニティレベルであり、最後に、国レベルである。**図表7-24**では、シンガポールにおける高齢者支援の各セクターの役割の比重について示した。

シンガポールの高齢者支援の構造は、家族が最も大きな比重を占めており、その次がコミュニティ、最も上に政府がある、ピラミッド型であると言える。直接的に個人あるいは家族へ支援するサービスは少ないが、地域内の団体を支援することで個人と家族への支援を行っていることである。

(2) 本人と家族

個人レベルでは、高齢者自身が健康で活動的な生活を営むため努力することを重視する。彼・彼女らは自ら品格のある尊敬される人になることを求められている。また、家族とコミュニティの構成員をつなぐ役割を行い、自分の独立的な生活を営むリーダーとして生活しなければならないとしている（社会家族開発部）。

次に、家族レベルでは、高齢者本人と相互依存的な役割を保ち、高齢者の独立的な生活を補完する役割を担う。高齢者が病気の時や、生活に困難が生じた場合、家族が第一線のサポーターになる（社会家族開発部）。家族には、親の面倒を見ることに対して、税金の減免などの処遇措置を設けている。シンガポールの高齢者の介護の担い手として家族が優先されるが、家族介護が国民全てに可能なことではない。女性の就業率が上がることにより、女性は家事、育児及び介護から手が離れることは当然なことである。それらを補完するために（職場のある女性を奨励するために）FDWsが導入された。FDWsは家族ではないが、インフォーマルケアにおいて大きな役割を担っており、個人が雇用することから、本人と家族の中に含むと考えることができる。FDWsは、他のシンガポール国民とは異なる安い賃金で、介護のみならず家事や育児まで可能な労働者を雇用することができる。しかしながら、FDWsが雇用できる人はシンガポール国民の20％に過ぎない（Humanitarian Organization for Migration Economics 2015）。国民の20％というのは所得の高い20％であるため、それ以外の人は家族が

図表 7-24　高齢者支援の各セクターの比重

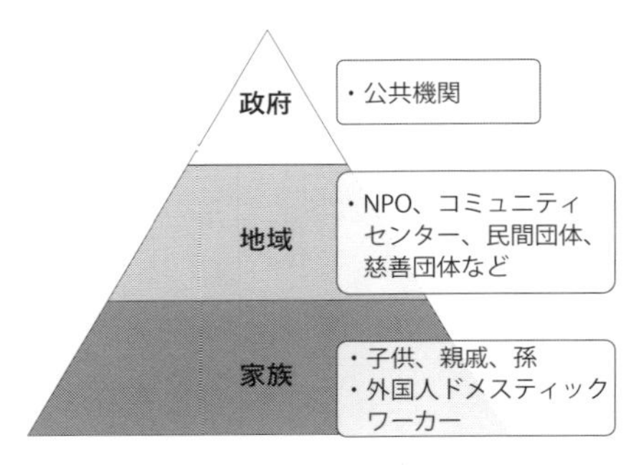

自分の親に対して介護を担わなければいけない 。その場合生じるケア人材の不足などの問題に対処する必要性については、今後十分に検討する必要がある。

(3) コミュニティ

コミュニティレベルでは、コミュニティのなかでのサービスと高齢者の間の強いネットワークを構築すること、コミュニティとの統合の機会を提供することが期待される。高齢者と家族の高い参加度と自分がコミュニティの主人公であるという意識を持てるようにする役割が重要となる（www.mcds.gov.sg）。このようなコミュニティサービスは、主に地域に根ざしているボランタリーな福祉組織を通じて展開される（Lee 2008）。コミュニティの最も大きな役割は地域内の社会統合である。すなわち、高齢者が自分のコミュニティのなかで彼・彼女らの家族と一緒に最後まで生活することを目指すのである。

(4) 政府：残余国家／先家族後国家

最後に、政府レベルでは、国として高い水準の高齢社会対策を整備し、高齢者人口増加に対してリーダーシップを持ってコーディネートを行い社会統合に努める（社会家族開発部）ことが強調されている。

図表 7-25 GDP のなかでの保健支出占有率（1970 ～ 2010 年）

（単位：%）

	1970	1980	1990	2000	2005	2010
オーストラリア	n/a	6.3	6.9	8.3	8.8	9.1
ドイツ	6.0	8.4	8.3	10.3	10.7	11.6
日本	4.6	6.5	6.0	7.7	8.2	9.5
オランダ	n/a	7.4	8.0	8.0	9.2	12.0
ニュージーランド	5.2	5.9	6.9	7.7	8.9	10.1
シンガポール	n/a	n/a	2.8	n/a	3.8	4.0
スウェーデン	6.8	8.9	8.2	8.2	9.2	9.6
台湾	3.6	4.8	5.5	5.9	6.3	6.4
イギリス	4.5	5.6	6.0	7.2	8.2	9.6
アメリカ	7.0	8.7	11.9	13.2	15.2	17.6

（資料）OECD（2008, 2012b）

シンガポールは、福祉において「残余国家・先家族後国家」であると言っても過言ではない[(10)]。**図表 7-25** は、各国の GDP のなかで保健と関連する支出率を示したものである。2010 年で、日本が 9.5％であるのに対して、シンガポールは 4.0％であり、シンガポールの保健関連支出の水準は極めて低いことがわかる。

6　コミュニティ・ケアへの期待

シンガポールは歴史的に経済発展と国家統合が最優先課題であったという背景から、福祉サービスは中心的な課題あるいは目標ではなかった。すなわち、シンガポールは福祉サービスの拡散と富の平等な再分配よりは、経済発展を通じた富の蓄積を強調してきた（Da Chunha, Goh, 1994:52)。シンガポールにおいては、家族が親の面倒を見ることが最も多い。家族が支援できない専門的なサービスの提供を必要とする高齢者が多かったにもかかわらず、政府は初めからは手を出さずに、サービスの提供は地域に譲っている。そのためであろうが、シンガポールには政府以外に多様なサービス提供主体が存在し、発展してきた。もちろん家族または地域、全てから支援ができない場合、最終的に政府が介入する。この場合、ほとんどのケースはミーンズテストが条件となる。家族からの支援がない貧困層の人のみが政府から支援を受けられるということである。このような状況のなかで、シンガポールの福祉システムは自由主義的な福祉国家であり、シンガポール政府の福祉支出がかなり制限されている背景となっていると容易に予想される（Aspalter 2000)。

それにもかかわらず、シンガポールの医療水準はかなり高く、福祉サービスの供給も手厚いと評価されている[(11)]。確かに、1980 年代初頭から、政府は高齢化により生じる問題を解決するために力を入れてきている。この意味で、ベーシックインカム的な生活保障は守られているといえる。ただし、住宅の担保や医療サービスの提供、CPF による老後への準備などは事実ではあるものの、多くの役割と責任を政府ではなく、家族、本人、コミュニティに任せていることに限界があるだろう。

シンガポールでは高齢者のケアはまず家族の役割とされ、その次がコミュニティである。しかしながら、コミュニティホームベースケア（Community Home-based Care）を取る時に、議論になるのは、コミュニティを家族としてとらえること、そして家族は女性としてとらえることになると指摘できる(Yeow and Huang 2010)。すなわち、家族の役割といってもほとんどその直接的な担い手になるのは女性なのである。日本においても女性の介護の負担の問題が生じ、介護の社会化が提唱された。その一つの解決策として介護保険制度が導入されたのである。しかしながら、シンガポールは福祉の役割はまず本人と家族にあることが前提であるため、日本のような介護保険制度を導入することは想定していない。さらに、2014 年女性の経済活動参加率は 60.4%で高い。そのため、仕事と介護の両立、あるいは介護と育児のダブルケアなどによる困難は続いているにもかかわらず、政府はコミュニティサポートを強調(Ministry of Community Development and Supports, 2001)している。そのため、経済的に負担能力のある中間層の家族においては外国人ケア労働者を雇用し、彼女らの介護の負担を軽減させているのである。

シンガポール人の大半は自分の親に対する経済的援助は、個人の責任であると認識している。2005 年の国勢調査の結果においても、55 歳以上の人は、自分が疾病になったときに 92.1%が家族に依存すると答えている。財政的に困難なときも、87.5%が家族に助けを求めるとしており、会話の相手も家族が 91.4%と高い割合となっている(国勢調査 2005)。シンガポール人はこのような既存の方法をこれからも維持することを希望している。それに対して、Hongkong and Shanghai Bank(HSBC)の調査(2006)では、シンガポール人は家族が好きだと主張しているが、果たして、単に家族が好きだから今までの形態を維持したのか。誰でも住み慣れた地域で、自分の家で、家族のなかで最後まで生活したいと考えるであろう。それは、社会あるいは国がそのような生活を保障することに対して力を注いでいない社会に適応した結果なのではないだろうか。シンガポールにおいても一人暮らしの高齢者が増加しており、親に対するケアの価値観も変化しつつあるなか、今後も家族が最優先の介護の担い手としての役割を担うことができるだろうか。

シンガポールは他の国と比較すると、GDP に占めるヘルスケアの割合がかなり低い。言い換えると、GDP が最も高い国であるにもかかわらず、国民のヘルスケアに使うお金は多くないのである。このことと関連して、保健省の Yeo Cheow Tong は、「我々の医療システムは個人責任にベースを置いており、シンガポール人は無料の保健サービスを受けることを期待しないし、快く思っていない」と述べた。このことは、シンガポールには日本のような介護保険が存在しないために、国民に否応なく家族に介護を担わせる他なかったのか、あるいは、国民が自ら望んでいないために国は国の政策として導入していないのかについては十分に考える必要がある。

シンガポールの高齢者ケアが主にインフォーマルセクターに依存しているものの、シンガポールの社会福祉の最終的な目標は高齢者本人の自立性を保つことである。近年日本においても高齢者の自立性を強調しつつ、地域包括ケアシステムなど地域中心へと政策の方向が移っている。さらに、高齢社会対策の最も代表的な介護保険制度の持続可能性が問われている現在、シンガポールの事例から今後のコミュニティベースドの社会福祉実践を行うに当たっての示唆点があるだろう。

注

（1）Factbook Country Statistical Profiles - 2014 edition、2011 年基準である。

（2）韓国は 82.3 歳で 11 位であり、シンガポールの平均寿命は韓国より 0.8 歳高かった（2016 年基準）。

（3）家族は高齢者へのケアを担う最も基礎的なユニットであり、家族はケアの最初のラインである（Ministry of Community Development, Youth and Sports, 2006）。高齢者を含む家族へのケアにおいて家族が最優先の役割を持つ。すなわち、家族が福祉の最前線になる。家族が力でケアができない場合、コミュニティが役割をする。ただし、家族とコミュニティの役割は並行する場合が多いだろう。例えば、デイサービスの利用や訪問ケアなどのサービスを受けつつ、家族の支援を受けている場合が多い。家族とコミュニティから受けている支援でも解決できない場合、政府が支援を行う。これらの点を特徴としていることから、先家族後国家政策として定義する。

（4）自立できない 60 歳以上の両親の扶養を子に義務付けるものである（Maintenance of Parents Act. Chapter 167B）。その背景には、急速な高齢化により発生する多様な問題への予防やセーフティネットとしてのシステムの構築を目標に Walter Woon 教授が 1994 年提案したものにその背景を置く。

（5）その内容について簡単にみてみると、大きく①高齢者の住環境の整備、②バリアフリー社会の整備、③全てが利用できるヘルスケアと高齢者ケア、④活動的なライフスタイルと福祉が挙げられており、高齢者問題は複雑であるため、統合的で全体的なアプローチが必要であるとする。それを実現するためには、政府、コミュニティエージェンシーまたプライベートセクターが協働する必要があるとしている。

（6）主に 10 のトピックスについて議論を行っている。それは、雇用、生涯教育、高齢者ボランティア、健康、社会統合・エンゲージメント、ケアサービス、住宅、交通、公共空間（居場所）、高齢化に対する研究である。これらを実現するためのアクションプランも提示している。

（7）Special Employment Credit により、再雇用され 65 歳まで延長できる場合もある。

（8）また、シンガポールにおける医療関連政策は、手厚く整備されている。政府補助金として、シンガポールの人であれば、クラスによって補助金を受けることができる。シンガポールの病院は病室の条件により四つのタイプに分けられ、利用者は本人の所得により、部屋のタイプを選択する。メディファンドを利用する人が B2 あるいは C クラスのみ利用できることがその例である。

シンガポールにおける一般病院の病室タイプ

タイプ	部屋構成	料金
スタンダードクラス C	9 人部屋	S$35 / 1 日
スタンダードクラス B2	5 − 6 人部屋、半自動ベッド	S$75 / 1 日
スタンダードクラス B1	4 人部屋、風呂、トイレット付き、テレビ、電話、半自動ベッド食事選択可能	S$240.75 / 1 日
スタンダードクラス A1	一人部屋、風呂、トイレット付き、テレビ、電話、完全自動ベッド、食事選択可能、その他追加サービス	S$428.00 / 1 日

（9）全数 3,103 世帯を対象に行った調査研究である。

（10）その背景としては、福祉サービスの必要な人にサービスを支援するのみでは、政府への依存度が高くなり、根本的な解決にはならないことを挙げていた。

（11）その評価については、意見が分かれるが、シンガポールは過去 40 年の間、国民の健康や経済的な側面において高いレベルの現代社会になったことは事実である。シンガポールのエリートの政治家は、その成功は個人への自由を通じて達成されたと主張している。しかし、保健省は彼らの財政システムが個人の貯蓄口座であるため、選択性は保障できるが、彼または彼女らのヘルスケアは個人、すなわち自分の責任であることを指摘している。これに対して、Robert（2014）は、個人責任（権利ではない）は、シンガポールにおいて価値のあるシステムであり、展示された保健システムであると主張している（Robert. H. 2014:57）。

参考文献

Ananta, Aris & Evi Nurvidya Ariffin. (2009). Older Persons in Southeast Asia: An Emerging Asset, Singapore: Institute of Southeast Asian Studies.

Aspalter, C.（2001）. *Different Worlds of Welfare Capitalism: Australia*, the United States, the United Kingdom, Sweden, Germany, Italy, Hong Kong and Singapore. Discussion Paper No.80.

Angelique Chan, Truls Ostbye, Rahul Malhotra, Athel J. Hu. Duke-NUS Graduate Medical School, National University of Singapore, Duke University. (2014). The Survey on Informal Caregiving.

Brenda S. A. Yeoh PhD & Shirlena Huang PhD. (1996). Ties That Bind : State Policy and Migrant Female Domestic Helpers in Singapore. Geoforum（27）. pp. 479-493.

――――, (2010). *Foreign Domestic Worker and Home-based for Elders in Singapore*. Journal of Aging & Social Policy（22）. pp.69-88

Chia Siow Yue, (2008), *"Demographic Change and International Labour Mobility in Southeast Asia: Issues, Policies and Implications for Cooperation"*, in Graeme Hugo and Soogil Young（eds）, Labour Mobility in the Asia-Pacific Region: Dynamics, Issues and a New APEC Agenda, Singapore: Institute of Southeast Asian Studies.

Chan, D. (2002), *Attitudes on Family: Survey on Social Attitudes of Singaporeans,* Singapore: Ministry of Community Development and Sports.

Cheng, S. H. (1984). *Changing Labour Force of Singapore.* Council for Asia Manpower Studies Discussion Paper Series no. 84-04. Philippines : University of Philippines.

Chia Ngee Choon. (2010). Social Protection in Singapore : Targeted Welfare and Asset-based Social Security. ERIA Research Project Report. (2009) (9). pp. 90-123.

Committee on Aging Issues (CAI), 2006 Report on the Ageing Population.

Da Chunha, D. (ed). (1994). Debating Singapore -reflective essays. Singapore:Institute of Southeast Asian Studies. pp. 9-14, 22-34, 51-64.

Department of Statistics Singapore (DOS), 2000 Singapore Census of Population.

———, Source for year 2000 and before : Key indicators on Gender.

———, 2011 Population Trends 2011. Singapore: Department of Statistics.

———, Yearbook of Statistics Singapore. 2000-2015.

———, 2015 Population in Brief

David Chan. 2015. 50 Years of Social Issues in Singapore. World Scientific. "Social Challenges in Singapore's Healthcare System", "Foreign Domestic Workers in Singapore: A Neglected Social Issue?"

David Reisman. (2009). *Social Policy in an Ageing Society –Age and Health in Singapore-.* Edward Elgar.

Hongkong and Shanghai Bank (HSBC). (2006). The Future of Retirement.

Humanitarian Organization for Migration Economics (HOME). (2015). Home Sweet Home? Work, Life and Well-being of Foreign Domestic Workers in Singapore. Research Report (abridged version).

ILC Singapore, International Longevity Centre. (2011). A Profile of Older Men and Women in Singapore.

———. (2014). *A Profile of Older Men and Women in Singapore.*

Kang Sonn Hock. 2013. National Survey of Senior Citizens 2011.

Knodel, John and Napaporn Chayovan, 2011, "Intergenerational Family Care for and by Older People in Thailand", paper presented in Conference on Shifting Boundaries of Care Provision in Asia: Policy and Practice Changes, Asia Research Institute, National University of Singapore, 14-15 March.

Lee Hock Guan, (2008). *Ageing in Southeast and East Asia.* Institute of Southeast Asian Studies.

Mason, Andrew and Tomoko Kinugasa, (2008), "East Asian Economic Development: Two Demographic Dividends", *Journal of Asian Economics,* 19: 389-399.

Ministry of Community Development (MCD). (1999). Inter-Ministerial Committee (IMC) Report on the Ageing Population. Singapore: MCD.

Ministry of Community, Youth and Sports (MCYS). (2006). Report of the Commit- tee on Ageing Issues. Singapore: MCYS.

Ministry of Health (MOH). Ageing in Place in Singapore. 1999.

———, 1965~2014. Report on Labour Force in Singapore.

———, I Feel Young in My Singapore -Action Plan for Successful Ageing-. 2016.

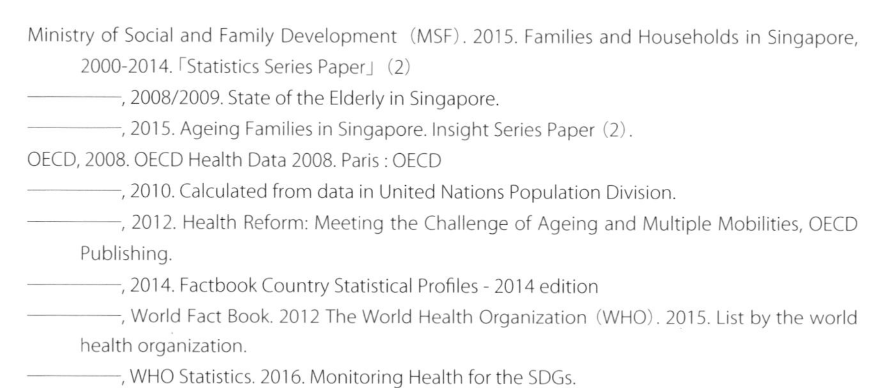

Ministry of Social and Family Development (MSF). 2015. Families and Households in Singapore, 2000-2014.「Statistics Series Paper」(2)

————, 2008/2009. State of the Elderly in Singapore.

————, 2015. Ageing Families in Singapore. Insight Series Paper (2).

OECD, 2008. OECD Health Data 2008. Paris : OECD

————, 2010. Calculated from data in United Nations Population Division.

————, 2012. Health Reform: Meeting the Challenge of Ageing and Multiple Mobilities, OECD Publishing.

————, 2014. Factbook Country Statistical Profiles - 2014 edition

————, World Fact Book. 2012 The World Health Organization (WHO). 2015. List by the world health organization.

————, WHO Statistics. 2016. Monitoring Health for the SDGs.

Østbye, T., Malhotra, R., Malhotra, C., Arambepola, C., Chan, A. (2013). Does support from Foreign Domestic Workers Decrease the Negative Impact of Informal Caregiving? Results from Singapore Survey on Informal Caregiving. The Journals of Gerontology Series B: Psychological Sciences and Social Sciences, 68, 609-621.

Panel on Health and Aging of Singaporean Elderly (PHASE). 2011.

Phua KH, Financing Health and Long Term Care for Ageing Populations in the Asia-Pacific Region, Ageing in the Asia-Pacific Region, Philips D (ed.): 93-112, Routledge, London, 2000

Tan Ngoh Tiong & Kalyani K Mehta. 2002. Extending Frontiers. S. Vasoo. New Directions of Community Development in Singapore, S. Vasoo & Rosaleen Ow. Impact of Social Policy on the Family.

Tan Poh Noi. Hospital & Community Resources, Financial Policies & Funding Schemes. Integrated Eldercare Course. The Singapore Family Physician (37). 2011

Thang Leng Leng, 2014. Living Independently, Living Well : Seniors Living in Housing and Development Board Studio Apartments in Singapore. Senri Ethnological Studies (87). pp, 59-78.

United Nations Population Division, 2010, World Population Prospects: the 2010 Revision, New York: United Nations.

8章
タイ
――高齢化とコミュニティ・ベース高齢者ケア

ウォーラウェーット・スワンラダー
(Worawet Suwanrada)

1　少子高齢化のなかのタイ

タイはすでに高齢化社会に移行している。

近年、高齢化率は著しく上昇してきたが、その背景には合計特殊出生率が 1.5 ～ 1.6 の水準まで低下したことがある。国家経済社会開発委員会（National Economic and Social Development Board, NESDB）の人口予測では、このような状況は今後も続く見通しであり、高齢者人口（60 歳以上）一人当たりの生産年齢人口は現在約 4 人であるが、約 25 年後には 2 人を下回るとしている。

これまで老後の親の面倒は子どもがみるという親孝行を大事にするタイ社会にとって、このような少子化による高齢化は社会の不安感を高める問題になっている。このままでは、子どもがいない高齢者や、子どもが少ない高齢者が増えていくことが予想され、従来の家族による高齢者ケアが十分機能するのかは不明である。そうでない場合、その補完機能は市場が担うのか、それとも政府が担うのか。それとも、家族の代行あるいは補完をする中間的な組織が対応するのか。高齢者ケアが今後どのような方向に向かっていくのかは、タイの大きな課題になりつつある。

本稿では、まずタイのこれまでの人口構成の変化と今後の推移について述べ、その後、タイの高齢者ケアの現状と全体像を示す。次に、コミュニティ・ベース高齢者ケアについて紹介し、最後に今後の課題について述べる。

2　人口構成の変化と今後の推移

まず、タイのこれまでの高齢者人口つまり60歳以上の人口の全人口に対する割合（高齢化率）を、10年ごとに実施されてきた人口センサスから確認しておこう。1960年において高齢化率はわずか4.6％であった。20年後の1980年も5.5％にまでしか上昇していない。しかし、1980年代以降、高齢化率は急速に上昇した。1990年に7.4％、2010年には13.2％に上昇した。2015年現在、高齢者人口は約1,000万人に達し、高齢化率は約16％に上昇している。

今後タイの人口はどのように推移するのか。国家経済社会開発委員会の人口予測では、高齢者人口は引き続き増加し、2040年には全人口の3分の1を占める。それと同時に、年少人口（0～14歳人口）と生産年齢人口（15～59歳人口）は、数・比率とも減少傾向をたどる。これは、タイ社会が本格的に高齢社会に突入することを示すものである。増加していく高齢者人口を年齢別にみると、中期高齢者（70～79歳人口）と後期高齢者（80歳以上人口）が目立って増加していく。今後、所得保障および介護などの高齢者関連の社会保障制度が大きな課題になることは想像に難くない。

このような人口構成の変化の原因は何なのか。まず、タイ人の平均寿命が年々少しずつ上昇してきたことがあげられる。しかし、主たる原因は合計特殊出生率の継続的な低下にある。**図表8-1**は、1970年代から現在にかけての合計特殊出生率の推移と、今後の予測値を示したものである。タイの合計特殊出生率は、1970年にはまだ高水準にあったが、1980年代に急速に低下しはじめた。これはタイ政府の人口政策によるところが大きい。1970年代後半に実施した第3次国家経済社会開発計画のなかに、人口政策をはじめて取り込んだ。この人口政策の主な内容は家族計画であり、この家族計画は、「子どもの数が多いほど家族の一人当たり利用可能な資源が少なくなる」という危機感の下で大々的に推進されてきた。ただし、合計特殊出生率は引き続き低下傾向にあること、現在のような低水準にあることの理由については諸説があり、まだ実証的に解明されていない。

図表8-2は、高齢者人口一人当たりの生産年齢人口の推移を示したものである。NESDBの人口推計では、2010年には高齢者人口一人当たりの生産

図表 8-1　タイにおける合計特殊出生率の推移

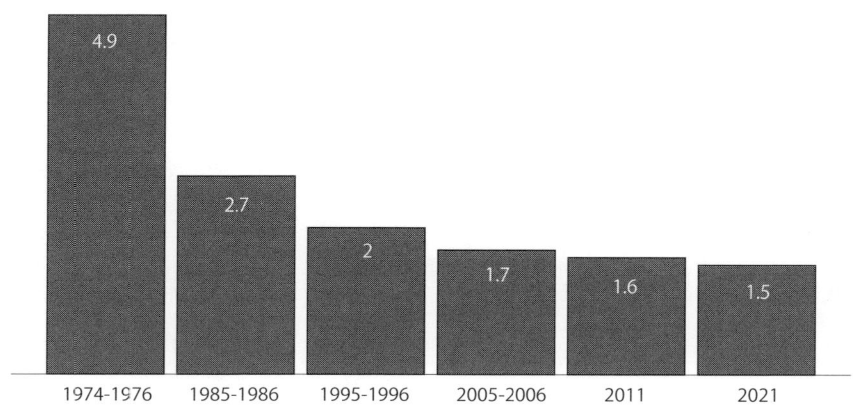

（資料）FGRI（2012）, The Situation of Thai Elderly 2011 と National Economic and Social Development Board, Population Projection in Thailand: 2010-2040

図表 8-2　タイの高齢者人口一人当たりの生産年齢人口の推移

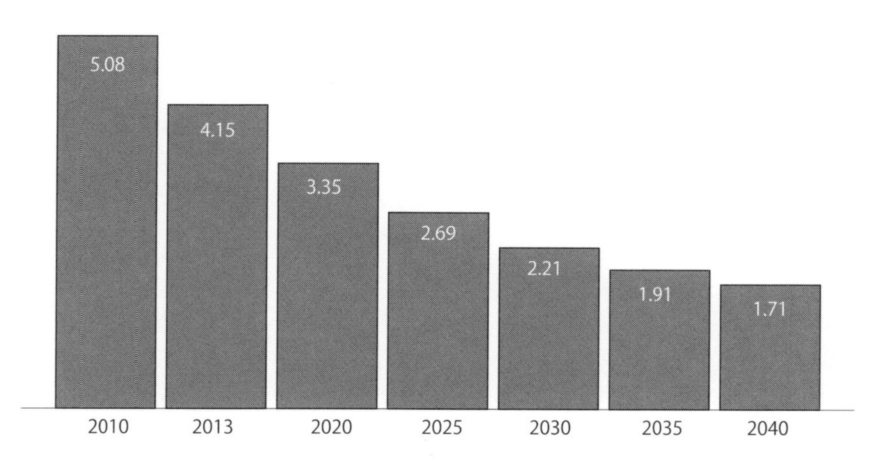

（資料）National Economic and Social Development Board , Population Projection in Thailand: 2010-2040, calculated by the author

年齢人口は5.08人であったのに対して、2030年には2.21人に、2040年には二人を下回り、1.71人にまで減少する見込みである。

このような急激な人口構成の変化は、タイ社会にとってどのようなインプリケーションを持つのだろうか。高齢社会対策を考える際に、もっとも重要なのは、世代間の資源再配分がマクロ的に深刻かつ困難になることである。現在において、タイの高齢社会対策は国費を主たる財源とした福祉プログラムに依存している。たとえば、国家公務員年金制度、地方公務員年金制度、公務員医療費保障制度、高齢者手当、国民皆医療保障制度などがそれである。今後の人口構成の変化を踏まえれば、前述の諸制度の財政を支える負担は急増し、生産年齢人口の負担は急速に高まることが予想される。

3　少子高齢化と高齢者ケア

タイ社会では、子ども・家族による高齢者ケアは従来の良き伝統である。それに加えて、第2次タイ国高齢者計画2002-2021（The Second National Plan on Older Persons in Thailand 2002-2021）の基本的なビジョンとして、高齢者がなんらかの理由で困難な状態に陥った場合、一方的に政府に依存することなく、家族ケア、コミュニティ・ケア、そして社会的ケアも視野にいれている。それは、以下のように明確に文章化されている（Suwanrada et. Al. 2014：13）。

"…The elderly are individuals who have value for society and their value should be promoted for as long as possible. But in case they fall into a condition where they must depend on others, families and community must be first in providing support in order to allow older people to prosper and stay in the community. Government benefits should be in the form of a support system in order to provide for security to the elderly and stability of society…"

タイでは、家族による高齢者ケアの環境は厳しくなっている。

Buathong and Suwanrada（2012）は、タイの1990年から2009年までの社会経済調査（Socio-economic Surveys）を用いて世帯構成の変化を整理し、その間に高齢者世帯の比率が上昇するだけでなく、一人暮らしの高齢者や高齢者二人で構成される世帯がともに増加していることを指摘している。また、Foundation of Gerontology Research and Development Institute（FGRI）は、2014年版の高齢者実態報告書のなかで、タイ社会において世帯の規模が徐々に縮小してきたこと、高齢者世帯が増加するなかで寝たきりの高齢者と、寝たきりの状況には陥っていないものの社会参加に積極的でない高齢者が全体の約2割に達しているという厳しい現状を報告している。このような点に配慮すると、タイでは、少子高齢化が加速度的に進むなかで、家族による高齢者ケアは十分機能するかという懸念がある。

他方、ケア・ダイヤモンドモデル（Ochiai 2009）に基づけば、家族以外にも高齢者ケアに関わる主体として市場、政府、そして非営利団体またはコミュニティがあげられる。ケア・ダイヤモンドモデルを考慮すれば、現在のタイにおいては、家族以外のケアとして、どのようなサポートシステムが存在するのかを考える必要がある。タイの現状は、まさに日本が介護保険制度を導入した時点に似ている。

実際に、タイでは、恵まれていない高齢者には、県単位の地方自治体であるProvincial Administrative Organizations所管、もしくは社会開発人間安全保障省所管の公的施設の入所が可能である。現在、全国のこれらの施設で3,000人程度の高齢者の受け入れが可能である。また、公的施設のみならず、宗教団体、公益法人などの非政府組織が運営する老人介護施設も存在する。いずれにしても、これらの施設の主な対象者は社会的または経済的に恵まれていない高齢者である。

他方、特に経済的に余裕のある高齢者の場合には、家族ケア以外にも、サービスが必要なときには、民営介護支援施設または高齢者介護の病棟のある私立病院の利用、さらには人材派遣センターから住み込みのヘルパーの活用というように、高齢者介護市場からサービスを購入する選択肢がある。

これに対して、中間所得層（ミドルクラス）の世帯は、高齢者介護に家族以外の助けが必要になったときに、市場から介護サービスの購入は困難である。たとえば、人材派遣センターから住み込みのヘルパーの派遣の場合、1か月当たりの費用は、最低でも1万5,000バーツ（約5万円）である。政府が運営する公的施設での高齢者ケアの場合も高額である。Suwanrada, Sasat, Witvorapong and Kamruangrit（2015）の推計では、公的施設での要介護度がかなり高い高齢者のケアの1か月当たりの費用は、1万3,350～1万3,830バーツであり、前述のヘルパー派遣とほぼ同額である。

この高齢者介護の市場価格と公的費用はどのぐらいの水準かを大まかに評価するために、一人当たりGDPと比較してみよう。現在のタイの一人当たりGDPが約20万8,800バーツ（約5,800ドル）であるから、一人の高齢者の高齢者介護の市場価格と公的費用は、一人当たりGDPの約75～80%に相当する。中間所得層に属する世帯の場合には、相当の貯蓄あるいはキャッシュフローがないと、介護サービス市場の利用は難しい。

4 コミュニティ・ベース高齢者ケアの構想

では、中間所得世帯のために、高齢者介護の制度設計はどのようにすれば良いのだろうか。それに対する動きの一つとして、Community-based Elderly Care System（以下に、コミュニティ・ベース高齢者ケア）の形成と推進がある。この制度の下で、家族ケアあるいは在宅ケアをベースにして、地方自治体、コミュニティ・レベルにある中央政府の出先機関（Sub-district Health Promotion Hospital、日本の保健所に相当する）とコミュニティ・メンバーが一緒になって家庭訪問、ホームケアなどのような介護の基礎的なサービスを高齢者に提供している。その財源は、主に国と地方自治体によって賄われている。

マクロ的には、前述した人口構成の変化と中間所得層の世帯に関する介護の公的なサポートの不備などを背景に、コミュニティ・ベース高齢者ケアは最近になって推進されるようになった。

ただし、タイの各地にコミュニティ・ベース高齢者ケアが誕生したきっかけは、さまざまである。

Suwanrada, Pothisiri, Prachuabmoh, Siriboon, Bangkaew and Milintangkul (2014)（以下、Suwanrada et.al. 2014）は、コミュニティ・ベース高齢者ケアが進んでいる各地方（北部、東北部、南部と中部地方）のそれぞれ2か所のコミュニティで現地調査を行い、コミュニティ・ベース高齢者ケアが誕生したきっかけについて、三つのケースを示している。

第1には、コミュニティのイニシアティブによって、コミュニティ・ベース高齢者ケアシステムが形成されるケースである。たとえば、地域メンバーの相互扶助の習慣、とくに恵まれていない世帯に対する支援が従来から行われてきたが、高齢者ケアはその延長線上としてとらえられている。また、コミュニティ内の僧侶が先進的な発想を持ち高齢者ケアのためにお寺の資源の一部を効率的に活用する場合も少なくない。2008年に高齢者間の助け合い運動である「Friends Helping Friends」がスタートし、社会参加をあまり好まない、あるいは寝たきりになった高齢者の自宅訪問などに専念する高齢者クラブの積極的な活動が目立つようになった。

第2には、コミュニティと政府機関が当初から協力してコミュニティ・ベース高齢者ケアシステムを形成させるケースである。2000年代に設立された保健省や社会開発人間安全保障省などの高齢者ケアに関わる省庁の主導によって、さまざまな地域レベルのスキームが設立された。たとえば、2003年に村落健康促進ボランティアと高齢者ケアボランティアスキームや2006年に設立された「Sub-district Health Fund」などがある。これらのシステムをベースに、コミュニティと公的機関が一緒になって、介護を必要とする高齢者とその家族への介護サービスが提供されるようになった。

第3には、市あるいはDistrictレベルの公的病院（いわゆる、District Hospitalまたは、Community Hospital）の長が先進的な発想を持つケースであり、その主導権を活かし、市内の基礎自治体とコミュニティ内の他の主体と連携しながら、要介護高齢者に対する介護サービスを提供するケースである。

以上のように、コミュニティ・ベース高齢者ケアシステムは、関わる主体、高齢者と家族に提供されるサービスの範囲、財源など、コミュニティによって異なるが、Suwanrada et al.（2014）は、以下のような共通点を指摘している。

第1には、コミュニティ・ベース高齢者ケアシステムが三つの主体によって構成されていること。それは、コミュニティ、基礎自治体（MunicipalityかSub-district Administrative Organization）と中央政府の出先機関（Sub-district Health Promotion Hospital［保健所の前身］、District Hospital、［その他の出先機関］）である。

第2には、コミュニティ・ベース高齢者ケアシステムが提供するサービスの範囲が、ヘルスケア、ソーシャルケア、精神的なケア、経済社会的なサポート、住居環境など広範囲であること。ただし、特定のシステムのなかで提供されるサービスの範囲はどのぐらいの広がりをもつかは、協力体制の範囲による。たとえば、コミュニティ・ベース高齢者ケアシステムのなかに、Sub-district Health Promotion Hospital しかなく、District Hospital が入っていない場合には、寝たきりの高齢者に対して家庭訪問し、本格的なリハビリテーションを行うことができず、ボランティアによる古式マッサージしか提供できないというように、医療専門家による高度な介護サービスが提供できない。

Suwanrada et.al.（2014）の現地調査によれば、協力体制がもっとも狭い範囲、つまり、コミュニティ、基礎自治体と Sub-district Health Promotion Hospital の連携の下では、次のようなサービスが提供されている。たとえば、高齢者クラブの場合には、パトロールサービス、家庭訪問、相談役、情報伝播、寺院の僧侶の場合には、家庭訪問、寝室托鉢（たくはつ）、末期の迎え方など精神的なケアが提供され、高齢者ケア・ボランティアの場合には、家庭訪問、食事、シャワー、薬、居住環境、運動などの一般生活関係事項に関する相談役とその手伝い、コミュニティの諸イベント、寺院へ連れていくなどの社会参加のサポート、基礎自治体の場合には、社会参加促進活動、レクリエーション、運動促進活動のセッティングが提供されている。Sub-district Health Promotion Hospital の場合には、健康ボランティア派遣、基礎的な医療サービス、基礎的なリハビリテーション、健康関係事項に関する相談役のようなものがある。もしも、前述した主体以外のものが、当該システムと連携できれば、介護関係サービスの供給の水準と範囲はもっと高度かつ広くなるだろう。たとえば、Community Hospital、Provincial Hospital の場合、長期的なケア、Nursing Care、Rehabilitation、コミュニティ・レベルのボランティアのトレーニング、その他の場合、住居環境のリフォームの補助、法律相談などがあげられる。

第３には、前述したコミュニティ・ベース高齢者ケアシステムの協力者の大半は、公的機関であることである。そのため財源のほとんどは公費である。しかしながら、2006 年には、いわゆる「Sub-district Health Fund」（以下、地域健康増進基金）システムが設立され、2011 年の段階に評価基準を達した全国の自治体に展開された。この地域健康増進基金が設立された主な狙いは、地域コミュニティの市民の健康増進、予防推進とウェルビーイングの向上を目的とするさまざまな事業を支援することである。財源は基本的には国（厳密には、National Health Security Office、NHSO）、基礎自治体とコミュニティによるものとされる。NHSOの負担分は、National Health Security Committeeによって設定される。現在では、人口一人当たりのその負担分は年間45THB（約150円）になっている。基礎自治体の負担分は、規模によって決まり、30～60％の範囲に収まっている。この基金は、各地域の主要メンバーからなる地域健康増進基金委員会によって運営されている。委員会の主なメンバーは、顧問（Community Hospitalの院長、市の保険局長）、自治体の長（首座）、地域コミュニティの専門家（二人）、自治体の議員（二人）、地域内のSub-district Health Promotion Hospitalsの長、村健康促進ボランティア（二人）、村・コミュニティ代表者、National Health Security Officeの地域事務所の代表、地方自治体の事務次官である。この基金の設立により、高齢者ケア関連の事業の財源問題が解消され、コミュニティ・ベース高齢者ケアシステムの形成が促進されるようになった。

前述したコミュニティ・ベース高齢者ケアシステムは**図表8-3**のような仕組みになっている。

図表8-3　タイにおけるコミュニティ・ベース高齢者ケアの全体像

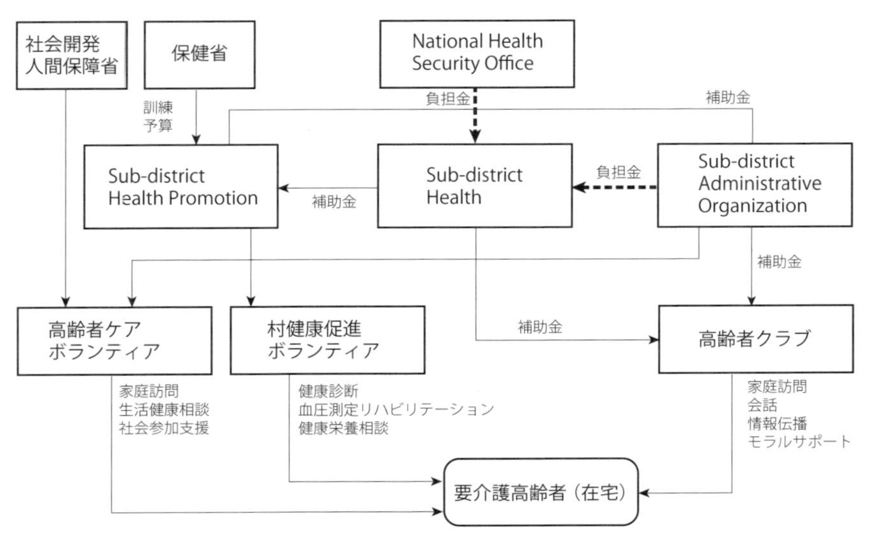

（資料）この図は、Suwanrada W., Pothisiri W., Prachuabmoh V., Siriboon S., Bangkaew B. and C. Milintangul（2014）の図4.1を加工したものである

5　コミュニティ・ベース高齢者ケアの課題

コミュニティ・ベースによる高齢者ケアシステムは、基本的に人間と人間とのつながりが強い農村地域あるいは小規模の都市部では比較的形成されやすい。Suwanrada et.al.（2014）が指摘するように、コミュニティのリーダーシップを発揮できる人材がシステムの存続の必要条件にもなっているからである。

しかし、近年都市化が進むなかで、その人口流出と流入にどのように対処をするか、介護サービスのプロバイダーを十分確保できるかなど、コミュニティ・ケアには課題が多く残されている。加えて、コミュニティ・ベース高齢者ケアシステムを適用しにくい都市部の高齢者介護にどう対処するのかという問題も残されている。

このように、少子高齢化のスピードが非常に速いタイ社会にとって、高齢者介護の行方は楽観できない、チャレンジングな政策課題であることは疑いない。

参考文献

Buathong T. and W. Suwanrada（2012）, *Age Composition of Households and Consumption Patterns in Thailand*, Journal of Humanities and Social Sciences（Ubon Ratchatani University）Vol. 4（2）, 26-44.

Foundation of Gerontology Research and Development Institute（2012）, *Report of Thai Gerontology 2013*, Bangkok.

Foundation of Gerontology Research and Development Institute（2015）, *Report of Thai Gerontology 2014*, Bangkok.

Knodel J., Teerawichitchainan B., Prachuabmoh V. and W. Pothisiri（2015）, *The Situation of Thailand's Older Population: An Update based on the 2014 Survey of Older Persons in Thailand*, Help Age International, Thailand.

National Economic and Social Development Board（2012）, *Population Projection in Thailand: 2010-2040*, Bangkok.

Ochiai Emiko（2009）, *Care Diamonds and Welfare Regimes in East and South-East Asian Societies: Bridging Family and Welfare Sociology*, International Journal of Sociology Vol. 18（1）, 60-78.

Suwanrada W.（2009）, *Poverty and Financial Security of the Elderly in Thailand*, Ageing International

Vol. 33 (1-4), 50-61.

Suwanrada W., Pothisiri W., Prachuabmoh V., Siriboon S., Bangkaew B. and C. Milintangul (2014), *Community-based Integrated Approach for Older Persons' Long-term Care in Thailand,* Research Report Submitted to Toyota Foundation, College of Population Studies, Chulalongkorn University, Bangkok.（ダウンロード可能：https://www.toyotafound.or.jp/english/topics/topics03/2015-0305-1508-6.html）

Suwanrada W., Sasat S., Witvorapong N. and S. Kumruangrit (2015), *The Cost of Institutional Long Term Care for Older Persons: a Case Study of Thammapakorn Social Welfare Development Center for Older Persons, Chiang Mai Province*, Journal of Health System Research Vol 10 (2), April-June 2015, 152-166.

9章

ベトナム

——家族が支える高齢者扶養のゆくえ

坂田 正三

1 注目されつつある高齢化問題

1986年から、「ドイモイ」（刷新）という名の下に、市場経済化路線を歩んできたベトナムでは、経済成長にともない家族をめぐる状況も大きく変化した。ベトナムでは、伝統的に家族、特に世帯の長男が高齢者を扶養することが一般的であるとされるが、1990年代の研究では、経済自由化に伴う生産年齢人口の都市への移動の増加が伝統的な世代間の結びつきを弱めていると論じられた（Goody 1996）。一方で、計画経済時代の国家による社会保障制度が破綻し、高齢者や障害者を支える単位としての家族、特に子どもの役割がより重要になったという研究結果もある（Bui The Cuong et al. 2000、Knodel et al. 1998）。

現在はまだ若年人口が多いベトナムであるが、他の東アジア諸国と同様、少子高齢化の兆しは見え始めている（坂田 2015a）。将来誰が高齢者を支えていくのかという問題は、遠くない将来の課題である。世界銀行の主導のもとに各国の援助機関とベトナム人有識者らが編纂し、政府への政策提言書として2016年に刊行された「ベトナム2035」という報告書では、社会の急速な高齢化に対する危機感が認識され、高齢者に対する社会保障制度の拡充、特に老齢年金のカバー率の向上が2035年までの重要な課題の一つとして挙げられている（World Bank and MPI 2016: 330）。

将来起こるであろう高齢化問題の解決の糸口を探るためにも、現在足元で起きている状況と変化に注目する必要がある。本稿は、家族により高齢者を支えるという伝統的な仕組みが、本格的な高度経済成長期に入った2000年代のベトナムで、どのように機能しているのかを探っていくことを目的としている。具体的には、高齢者とその子ども世代の同居の状況と、同居していない子どもからの送金による経済的な支援の状況、そしてその変化についてみていく。

2　人口動態と高齢化

ベトナムが日系企業の進出先、あるいは新たな観光スポットとして注目を浴びるようになったころから、縫製工場で働く若い女性たちや、幼い子どもを抱きかかえて家族３～４人でバイクにまたがる姿がテレビでもたびたび映し出され、ベトナムは「若くて活気のある国」としてその魅力が強調されてきた。事実、直近の人口センサスが実施された2009年には、人口の半分以上（54%）が30歳以下であった。

ところが、ベトナムが若い国として注目を浴びるようになった2000年代には、すでに少子化は進行していた。経済構造の変化に加え、海外の援助機関の支援による家族計画プログラムが1990年代半ばから大規模に開始されたことにより、1990年代後半から、子どもの数が急速に減少する。1994～2009年生まれの（2009年人口センサス時点で）15歳未満の人口は15～30歳人口より400万人も少ない。合計特殊出生率は1999年の2.33から2009年には2.03にまで低下している。

一方、今のところ、ベトナムの高齢者の人口比は高いとはいえないレベルにとどまっている。ベトナムでは、公務員などの定年退職年齢が男性60歳、女性55歳であることから、本稿では便宜上60歳以上を高齢者とするが、2009年人口センサス時の60歳以上人口比率は8.7%であり、これは国連の推計によるアジア全体の60歳以上人口比率（10.1%：2010年）より低い[(1)]。

図表9-1は、60歳代、70歳代、80歳以上、都市農村別、男女別にみた高齢者のプロフィールである。農村部の60歳以上人口の比率は9.0%と、都市部の8.1%を上回っており、都市の方が若年層の割合が多い。若年層を受容する労働市場が都市部で大きいことが要因であり、これはどの国でも観察される現象であろう。高齢者の男女のアンバランスが目立つが、これは1940～1970年代の長期にわたる戦争の影響で、兵士として命を奪われた

図表 9-1　農村・都市別の高齢者数、人口比と女性比率

	60～69歳	70～79歳	80歳以上
全国			
人口	3,492,626	2,611,431	1,348,690
人口比	4.1%	3.0%	1.6%
女性比率	57%	60%	67%
都市部			
人口	1,043,917	684,331	323,182
人口比	4.1%	2.7%	1.3%
女性比率	56%	59%	65%
農村部			
人口	2,448,709	1,927,100	1,025,508
人口比	4.1%	3.2%	1.7%
女性比率	43%	60%	67%

（資料）GSO（2010）より筆者作成

男性の数が多かったことに起因するものである。

しかし、高齢化社会が訪れるのはさほど遠い未来の話ではない。ベトナム戦争終結（1975年）以降、特に1980年代に入りベトナムでは出生数が急増するが、このベビーブーム世代が、2030年代後半から大量に高齢者の仲間入りをするからである。国連の推計によると、2035年には60歳以上人口が20.1%となり、この時点でアジア平均（19.2%）を超えてしまう。さらに、2055年にこの比率は30%を超える（30.1%）。その頃には、急速に少子化が進んだ1990年代生まれ以降の世代が、増加する高齢者を支えていかなければならないことになる。

3　高齢者に対する公的支援

1986年まで続いた計画経済時代には、「バオカップ」（bao cap：国家丸抱え）と呼ばれる社会保障スキームがあり、その中には、退職した国家公務員と国営企業の従業員に対する老齢年金があった。ドイモイ開始後、教育や医療に関しては、国家丸抱えの体制は廃され、「社会化」と称する受益者負担原則が適用されたが、老齢年金は、その給付金額や給付対象が限定されながらも残ることとなった。

2006年には「社会保険法」が公布され、老齢年金が死亡手当，疾病手当，妊娠・出産手当，労働災害・職業病手当を含む包括的な「ベトナム社会保険」スキームの一部と位置付けられた。公務員や国営企業の従業員だけでな

く、民間企業や外資企業の従業員であっても、3か月以上の長期雇用契約を結んでいれば保険の強制加入の対象となった。2014年の社会保険法の改正以降は、1か月の雇用契約から加入可能となり、企業からの貢献分がない個人加入の形での社会保険の加入も可能になった（2016年1月より実施）。老齢年金は20年以上（2014年改正法から15年以上となる）の年金積み立てにより、給付を受けることができる。

しかし、現在の高齢者の大多数は農業に従事していた者である。非農業分野においても、「個人基礎」と呼ばれる小規模な自営業者やそこで働く被雇用者がほとんどであり、多くの高齢者は公的な老齢年金の給付対象外となっている。傷痍軍人に対する手当てや、貧困層に対する補助はあるものの、高齢者に対する国家からの支援は十分に行き届いているとはいえない。本稿でも用いる大規模家計調査VHLSS（後述）の2012年データによれば、老齢年金を受給している高齢者は16.6％にとどまっており、しかもそのうちの77.1％は都市の居住者である。

しかも、このベトナム社会保険スキームは、企業の加盟率が低く、早くも破綻の危機がささやかれている。ベトナム商工会議所の報告書によれば、社会保険料を規定通り支払っている企業は全体の半分に過ぎず、ILO（国際労働機関）は、このままでは2034年には社会保険基金が枯渇すると警告している。最も大きく影響を受けるのは、老齢年金であろう。このため、公務員の退職年齢の引き上げ（男性62歳、女性60歳）も議論され始めている。

4　高齢者の家族構成の実態

このように、高齢者に対する公的支援が不十分ななかで、家族による支えは不可欠のものとなっている。ここではまず、子ども世代が同居という形で経済的、社会的に支える仕組みがどのような状況になっているかについてみていく。本稿では高齢者の居住と生活状況に関する定量的なデータの分析を行うが、参考とするのは、1990年代後半の高齢者の居住状況を分析したマガリ・バルビエリの研究（Barbieri 2009）である。この研究は、ベトナム統計総局により定期的に実施されている大規模家計調査Vietnam Living Standards Survey（VLSS）の1997～1998年調査の結果を分析したものである。同研究は、1990年代後半時点で、主に移住などの人口移動に伴い、子どもと同居する高齢者が減少し、かわりに、子どもからの送金が高齢者を支える重要な手段となりつつある点を指摘している。本稿では、VHLSS（2002 年から調査名に "H" が入っている[(2)]）の 2012 年調査結果の分析を通して、バルビエリの研究から約 15 年後に、状況がどのように変化しているのかについて考察する。

本稿で用いるのは VHLSS2012 年調査のマイクロデータ（サンプル数 3 万 6,655 人）である[(3)]。VHLSS については、主に都市部におけるサンプルバイアスの問題が指摘されているが（Pincus and Sender 2008[(4)]）、VHLSS はサンプルサイズの大きさと所得や職業に関するデータがある点で優れている。また、結婚や就業などで独立あるいは別居している家族に関する情報も収集されており、本研究の目的に合致したデータが得られる。なお、2012 年 VHLSS データの中の 60 歳以上の高齢者のサンプル数は 3,978 人（全体の 10.9%）であった。

まず、60 歳以上の高齢者の配偶者の有無、子どもの有無、子どもとの同居（過去 12 か月以上）の有無について示したものが**図表 9-2** である。子どもと同居している高齢者の割合は、全体の半数以上となる 64.9%であった。一方、表には示していないが、子どもや親族などとも同居していない独居の高齢者は 7.2%存在する。また、子どもとは同居していないが配偶者や子ども以外の親族と同居している高齢者は全体の 3 割弱（27.9%）いる。このなかには、孫のみと同居という高齢者も 4.3%（170 人）いる。自分の子どもと死別している場合もあるかもしれないが、多くは子ども（夫婦）が就労のために都市部や海外に移動し、孫を預かっているというケースであろう。人口移動の増加がもたらした新たな高齢者の居住形態の傾向である。今後海外への出稼ぎの機会が増えてくれば、このような居住形態も増加していくことであろう。

図表 9-2　VHLSS2012 の高齢者のプロフィール

（単位：%）

	子どもあり		子どもなし
	同居あり	同居なし	
配偶者あり	36.6	14.2	10.1
配偶者なし	28.3	4.9	6.0

（資料）VHL2012 年データより筆者作成

図表 9-3　高齢者の同居比率の割合：1998 年と 2012 年の比率

（単位：%）

年齢	60-69 歳	70-79 歳	80 歳以上
1998 年	79.9	60.9	58.1
2012 年	77.5	72.9	83.8

（資料）1998 年は Barbieri（2009）p.148 より、2012 年は VHLSS データより筆者作成

なお、未婚、離別、死別などの理由で配偶者のいない高齢者は、高齢者全体の39.2%いる。そのうちの84.9%が女性である。この大きな女性の比率も、戦争による配偶者の死別がその主な要因である。

次に、高齢者の居住の状況をBarbieri（2009）に示された1998年時点の状況と比較する。2012年時点で子どものいる高齢者（高齢者全体の84.9%）のなかで、子どもと同居している割合は、77.3%であった。世代ごとの同居比率は**図表9-3**の通りである。1998年時点の割合より、60歳代ではわずかながら低下しているが、70歳以上の高齢者では、その割合は大きく上昇している。経済発展と都市化、生活スタイルの近代化（西欧化）が進めば核家族化が進行し、子ども世帯と暮らす高齢者が減少すると予想されるが、VHLSS2012年調査の結果はこの予想を裏切る結果となっている。

この結果に対してはいくつかの説明が可能であろう。まず、2000年代は急速に経済発展が進み、貧困が大幅に削減された時期であり、子ども世代に親を養う経済的余裕ができたという説明が可能である[(5)]。次に、農村人口の高止まり（2009年時点で70.4%）の影響である。バリビエリは就労による若年層の都市部への人口移動により、農村に残される高齢者が増加しているとしている。2000年代は、さらに人口移動は増加したが[(6)]、農村の非農業部門の雇用も増加し（坂田2017）、世帯内のすべての若年層が都市部へ出稼ぎに出るというケースが減っていると考えられる。

このように、その要因は複数考えられるが、子ども世代が同居という形で高齢者を支えるという慣習がまだ失われていないことを、大規模家計調査のデータは示している。ただし、データを詳しくみると、子ども世代が同居して高齢の親世代を支える状況には特定の傾向があることが分かる。次節では、居住地や親の属性と同居の傾向についてみていくこととする。

5　親の属性、環境と子どもとの同居

図表9-4は、子どもと同居している高齢者の年齢、性別、居住地域などの傾向を示したものである。子どもがいる高齢者を母数とし（サンプル数=3,340人）、親の性別、年齢層（60歳代、70歳代、80歳以上）、配偶者の有無、居住地区の区分（都市、農村）、地域差（北部、中部、南部）を説明変数として、VHLSSデータのロジット分析を行った。オッズ比が1以上であれ

図表 9-4　子どもとの同居の有無と高齢者の属性

説明変数	オッズ比
性別	
男性（参照グループ）	1.000
女性	0.9
年齢	
60 歳代（参照グループ）	1.000
70 歳代	0.652***
80 歳以上	1.048
配偶者の有無	
配偶者あり（参照グループ）	1.000
配偶者なし	2.379***
居住地区	
都市（参照グループ）	1.000
農村	2.879***
地域	
北部（参照グループ）	1.000
中部	1.641***
南部	3.235***
N=3340	
Prob > chi2=-0.000	
log likelihood=-1671	
Pseudo R2=0.0662	

（資料）VHL2012 年データより筆者作成
（注）* は 5% 水準で、** は 1% 水準で、*** は 0.1% 水準でそれぞれ有意であることを示す

ば参照（reference）グループよりその傾向が強く、1 未満であれば傾向が弱いことを示している。アスタリスクは統計的な有意差を表している。

分析から、配偶者がおらず、農村に居住している高齢者は子どもと同居している傾向が強いという結果が得られた。60 歳代に比較して、70 歳代は同居する傾向が弱い。農村に同居の傾向が強い点は、農村の方に伝統的な慣習がより強く残っているからであろう。また、都市の住居の狭小さもその要因かもしれない。中部、南部に同居の傾向が強いという地域差が生じている理由については、文化的・社会的な要因も考えられるが、住居の構造もその要因である可能性もある（北部山岳地域や紅河デルタ地域では、農村でも家屋は狭小である）。配偶者のいない高齢者が子どもと同居することについても、妥当な結果であろう。

6　非同居の子どもからの経済的支援

同居という形ではなく、就労のための移住や独立をした子ども世帯から、送金という形で高齢の親世代を支えることも、途上国では幅広く行われている慣行であろう。ベトナムでは特に、高齢者自身による現金収入獲得の機会は非常に限られており、子どもからの送金は高齢者を経済的に支える重要な手段である。先述のとおり、現在老齢年金は限られた層にしか行き届いておらず、さらに、賃金労働に就く者（6.1%）、工業・サービス部門の自営業を営む者（8.9%）もそれぞれ非常に少ない。そのため、自給的に農林水産業

図表 9-5　子どもからの送金の有無と高齢者の属性

説明変数	オッズ比
性別	
男性（参照グループ）	1.000
女性	0.933
年齢	
60 歳代（参照グループ）	1.000
70 歳代	0.654***
80 歳以上	0.404***
配偶者の有無	
配偶者あり（参照グループ）	1.000
配偶者なし	0.481***
居住地区	
都市（参照グループ）	1.000
農村	0.787
同居する子どもの有無	
子どもなし（参照グループ）	1.000
子どもあり	0.416***
老齢年金受給の有無	
年金なし（参照グループ）	1.000
年金あり	0.734*
地域	
北部（参照グループ）	1.000
中部	1.247
南部	1.077
N=3340	
Prob > chi2=0.000	
log likelihood=-1673	
Pseudo R2=0.2652	

（資料）VHL2012 年データより筆者作成
（注）* は 5％水準で、** は 1％水準で、*** は 0.1％水準でそれぞれ有意であることを示す

を続ける高齢者も少なくない（37.7％）。

ここでは、送金の有無に関する傾向をみていく。子どもがいる高齢者のなかで、同居していない子どもからの送金があるのは 42.5％であった。バルビエリの VLSS1998 年データの分析では、その割合が 20％であったことから、子どもから親への送金の重要性がさらに増していることが分かる。

ここでも同様に、子どもからの送金の有無と高齢の親の状況との関係について、ロジット分析を行った。説明変数は、親の性別、年齢層（60 歳代、70 歳代、80 歳以上）、配偶者の有無、居住地区の区分（都市、農村）、同居する子どもの有無、老齢年金受給の有無、地域差（北部、中部、南部）である（**図表 9-5**）。

送金を受ける傾向が強いのは、比較的若い 60 歳代であった。より高齢の 70 歳以上が送金を受ける傾向が低いのは、その子ども世代の年齢がすでに高くなっていることもその理由かもしれない。また、同居する子どもがいる場合は送金を受ける傾向が弱く、老齢年金を受給している高齢者も傾向は弱い。送金が同居による支援や公的な支援の補完的役割を果たしていることが示唆される。配偶者がいない高齢者は子どもからの送金を受ける傾向が弱いが、これは、先述のように（図表 9-3）、子どもとの同居という形で支えられている傾向が強いからであろう。

7　家族扶養の今後

本稿では、ベトナムで現在子ども世代がどのように高齢の親を支えているかについて、大規模家計調査結果の分析を通してみてきた。分析結果をまとめると、伝統的に主流であった同居という形で親の面倒をみることは、現在でも幅広く行われており、特に農村ではその傾向が強い、ということになる。一方、離れて暮らす子どもが送金により経済的に親を支えるケースは近年増加しており、特に同居の子どもがいない場合や年金受給がない高齢者に送金を受ける傾向が強く、送金が貧弱な公的支援を補完する役割を果たしていた。配偶者のいない高齢者は、送金ではなく、同居の形で子どもに支えられる傾向にあることも分かった。60歳代の比較的若い高齢者層は、同居の場合も送金の場合も、子どもからの支援が得られる傾向にあった。70歳代は60歳代に比べ同居の傾向は弱かったが、それでも1998年との比較では、同居比率は上昇している。今回の分析では、同居の場合の世帯所得や送金額など、金銭的な豊かさについては踏み込んで分析していないが、現在でも子どもが親の面倒を見るという伝統的な慣習は、高齢者の福祉の手段として一定の機能は果たしているといってよいであろう。

しかし、一部にこのような支援を受けられていない層がいることもたしかである。そのなかでも特に、今回用いたVHLSS2012年データのなかでは高齢者全体の7.2%を占める独居の高齢者が最も脆弱な層であると考えられる。独居高齢者の大半（82.5%）は女性である。独居高齢者の半分程度（49.0%）は子どもからの送金があるものの、年金受給者は1割にも満たず（9.1%）、経済的には厳しい状況にあることが推測される。

1998年と比較して、2012年には子どもが高齢の親と同居する率は上昇したが、今後、少子化世代である1990年代以降生まれの子どもたちが続々と労働市場に入ってくると、家族との同居の割合が減少していくことが予想される。同居よりもむしろ子どもからの送金が高齢者を支える主要な手段となってくると、子ども世代の経済格差が高齢者の暮らしの格差につながってくるだろう。そのため、公的支援制度の整備は急務であるが、現状の見通しは必ずしも明るいものではない。

代替的な方法として、地域社会による扶養の可能性も模索されていくであろう。しかし、ベトナムでは、NGOの活動は厳しく制限されている。地域レベルの社会的な活動を行う組織は、「大衆団体」とよばれるベトナム共産党の影響力の強い組織に限定されている 。これらの組織（特に婦人連合会）は、1990年代の家族計画や2000年代の貧困削減プログラムでは大きな成果を達成した（坂田2015b)。大衆団体は、プロパガンダや大衆動員型の運動（たとえば募金活動や集会の組織など）には長けているが、たとえば高齢者の多様なニーズへの対応といった具体的な活動を行う部隊としての能力は高いとはいえない。より効果的なケアができる大衆組織以外のNGOの存在を認めるか、大衆組織がその性質を変容させるか、いずれにせよ、ベトナム共産党による国家運営の姿勢にも変革が求められることとなる。

また、今回定量的な分析は行えなかったが、高齢者と同居する子ども世帯の女性の役割は大きいものと考えられる。しかし、現在の若年層の女子の割合は減少しており（0～10歳の男女比率は女子100人に対し男子109人まで拡大している)、同居による高齢者支援のあり方も見直さなければ、将来はさらに女性の負担が増すことになるであろう。それはひいては高齢者の福祉の低下にもつながる。人口構造が大きく変わろうとしている中で、高齢者を支えるあり方の質的な面での議論も今後必要となってくるであろう。

注

（1）United Nations Population Division, World Population Prospects, 2015 revision（https://esa.un.org/unpd/wpp/　2016年12月アクセス)。

（2）ベトナムでは、1992年からVLSSが実施されている。1990年代は1992-93年、1997-98年の2回実施され、第3回目の2002年からはVietnam Household Living Standards Survey: VHLSSと名称を変更して2年毎に定期的に実施されている。

（3）VHLSSは2002年調査からサンプリングの方法をかえ、パネルコンポネントも新たにしており、2002年以前と以後の調査の結果には厳密な継続性がないため、本稿における1997-98年との比較にパネルデータの分析ではない。

（4）Pincus and Sender（2008）は、VHLSSが都市部への出稼ぎ労働者などがサンプルから漏れがちであることを指摘する。これは、ベトナムの常住戸籍制度に起因するもので、居住地の移動の際に求められている新たな居住地に常住戸籍を移動していない、主にインフォーマルな雇用形態で働く労働者やその家族が、統計総局のサーベイの対象から外れてしまうという問題である。これらの層は低所得のものが多く、ベトナムの貧困の状況は過小評価されていると指摘されている。

（5）1998年と2012年を比較すると、一人当たりGDPは、361ドルから1,753ドルへと5倍以上増加し、貧困比率は37%から17%まで減少している。
（6）省をまたいで居住地を移動した人口（5年前と居住地が異なる人口）は、1999年センサス時で約200万人であったが、2009年センサス時には約340万人まで増加している（GSO 2010）。

参考文献

＜日本語文献＞

坂田正三（2015a）「ベトナム――高齢化と都市化の兆し」『アジ研ワールド・トレンド』No.238、2015年8月、32－35頁。
坂田正三（2015b）「中間組織としての農村大衆団体の変化」秋葉まり子編『ベトナム農村の組織と経済』弘前大学出版。
坂田正三（2017）『ベトナムの「専業村」――経済発展と農村工業化のダイナミズム』アジア経済研究所。

＜英語文献＞

Barbieri, Magali (2009). “Doi Moi and Older Adults: Intergenerational Support under the Strain of Reforms,” in Barbieri, Magali and Daniele Belanger（eds.）*Reconfiguring Families in Contemporary Vietnam, Stanford*, California: Stanford University Press.
Bui The Cuong, Truong Si Anh, Daniel Goodkind, John Knodel and Jed Friedman (200). “Older People in Vietnam amidst Transformations in Social Welfare Policy”, in Phillips, David R.（ed.）Aging in the Asia-Pacific Region, Issues, *Policies and Future Trends*, London and New York: Routledge.
Goody, Jack (1996). “Comparing Family Systems in Europe and Asia: Are There Different Sets of Rules?,” Population and Development Review, 22（1）: 1-20.
GSO（General Statistics Office）(2010). *The 2009 Vietnam Population and housing Census*: Major Findings, Hanoi: General Statistics Office.
Knodel, John, Jed Friedman, Truong Si Anh and Bui The Cuong (1998). “Intergenerational Exchanges in Vietnam: Family Size, Sex Composition, and the Location of Children,” Population Studies Center Research Report No. 98-430, University of Michigan.
Pincus, Jonathan and John Sender 2008. “Quantifying Poverty in Viet Nam: Who Counts?,” *Journal of Vietnamese Studies*, Vol.3, Issue 1, 108-150.
World Bank and MPI 2016. Vietnam (2035). Toward Prosperity, Creativity, Equity, and Democracy, Washington D.C., World Bank.（https://openknowledge. worldbank.org/handle/10986/23724）

10章
台湾
――介護サービスにおける外国人介護労働者[1]

小島 克久

1　超高速高齢化する台湾

台湾では、2016年8月に新しい将来人口推計（國家發展委員會「中華民國人口推估」（105～150年））が公表された。これによると、台湾の高齢化率は2016年の13.2％から2060年には38.6％にまで上昇する見通しである。高齢化の水準だけでなく、その速度も注目に値するものとなっている。台湾が高齢化社会（高齢化率7％）になったのは1993年であるが、高齢社会（高齢化率14％）になるのは2018年の見通しである。倍加年数は25年と日本（24年）とほぼ同じである。高齢化率が20％になるのは2026年であり、高齢社会になってから8年後である。この高齢化のスピードは、日本（11年）よりも速く、韓国（8年）と同じである。そのため、「超高速高齢化」は韓国だけでなく、台湾にも共通している。

このような急速な高齢化を背景に、台湾では高齢者介護制度の構築が急務である。「長期照顧十年計画」（介護サービス十年計画）の実施、「長期照顧服務法」（介護サービス法）の制定、「長期照顧保険」（介護保険）の検討などが進められてきた。ところが、台湾には多くの「外籍看護工」と呼ばれる外国人介護労働者が働いている。賃金が安く、長時間働く彼らは、台湾の介護ニーズの多くを支えると言われており、介護システムの中で不可欠な存在である。その一方で、彼らの存在が台湾の介護システムの発展を妨げるという考え方もある。

日本では外国人介護労働者の受け入れの検討が進む中、韓国とともに「超高速高齢化」が進む台湾で外国人介護労働者を大規模に受け入れた経験は、日本や韓国を含むアジアの国や地域の参考になるものと思われる。このような問題意識のもと、本章では台湾の「外籍看護工」について取り上げたいと思う。

2　台湾の介護システムと「外籍看護工」の位置

（1）介護システム

2016年時点の台湾の高齢者介護制度は、「老人福利法」（老人福祉法）や「長期照顧十年計画」（2008年から実施）に基づく税財源の仕組みであった[(2)]。**図表10-1**からその仕組みを見ると、対象者は、高齢者・55～64歳の原住民族・50～64歳の障害者で介護が必要な者などである。公的な介護サービスの利用希望者は、直轄市や県市政府（日本の都道府県・政令指定都市に相当する自治体）に要介護認定を申請する。要介護と認定されると、要介護度（軽度、中度、重度）別の限度枠の中で公的な介護サービスを利用できる。

介護サービスには在宅ケア、地域（通所）ケア、施設ケアの3種類がある。

図表10-1　台湾の介護システム（2016年現在）

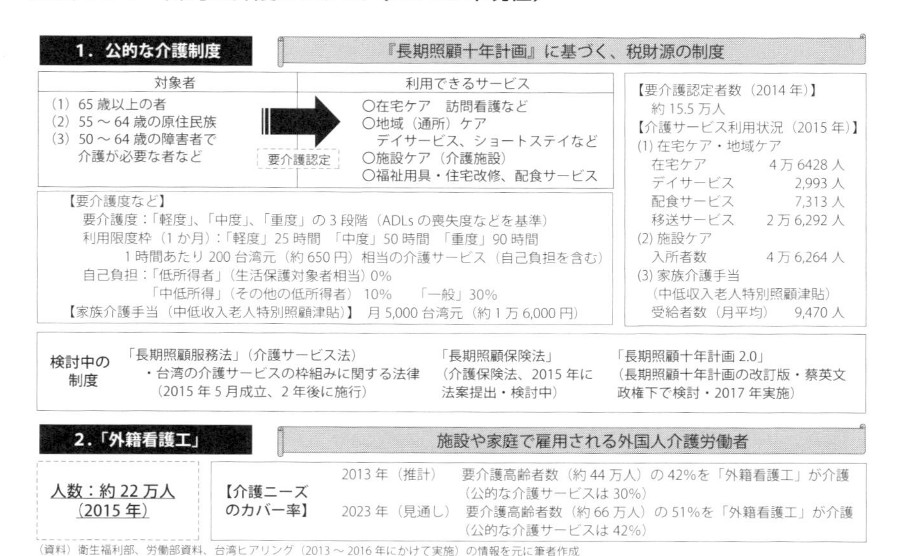

（資料）衛生福利部、労働部資料、台湾ヒアリング（2013～2016年にかけて実施）の情報を元に筆者作成

在宅ケアは訪問介護などを指し、地域（通所）ケアは通所で利用するデイケアやショートステイなどを指す。その他に、移送、配食サービス、介護手当である「中低收入老人特別照顧津貼（手当）」（重度の要介護高齢者を同居家族が介護、低所得であることなどの条件がある。月額 5,000 台湾元（約 1 万 6,000 円））などがある。介護サービス利用時の自己負担は、原則として 30％である。ただし、低所得者には減免（無料または 10％）がある。

これらの介護サービスなどの利用者数を 2015 年の衛生福利部の統計で見ると、在宅ケアは 4 万 6,428 人、施設ケアは 4 万 6,264 人である。また、配食サービス、移送サービスの利用者もそれぞれ 7,313 人、2 万 6,292 人となっている。なお、台湾では新しい介護制度の検討を進めており、2015 年には介護サービスの枠組みの法律である「長期照顧服務法」（介護サービス法）が成立し、「長期照顧保険法」（介護保険法）の法案が立法院に提出された。現在の蔡英文政権は、介護サービスの充実を図るため、「長期照顧十年計画 2.0」（長期照顧十年計画の改訂版）を 2017 年に実施した。新しい地域密着型介護サービスが一部地域で試行されている（図表 10-1）[(3)]。

(2) 介護システムのなかでの「外籍看護工」の位置

ところが、こうした公的介護システムとは別に、家庭などで雇用される「外籍看護工」が存在する。労働部の統計によると、2015 年では約 22 万人が就労している。彼らに関する詳細は後述するが、台湾の介護ニーズの多くを担うと言われている。台湾当局の推計によると、2013 年の要介護高齢者約 44 万人に対して、公的な介護システムが 30％をカバーする一方で、「外籍看護工」が 42％をカバーしている。これが 2023 年になると、約 66 万人の要介護高齢者に対して、前者が 42％、後者は 51％をカバーする見通しである[(4)]。

このように台湾の介護システムは、公的な介護システムを構築しつつある一方、「外籍看護工」にかなりの程度で依存している。近い将来もその姿は変わらず、台湾の介護システムにとって、「外籍看護工」はなくてはならない存在である（図表 10-1）。

3 「外籍看護工」の受け入れの仕組み

（1）外国人労働者の受け入れスタンス

台湾では経済発展に伴う高度人材の確保、労働力不足などを背景に、外国人労働者を1990年頃から受け入れている。その受け入れスタンスは、「台湾の人の就業機会、労働条件、台湾の経済や社会の発展を損なわない範囲での受け入れ」である[(5)]。外国人を受け入れる職種には11種類あるが、その中には、外国語教員、スポーツ選手・指導者、芸術家などの高い専門性や技術などが求められる職種がある一方、漁船の乗組員、製造業や建設業従事者などの熟練を求めないとされる職種もある。介護分野（外籍看護工）は後者に該当する。外国人労働者を受け入れる場合、受け入れ人数を当局が定める場合があるが、「外籍看護工」は対象外である。

（2）外国人労働者の受け入れスタンス

「外籍看護工」の受け入れ手続きをまとめると、**図表10-2**のとおりである（他の職種も同じような手続きである）。まず雇用主は台湾の人を対象に求人を行い、それでも人材が確保できない場合にはじめて「外籍看護工」の募集や雇用ができる。雇用主になれるのは、要介護者のいる家庭や介護事業所（グループホームを除く）である[(6)]。家庭で雇用する場合、要介護者の年齢や要介護状態に関する条件を満たす必要がある[(7)]。次に、雇用主は労働部に外国人募集許可（6か月間有効）を申請し、許可を得た後に台湾または外国で外国人を対象に求人を行う。外国から労働者を呼び寄せる場合は、当局への連絡、健康診断の受診（台湾到着後3日以内）などを経て、正式な雇用（就労）許可を得られる（台湾到着後15日以内）。雇用許可期間は最大3年であるが、延長も可能である。「外籍看護工」などの一部の職種では、最大12年までの延長が可能である。

雇用主の変更は原則として出来ないが、「外籍看護工」の場合、雇用主（要介護高齢者など）の死亡などの場合に限って、雇用主を変更できる。外国人労働者が死亡したり、行方不明になったりした場合は、後任を雇用すること

図表 10-2　台湾の「外籍看護工」（外国人介護労働者）受け入れの仕組み

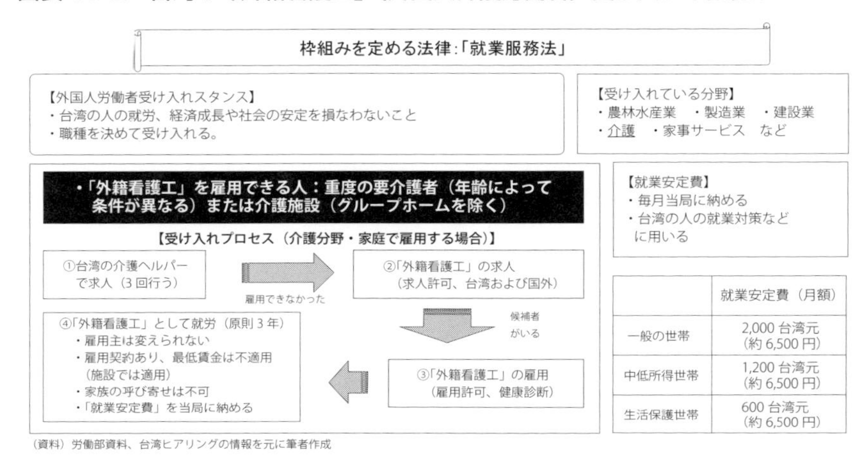

（資料）労働部資料、台湾ヒアリングの情報を元に筆者作成

ができる。その場合にも当局の許可が必要である。後任の雇用許可期間は、前任の外国人労働者と合わせて 3 年である。

また、外国人労働者の雇用主は「就業安定費」を当局に納める。これは台湾の人の就業促進、労働者福祉の向上、外国人雇用管理に関する費用に支出するための基金に繰り入れられる。その金額は、一般の世帯で「外籍看護工」を雇用する場合は、月額 2,000 台湾元（約 6,500 円）である。しかし、低所得世帯などには減免措置がある[(8)]。そして、定期的な健康診断の受診義務の他、各種の禁止規定がある（就労服務法第 57 条による）。禁止されていることの例として、許可された業務以外の仕事への従事、健康診断を受けさせないこと、暴力や脅迫を用いて仕事をさせること、パスポートや現金、雇用許可証などを取り上げること、などである（**図表 10-2**）。

4　台湾の「外籍看護工」の現状

（1）「外籍看護工」の人数の動き

台湾での外国人労働者の受け入れは、1989 年 10 月から始まった。労働部の統計が利用可能な 1991 年以降のデータで見ると（**図表 10-3**）、「外籍看護工」は1992年にはじめて306人を受け入れた。外国人労働者は1990年代に大きく増加するが、その中心は製造業や建設業などに従事する者であった。「外籍看護工」は、1995年で8,902人であり、2000年には約9.8万人へと大幅に増加するが、外国人労働者に占める割合はそれぞれ、4.7%、30.2%であった。2000年から2010年の間は外国人労働者の増加は緩やかになるが、「外籍看護工」の数は、2005年に約14万人、2010年には約18万人へと増加し、外国人労働者に占める割合も40%を超えた。2015年の「外籍看護工」の数は約22万人に達し、外国人労働者の42.5%を占めている。このように、「外籍看護工」は1990年代後半に大幅に増加し、その後も着実に増加してきた。その結果、外国人労働者に占めるウエイトも大きくなってきた。

「外籍看護工」は、介護施設などで雇用される「養護機構看護工等」(9)と家

図表 10-3　台湾の「外籍看護工」の人数の推移

(1)「外籍看護工」の人数（他産業分野を含む数値）

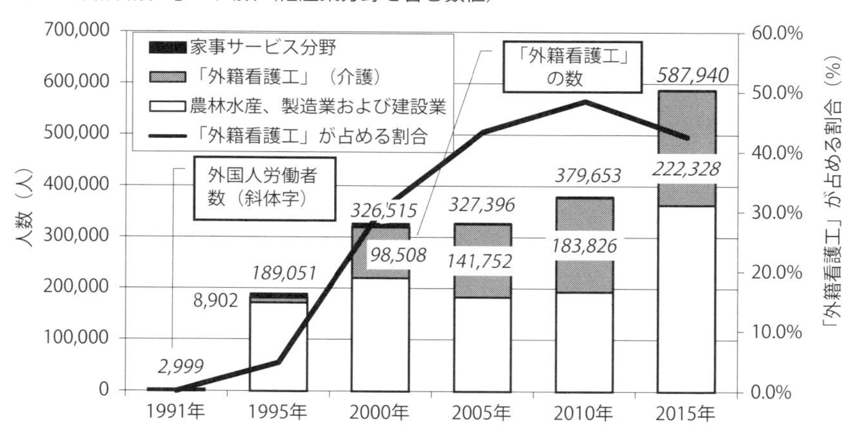

(2)「外籍看護工」の就労場所別人数（2015年）

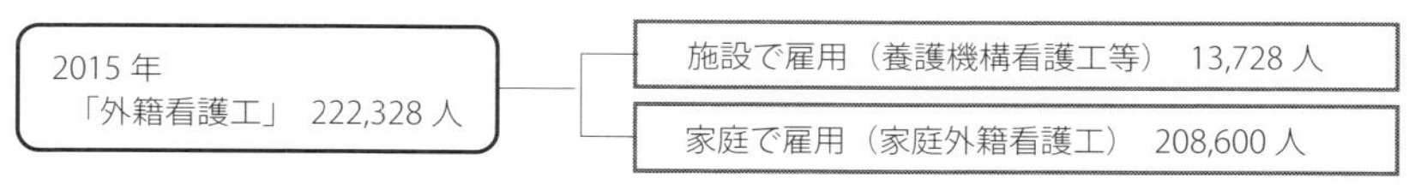

（資料）労働部統計を用いて筆者作成
（注）「外籍看護工」の受け入れは1992年から。「養護機構看護工等」には「外展看護工」（32人）を含む

庭で雇用される「家庭外籍看護工」に分類できる。これらの人数を見ると、2015年の「外籍看護工」(22万2,328人)のうち、前者は1万3,728人、後者は20万8,600人である。前者の場合、雇用される施設は高齢者介護施設だけでなく、医療施設など多岐にわたる。衛生福利部の2015年の統計から高齢者介護施設で就労する「外籍看護工」の数を見ると、5,449人となっている(男性145人、女性5,304人)[(10)]。これは、高齢者介護施設で働く介護ヘルパー(1万3,806人)の39.5%に相当する。このように、台湾では多くの「外籍看護工」が就労しており、その大部分は家庭で雇用されているが、施設でも介護マンパワーの相当な部分を担っている(図表10-3)。

(2)「外籍看護工」の属性

2015年現在で約22万人存在する「外籍看護工」であるが、家庭で雇用されている者の現状は、労働部「外籍労工管理及運用調査」[(11)]で把握されている。**図表10-4**は、2015年の調査結果から、「外籍看護工」(家庭で雇用)の性、年齢などの主な属性をまとめたものである。まず、「外籍看護工」の男女構成は女性が99.4%であり、男性はほとんどいない。年齢構成を見ると、最も多いのは25～34歳で「外籍看護工」の47.6%を占めるが、35

図表10-4　「外籍看護工」(家庭で就労)の属性(2015年)

項目	(家庭)外籍看護工		項目	(家庭)外籍看護工	
	人数	%		人数	%
総数	211,256	100.0%	総数	211,256	100.0%
性別			教育程度		
男	1,343	0.6%	中卒以下	114,277	54.1%
女	209,913	99.4%	高校程度	81,954	38.8%
年齢			大学・専門学校以上	15,025	7.1%
25歳未満	20,007	9.5%	介護される者(雇用主との関係)		
25-34歳	100,546	47.6%	配偶者および父母	191,615	90.7%
35-44歳	77,544	36.7%	その他	19,641	9.3%
45歳以上	13,159	6.2%	雇用主の世帯所得水準		
国籍別			低所得世帯(生活保護相当)	1,180	0.6%
インドネシア	175,955	83.3%	中低所得世帯	2,048	1.0%
フィリピン	24,888	11.8%	その他の世帯	208,028	98.5%
タイ	554	0.3%			
ベトナム	9,859	4.7%			

(出所)労働部「外籍労工管理及運用調査」(2015年)より筆者作成

～44歳も36.7％を占める。国籍別では、インドネシアが83.3％と最も多く、フィリピンが11.8％、ベトナムが4.7％を占める。教育程度は、「中卒以下」が「外籍看護工」の54.1％を占め、教育水準は全体として低い。

次に、「外籍看護工」が誰を介護しているかを、介護される者の雇用主との続柄で見ると、雇用主の配偶者や父母を介護している者が90.7％を占め、事実上高齢者介護のために「外籍看護工」が雇用されていると考えられる。雇用主の世帯所得水準を見ると、生活保護に相当する経済力の低所得世帯では0.6％、これに次いで経済力が弱い中低所得世帯では1.0％に過ぎない。その他の一般の世帯が98.5％を占める。これより、「外籍看護工」の雇用には、ある程度の経済力が必要であるといえよう（図表10-4）。

また、表には掲載していないが、労働部「2014年度外籍労工就業および生活支援調査」では「外籍看護工」をどのルートを使って雇用したかが分かる。それによると、もっとも多いのは、（有料の）「仲介会社」であり79.4％を占める。手数料負担が少ない公的な組織である「直接雇用共同サービスセンター」は9.4％、両方を使ったケースは11.1％である。これより「仲介会社」が「外籍看護工」の主な雇用ルートとなっていることがわかる。

（3）「外籍看護工」の労働条件

外国人介護労働者と言えば、低賃金などの劣悪な労働条件での就労がイメージされる。それでは、台湾の「外籍看護工」の労働条件はどのようなものであろうか。まず、賃金についてみると、家庭で雇用される「外籍看護工」の場合、台湾の最低賃金は適用されない。しかし、当局と送り出し国との取り決めで標準的な賃金が定められている[(12)]。**図表10-5**は「外籍看護工」の平均賃金（月額）をまとめたものであるが、これをみると、2015年の月額平均賃金は1万8,770台湾元（約6万1,000円）である。同じ年の最低賃金（2万0008台湾元（約6万5,000円））を約1,300台湾元（約4,000円）ほど下回る。また、女性の平均賃金（4万3,709台湾元（約14万2,000円））の約43％にとどまる。しかも、「外籍労工」の中で賃金が最低賃金に近い2万台湾元を下回る者の割合は82.8％であり、多くの「外籍看護工」が低賃金であることが分かる。

「外籍看護工」の月額平均賃金を時系列で見ると、2000年は1万7,935

図表 10-5 「外籍看護工」の平均賃金（2000～2015年）

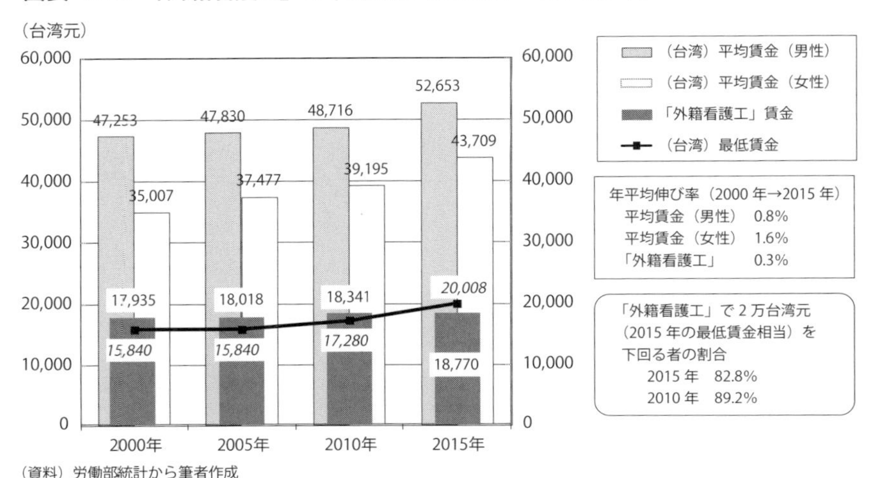

（資料）労働部統計から筆者作成

台湾元（約5万8,000円）であったが、2010年の1万8,341台湾元（約5万9,000円）を経て現在に至っており、わずかずつではあるが上昇傾向にある（2000年から2015年の年平均上昇率0.3%）。一方で、最低賃金が2010年から2015年にかけて大きく上昇し、女性の平均賃金も2000年から2015年の間に年平均で1.6%上昇している。「外籍看護工」の賃金上昇の幅は、台湾の一般的な労働者の賃金の伸びよりも小さい。

このように家庭で雇用される「外籍看護工」の賃金は、その水準、伸びともに台湾の最低賃金や平均賃金とくらべて低い（図表10-5）[13]。

賃金以外の主な労働条件をまとめたものが**図表10-6**である。まず、「外籍看護工」の労働時間についてみると、労働時間の規定が雇用契約にある割合は2015年で17.9%にとどまる。2000年には24.1%であったが、その後は低下傾向をたどっている。そのため、多くの「外籍看護工」が労働時間に関する契約がない状態で就労している。ところが、実際の労働時間（1日当たり平均）を2015年の数値でみると、労働時間の規定がある場合で13.0時間（食事・休憩時間を含む）、規定がない場合で13.6時間（同）となっている。仮に月曜日から金曜日まで就労すると週65時間程度の労働時間となる。この水準は、台湾の労働時間（週40時間）を大幅に上回る。2000年からの時系列（雇用契約に規定がある場合）で見ると、2000年で12.3時間であり、

図表 10-6　「外籍看護工」の労働条件（賃金以外）

		2000年	2005年	2010年	2015年
労働時間	規定あり	24.1%	22.2%	20.0%	17.9%
	労働時間（時間／1日） ※休息・食事時間などを含む	12.3時間	13.5時間	12.9時間	13.0時間
	規定なし	75.9%	77.8%	80.1%	82.1%
	労働時間（時間／1日） ※休息・食事時間などを含む	-	-	12.9時間	13.6時間
休日	あり（1日単位）	6.4%	3.6%	5.6%	10.6%
	あり（時間単位）	55.4%	38.4%	52.0%	53.3%
	なし	38.2%	58.0%	42.4%	36.2%
保険加入	なし	3.1%	1.2%	1.0%	0.4%
	あり	96.9%	98.8%	99.0%	99.6%
（主な保険）	労工保険	8.9%	21.6%	15.7%	25.8%
	全民健康保険	89.4%	99.7%	91.8%	95.5%
	傷害保険	30.9%	38.2%	29.6%	36.0%

（出所）労働部「外籍労工管理及運用調査」より筆者作成

その後は変動があるものの、12～13時間の水準で推移しており、台湾の「外籍看護工」は長時間労働である。

休日について2015年の数値で見ると、1日単位で取得できる「外籍看護工」は2015年で10.6％である。その他に、時間単位で取得（1日の一部を休みにする）は53.3％であり半数を超える。休日がない「外籍看護工」は36.0％である。この場合、彼らに全く休みがないというよりは、雇用主が裁量的に休日を認めることもあり得る。それを考慮しても、「休日取得」の面でも「外籍看護工」の労働条件は良くないといえる。

「外籍看護工」の各種保険加入状況を見ると、ほとんどの者が何らかの保険に入っている。保険に入っている者のなかで最も加入率が高いのは「全民健康保険」（公的医療保険）であり、2015年で95.5％である。2000年からの時系列で見ても、およそ90％台の加入率となっている。年金給付などを行う「労工保険」への加入率は、2015年で25.8％にとどまる。傷害保険への加入率は2015年で36.0％である。このように、「外籍看護工」は、「全民健康保険」にはほとんどが加入しているが、「労工保険」への加入は少なく、制度による加入率の差が大きい。「全民健康保険」は医療保険であり、病気になった場合の備えとして加入しているものと思われる。一方、「労工保険」は年金給付が中心であり、滞在期間が満了したら帰国が前提の「外籍看護工」にとっては負担だけをするもの、と受け取られている可能性がある

（図表 10-6）。

5 「外籍看護工」の分布の地域差とその要因

（1）「外籍看護工」の地域分布

台湾には多くの「外籍看護工」が就労しているが、この就労状況に地域差はないのだろうか。これを検証するため、まず台湾の直轄市・県市別に「外籍看護工」の数をまとめるとともに、「外籍看護工カバー率(14)」を試算した。その結果が**図表 10-7** である。これによると、「外籍看護工」（塗りつぶし棒グラフ）の数が多いのは、北部では台北市、新北市（台北市に隣接する地域）であり、3 万人を超える。また、中部の台中市では 2 万人を超え、南部の高雄市、台南市で 1 万人を超える。これを要介護高齢者（白抜きの棒グラフ）の数で割って求めた「外籍看護工カバー率」（折れ線グラフ・右軸）を見ると、

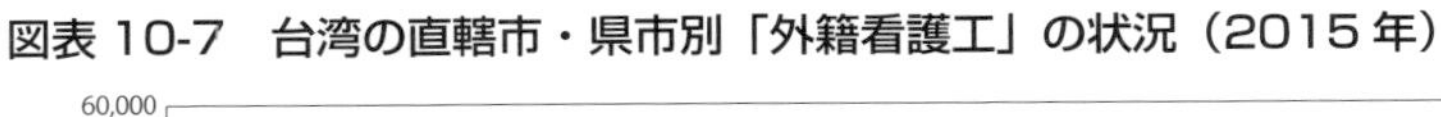

図表 10-7　台湾の直轄市・県市別「外籍看護工」の状況（2015 年）

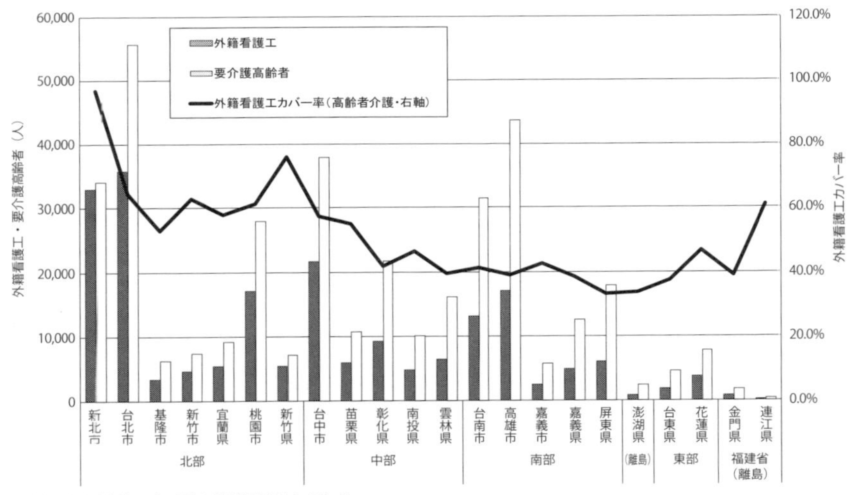

（資料）台湾労働部、行政院主計総処統計から作成

（注）「外籍看護工」（高齢者介護）は、労働部統計から得られる「外籍看護工」の数に、労働部「104 年外籍勞工管理及運用調査」から外籍看護工が介護している者の雇用主との関係のうち、「配偶者」と「父母」の割合の合計（90.7%）を乗じて推計した。「要介護高齢者数」は行政院主計総処「人口及び住宅センサス」（2010 年）から、要介護高齢者の割合を県市別に求め、これを 2015 年の高齢者人口に乗じて推計した

北部では、台北市、新北市の他、桃園市、新竹県で60％を超える。また、中部の台中市、苗栗県でも60％に近い水準である。離島である連江県でも60％に達する。他の地域では「外籍看護工カバー率」が40％を超える水準にあるが、南部の屏東県や澎湖県、東部の台東県では40％を下回っている。このように、「外籍看護工」の人数、カバー率には地域差がある（図表10-7）。

（2）「外籍看護工カバー率」の地域差の要因

「外籍看護工カバー率」には地域差が見られるが、その背景には何があるのだろう。図表10-7の台湾の直轄市・県市別の「外籍看護工カバー率」を被説明変数として、これに影響を与えると考えられる社会経済指標を説明変数とした簡単な回帰分析を試みた。モデルの概要（使用した変数、記述統計量）は**図表10-8の（1）**のとおりである。説明変数は、台湾の直轄市・県市別の高齢化率、要介護者割合、外国人が人口に占める割合、外国人のうち東南アジア国籍の割合、介護サービスカバー率（公的介護サービス利用者数を要介護高齢者で割って求めたもの）とその二乗、一人当たり可処分所得、原住民族人口の割合である。被説明変数の「外籍看護工カバー率」は2015年の数値であるので、説明変数は影響を与える1年のラグを置くために、2014年のデータを用いた。ただし、統計調査の実施周期の関係で2014年のデータが入手できない場合は、2010年のデータを用いた（2014年のデータと見立てた）。モデルは重回帰分析モデルを用いた(15)。

分析結果は**図表10-8の（2）**のとおりである。これを見ると5%で有意な変数は、「要介護高齢者割合」「一人当たり可処分所得」であり、それぞれ負と正の係数をとる。つまり、要介護高齢者が多い地域ほど「外籍看護工カバー率」は低下する。また、一人当たり可処分所得が高い地域ほど「外籍看護工カバー率」は高くなる。t値が少し低いため、5%で有意にはならないが、「外国人に占める東南アジア国籍割合」が正の係数を示しており、東南アジアの人が多い地域ほど「外籍看護工」は少し多くなる。同様な理由で有意ではないが、「介護サービスカバー率」も負の係数をとるとともに、「介護サービスカバー率の二乗」が正の係数をとる。これらより「介護サービスカバー率」の二次関数が下に凸の形をとることが分かる。つまり、公的介護サービスの利用が特に多いおよび少ない地域の両方で、「外籍看護工カバー率」が

図表 10-8　直轄市・県市別「外籍看護工カバー率」と社会経済変数との関係の回帰分析

(1) モデルの概要－分析で用いる変数と記述統計量

	変数（データもと）		地域数	平均	標準偏差	最小	最大
被説明変数	外籍看護工カバー率（高齢者介護）	労働部および内政部統計（2015 年）、主計総処「人口と住宅センサス」（2010 年）	22	51.2%	15.4%	33.2%	96.7%
説明変数	高齢化率	内政部統計（2014 年）	22	12.7%	2.1%	9.3%	16.8%
	要介護者割合	主計総処「人口と住宅センサス」（2010 年）	22	13.5%	1.9%	7.9%	16.5%
	外国人人口割合	主計総処「人口と住宅センサス」（2010 年）	22	2.4%	0.9%	0.8%	4.4%
	外国人に占める東南アジア国籍の割合	主計総処「人口と住宅センサス」（2010 年）	22	77.6%	10.6%	49.4%	93.9%
	介護サービスカバー率	衛生福利部統計	22	26.0%	7.8%	10.3%	41.0%
	一人当たり平均可処分所得（年額・万台湾元）	「家庭収支調査」（主計総処、金門県、連江県、2014 年）	22	31.1	4.7	24.7	44.2
	原住民族人口割合	主計総処「人口と住宅センサス」（2010 年）	22	4.4%	8.1%	0.3%	31.7%

(2) 分析結果

説明変数	係数	標準誤差	t 値	P>t	95% 信頼区間	
高齢化率	-1.1076	1.3140	-0.84	0.4150	-3.946	1.731
要介護高齢者割合	-5.8808*	2.1779	-2.70	0.0180	-10.586	-1.176
外国人人口割合	-3.5295	3.9078	-0.90	0.3830	-11.972	4.913
外国人に占める東南アジア国籍割合	0.5440	0.2901	1.88	0.0830	-0.083	1.171
介護サービスカバー率	-4.1155	2.2969	-1.79	0.0960	-9.078	0.847
介護サービスカバー率の二乗	6.6935	4.0354	1.66	0.1210	-2.024	15.411
一人当たり平均可処分所得（年額・台湾平均 =1 とした指数）	0.5209*	0.2515	2.07	0.0590	-0.023	1.064
原住民族人口割合（5%以上の地域 =1）	0.0183	0.0848	0.22	0.8330	-0.165	0.201
定数	1.1845	0.5993	1.98	0.0700	-0.110	2.479

（注）* は 5%で有意
（出所）台湾労働部、衛生福利部、行政院主計総処統計から筆者推計結果より作成

上昇することを意味する。

この結果から、台湾で「外籍看護工」が多くなる地域として、①要介護高齢者が少なく、一人当たり可処分所得が高い都市的な地域、②同じ出身地の人が多い地域、③公的介護サービスの利用が特に多いまたは少ない地域（都市的な地域や山間部・離島の地域）、が考えられる。都市的な地域では、「外籍看護工」を雇用できる経済力のある世帯が多くなることや便利な生活が期待

できる。同じ国の人が多い地域であれば、彼ら同士でのコミュニケーションや助け合いが容易になる。また、介護サービスが特に十分でない地域では、介護マンパワーとして欠かせない存在となる。このような背景が、台湾で「外籍看護工カバー率」の地域差となっていると思われる（図表 10-8）。

6 「外籍看護工」の技能と評価

（1）「外籍看護工」の技能

外国人介護労働者を受け入れるにあたって、彼らの技能が課題になる。具体的には、言葉（日常会話、専門用語の理解）だけではなく、介護技術、日常生活習慣の理解、高齢者とのコミュニケーション能力など多岐にわたる。**図表 10-9** は労働部の複数の調査をもとに、「外籍看護工」が台湾に来る前に身につけた技能および雇用主（要介護者の世帯）による彼らの介護技能の評価と技術訓練受講の希望を対にしてまとめたものである。これを見ると、母国での技能訓練を求められているため「外籍看護工」の 98.7％が台湾に来る前に技能訓練を受けている。最も受講されているのは中国語（99.7％）であり、平均受講時間は 353.4 時間である。その他に、安全衛生（89.5％、平均受講時間 153.6 時間）、台湾の労働法規（70.8％、平均受講時間 71.3 時間）が続く。また、各種の技能検定について、95.1％の者が「合格した技能検定

図表 10-9 「外籍看護工」の技能

「外籍看護工」側の調査（2014 年）

【台湾に来る前の技能訓練受講の有無】
受けた　98.7%　受けていない　1.3%
（受けた訓練の種類および平均受講時間）

中国語	99.7%	（353.4 時間）
安全衛生	89.5%	（153.6 時間）
台湾の労働法規	70.8%	（71.3 時間）
料理・家事	10.6%	（86.8 時間）

※技能検定合格の状況
合格した　95.1%　していない　4.9%
（技能検定の種類）
中国語　96.9%、介護技術　93.5%など

雇用主（要介護者の世帯）の意識（2015 年）

【介護技能の評価】
よい　17.5%、まあよい　42.9%　など
【技能訓練受講の希望】
あり　50.69%　なし　49.31%
（受講して欲しい技能訓練の種類）

介護技術	69.32%
病気の発生の認識と対処法	64.89%
不測の事態・災害時の対応	65.44%
要介護者の活動支援方法	55.93%
中国語	55.64%
要介護者・雇用主とのコミュニケーション	51.94%

など

（資料）「外籍看護工」側の調査は労働部「外籍労工工作及生活関懐調査」（2014 年）、雇用主（要介護者の世帯）の意識は「外籍労工管理及運用調査」（2015 年）を用いて筆者作成

がある」としている。最も多いのは中国語（96.9％）、介護技術（93.5％）である。「外籍看護工」は中国語や介護技術などの技能は身につけた上で、台湾に来ているといえる。

雇用主（要介護者の世帯）の意識を見ると、「外籍看護工」の介護技能に対して、よい（17.5％）、まあよい（42.9％）と多くの者が高い評価をしている。その一方で、彼らの技能に別の姿を垣間見ることが出来る。「外籍看護工」に台湾内での技能訓練（就労の合間に受けるもの）の受講を希望する雇用主は50.69％であり、半数の雇用主が「外籍看護工」に技能の習得や、向上を希望している。具体的な受講希望の訓練内容を見ると、介護技術が69.32％で最も多い。その他に、病気の発生の認識と対処方法（64.89％）、不測の事態・災害時の対応（65.44％）、要介護者の活動支援方法（55.93％）などとなっている。雇用主の側では、彼らの介護技術は一応評価しているものの、介護技術の向上や日常の介護で起きうる事態（要介護者の体調の変化や災害など）に適切に対応するための実践的な技能の習得を求めていることが分かる。

このように、「外籍看護工」は基本的な各種技能などは身につけているが、より実践的な介護などの技能の習得に課題があるように思われる（図表10-9）[16]。

(2)「外籍看護工」の評価および困ったこと

「外籍看護工」はどのように評価されているのだろうか。**図表10-10**は労働部の調査からこれについてまとめたものである。そもそも、「外籍看護工」を雇用する前の主な介護者は家族であり、82.65％と最も多かった。「外籍看護工」を雇用することで、90.75％の雇用主が「適切な介護を得られた」と評価している。以下、「精神的負担が軽減された」（65.04％）、「外出が可能になった」（54.47％）などが続き、「外籍看護工」を雇用してよかったとする評価が与えられている。

「外籍看護工」の具体的な仕事ぶりへの評価（「よい」、「まあよい」とする雇用主の割合の合計）についてみると、雇用主との関係（85.2％）が最も高く、仕事へのやる気（76.4％）、などが続く。そして、「外籍看護工」の勤務態度全体としては、75.3％の雇用主が「よい」または「まあよい」と評価している。このように、雇用主から見た「外籍看護工」への評価は総じて高いと

図表 10-10 「外籍看護工」への評価と困った点（2015 年）

(1)「外籍看護工」雇用による変化と評価

【「外籍看護工」雇用前の主な介護者】
家族　82.65%
介護施設　3.48%
台湾人ヘルパー　2.92%　など

【「外籍看護工」を雇用してよかったこと】
適切な介護を得られた　90.75%
精神的負担が軽減された　65.04%
外出が可能になった　54.47%
家事負担が軽減された　43.98%
経済的負担が軽減された　20.25%
など

【もしも「外籍看護工」がいなかったら誰が介護】
家族　58.18%、介護施設　24.73%など

「外籍看護工」への評価（雇用主）

	よい	まあよい	ふつう	あまりよくない	よくない	満足度
勤務態度全体	21.6%	53.7%	21.5%	2.7%	0.4%	78.71
介護技術	17.5%	42.9%	33.8%	4.8%	0.9%	74.25
仕事の態度	22.3%	47.0%	26.3%	3.6%	0.8%	77.27
仕事へのやる気	21.5%	54.9%	19.9%	3.5%	0.3%	78.75
仕事の効率	15.9%	39.0%	38.9%	5.6%	0.6%	72.79
雇用主との関係	30.3%	54.9%	13.8%	0.8%	0.2%	82.86
衛生に関する習慣	23.3%	48.8%	24.1%	3.2%	0.6%	78.19

(2)「外籍看護工」雇用で困ったことなど

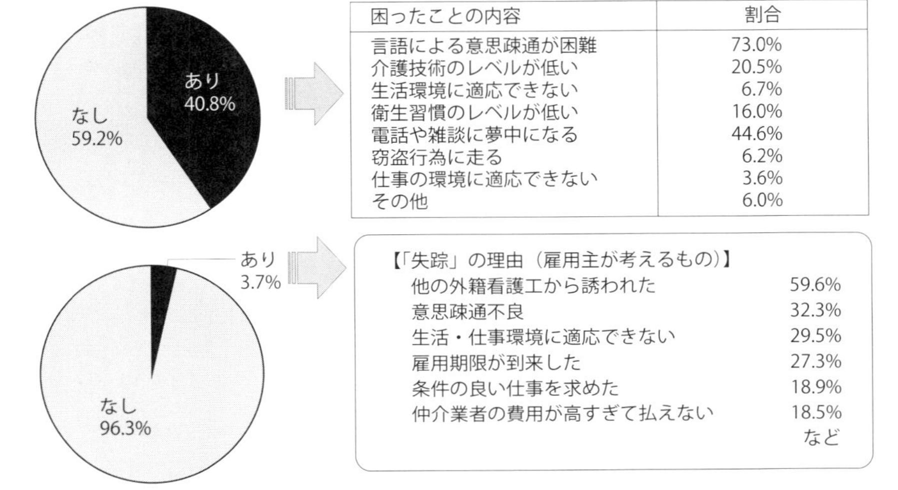

困ったことの内容	割合
言語による意思疎通が困難	73.0%
介護技術のレベルが低い	20.5%
生活環境に適応できない	6.7%
衛生習慣のレベルが低い	16.0%
電話や雑談に夢中になる	44.6%
窃盗行為に走る	6.2%
仕事の環境に適応できない	3.6%
その他	6.0%

（資料）労働部「外籍労工管理及運用調査」（2015 年）より筆者作成

いえよう。

ところが、「外籍看護工」を雇用して困ったことに直面したことのある雇用主は 40.8％にのぼる。その内容を見ると、「言語による意思疎通が困難」（73.0％）が最も多く、言葉の壁が高いという現状を垣間見ることができる。その他には、「電話や雑談に夢中になる」（44.6％）、「介護技術のレベルが低い」（20.5％）という勤務関係の問題があり、少数ではあるが「窃盗行為に走る」（6.2％）もある[(17)]。雇用主にとって最も困ることは（外籍看護工の）「失踪」である。「外籍看護工」の失踪を経験したことのある雇用主は 3.7％である。失踪の理由として雇用主側が考えるものとして、「他の外籍看護工から誘われた」（59.6％）が最も多い。その他に、「意思疎通不良」（32.3％）、「生活・仕事環境に適応できない」（29.5％）、「条件の良い仕事を求めた」（18.9％）などがある。この数値は雇用主の認識であり、「失踪した」側の事情が仮に分かるとしたら、「知り合った台湾の人と結婚したい」といった理由も考えられる（図表 10-10）。

7 「外籍看護工」をめぐる政策の動きと東アジアへの示唆

台湾では、公的な介護システム構築の途上にある。その一方で、「外籍看護工」と呼ばれる外国人介護労働者を多く受け入れており、台湾の介護ニーズの多くを支えている。「外籍看護工」は東南アジアの若年の女性が大半を占め、賃金が安いだけではなく、労働時間も長い。就労状況には地域差もある。基本的な介護技能は身につけているが、より実践的な介護技能習得のニーズが根強い。「外籍看護工」への評価は総じて高いが、言葉の壁などで困ったことに遭遇することも多い。「外籍看護工」の姿を短くまとめると、このようになる。

「外籍看護工」は台湾の介護システムのなかで欠かせない存在である。一方、台湾の公的な介護システムの構築のなかで、介護マンパワーを台湾の人に代替することを方針としている[(18)]。しかし、賃金が安く、長時間労働にも対応でき、人数も多い「外籍看護工」を完全に代替することは容易ではない。実際に、2015 年に成立した「長期照顧服務法」（介護サービス法）のなかで、「個人看護者」という介護従事者が定められた。これは要介護者の世帯で個人的に雇用される介護マンパワーのことを指し、彼らには定期的な介護技術訓練の受講を義務づけている。この「個人看護者」には「外籍看護工」も含まれており、「外籍看護工」を含むインフォーマルな介護従事者の介護の質の向上を目指している。つまり、台湾当局は介護マンパワーの多くを「外籍看護工」に依存している事実を直視し、彼らをある程度受け入れる一方で、介護の質を上げるために「個人看護者」として台湾の介護システムのなかに位置付けるという、現実的な考えも持っているといえよう。

「外籍看護工」の特徴に低賃金があるが、台湾に最も多くの「外籍看護工」を送り出しているインドネシアでは、「自国の高齢化に備えるために、介護マンパワーを外国には送り出さない」という方針を出したとされている[19]。これは、「外籍看護工」である自国民の賃金や処遇改善が真意であるとも言われている。実際に、「外籍看護工」の標準的な賃金は2015年に引き上げられたが、平均賃金に比べると大幅に低い。実際に、インドネシア、ベトナムやフィリピンといった東南アジア諸国も近い将来の高齢化が見通されており、これまで通りの介護マンパワーの送り出しが持続するかについては、疑問符がつく。また、カナダのような介護人材の受け入れで特典（一定期間の就労後は永住権が得られ、家族の呼び寄せができる）が充実した国との人材争奪もある。そのため、「外籍看護工」を「安い賃金で何でもしてくれる」というメリットだけで受け入れることは、長期的に持続しない戦略であり、彼らの処遇を常に見直す必要がある。

また、「外籍看護工」の滞在期間が最大で15年間となり、短期間で帰国が前提の「外籍看護工」の滞在が中長期になる可能性が大きくなってきた。このことは、彼らのなかで台湾に定着する者が多くなることを意味する。台湾での就学、結婚などの出来事に直面する可能性も大きくなる。彼らへの社会的支援のニーズは、定着を前提としたもののウエイトが大きくなる可能性がある。

このように、介護マンパワーを外国人に依存する場合、①介護ニーズをどのくらいまでカバーする程度で受け入れるか、②施設・家庭のどこで就労できるようにするか、③賃金などの労働条件をどのようにするか、④中長期で滞在するようになった場合の彼らへの生活支援の構築、といった課題が浮かび上がってくる。一方で、①彼らがどこに来てくれるか（都市部か農村部か、人材が足りないところに来てくれるのか）、②ずっと来てくれるのか（他の条件が良い国に行ってしまう、送り出しが停止してしまう）、という不確実性にも直面する。外国人介護労働者の受け入れで、こうした課題にどのようにして向き合うかを検討することは、台湾に限らず東アジアの国や地域に共通する問題であると思われる。

注

（1）本章は、筆者が研究代表者である厚生労働科学研究費「東アジア地域における新たな介護制度の創設過程とわが国の影響の評価等に関する研究」（平成 24 ～ 26 年度）、科学研究費「東アジアにおける高齢者介護制度の構築段階と日本の経験の伝播に関する研究」（基盤研究（C）、平成 28 ～ 30 年度）、分担研究者である厚生労働科学研究費「東アジア、ASEAN 諸国の人口高齢化と人口移動に関する総合的研究」（平成 27 ～ 29 年度）での研究活動の他、第 12 回社会保障国際論壇（2016 年 9 月、大分市）での報告「台湾における外国人介護労働者の現状－地域別に見た分析－」などをもとにしたものである。研究にご協力、各種助言をくださった方々に御礼を申し上げる。

（2）台湾の高齢者介護制度の詳細は小島（2015）参照。

（3）「長期照顧十年計画 2.0」は、「長照 2.0」とも呼ばれ、介護サービスの充実を目指した政策プランである。介護利用者を中心におき、彼らにきめ細かく、多様な介護サービスを提供する体制を確立させるものである。介護サービス対象者や内容の拡大の他、地域密着型の介護サービス拠点として、地域総合型介護サービス（A 級：地域の旗艦的な介護サービス拠点)、複合型デイサービスセンター（B 級：専門的介護サービス拠点)、街角介護ステーション（C 級：短時間の介護サービス、予防などの介護サービス拠点）を設置する。A 級、B 級、C 級の細かい要件が明らかでない点があり、要介護度の段階も明らかにされていない（2017 年 2 月に台湾で筆者が行ったヒアリングによる)。詳細は、衛生福利部「長照十年計畫 2.0」（2016 年 7 月 15 日）参照。なお、モデル事業（事業実施地域の審査結果）に関する衛生福利部の発表は http://www.mohw.gov.tw/news/572458647　を参照（2016 年 11 月 9 日アクセス）

（4）衛生福利部社会及家庭署「長期照顧政策推動現況與未來規劃」（2014）による。

（5）「就業服務法」（就業サービス法）第 42 条による。

（6）介護事業所については、2015 年 3 月に台湾で行ったヒアリングによる。

（7）高齢者の場合、80 歳未満の場合は一日中介護が必要なこと、80 歳以上の場合は重度、85 歳以上の場合は軽度の要介護状態にあること、である。または特定の重度の心身の障害がある者という条件もある。その証明として、医師の診断書や関係機関による身心障害に関する証明が必要になる（労働部労働力発展署「家庭看護雇主申請聘僱外勞作業流程圖」による)。

（8）本稿では、1 台湾元を 3.24 円で換算した（日本銀行「基準外国為替相場及び裁定外国為替相場（平成 28 年 11 月中において適用)」に基づく)。

（9）「外展看護工」（介護事業所から家庭に派遣され、台湾の介護従事者と共同またはシフト制で介護に従事する外籍看護工）を含む（詳細は https://www.wda.gov.tw/home.jsp?pageno=201111160008&acttype=view&dataserno=201608110006 2016 年 11 月 15 日アクセス)。

2013年から試験的に受け入れており、2015年の人数は32人。

（10）2015年の統計から「外籍看護工」の数値が公表されている。2014年までは「台湾籍」、「外国籍」の区分であった。

（11）この調査は、労働部が雇用主による外国人労働者の管理状況などの把握を目的に実施している調査である。調査は2年おきに行われ、外国人労働者を雇用している事業所（5,500か所、2015年）および「外籍看護工」を雇用している家庭（4,500人、2015年）を対象にそれぞれ調査が行われている。調査の詳細は、労働部webサイトの次のリンク先を参照。http://statdb.mol.gov.tw/html/svy04/0442menu.htm　（2016年10月28日アクセス）

（12）外国人労働者と最低賃金についての問答
http://www.mol.gov.tw/topic/3067/5990/5999/14488/　（2016年11月1日アクセス）
「外籍家事労工」（外国人家事労働者）および「外籍（家庭）看護工」の標準的な賃金引き上げについて
http://www.mol.gov.tw/announcement/27179/22985/（2016年11月1日アクセス）

（13）施設で雇用される「外籍看護工」の場合、労働時間や休日は台湾人スタッフと同じであるが、賃金などの人件費が台湾の人よりも安く済んでいる、という意見がある（筆者が2015年2月に台湾のナーシングホームで行ったヒアリングによる）。

（14）「外籍看護工カバー率」は「外籍看護工」の数を要介護高齢者数で割って求めたものである。台湾当局も台湾全土の「外籍看護工カバー率」を試算しているが、直轄市・県市別は筆者が独自に試算した。その方法は図表10-7の注のとおりである。

（15）使用した解析ソフトはStata14.2である。なお、使用したデータはすべて台湾当局の公的統計である。そのため、個人情報を扱うことはなかったので、倫理上の問題は発生していない。

（16）筆者は2014年2月に台湾北部のあるナーシングホームでヒアリングを行った。そこでは「外籍看護工」を雇用しており、母国で看護について学んだ経験がある者がいる一方で、台湾に来てはじめて覚えたという者もいた。なお、この施設では、「外籍看護工」を雇用したら、最初に中国語の集中研修を3か月程度行う。そのため、台湾のスタッフや利用者との日常的なコミュニケーションには問題はなく、看護記録の作成などの業務は台湾の看護師が担当するので、この点についても問題はない、とのことであった。

（17）労働部「103年度外籍勞工工作及生活關懷調査（2014年度外籍労工就業および生活支援調査）」から、「外籍看護工」が困ったと感じたことがある者は23.1％である。その内容は、「言葉の壁・意思疎通」（77.9％）が最も多く、「介護技術が足りない」（10.6％）も雇用主側と同様に認識されている。一方で「ホームシック」（10.9％）という回答もあり、雇用主側の調査とは異なる結果となっている。

（18）台湾の人材として、「外籍配偶」と呼ばれる台湾の人と結婚して生活している外国人（多くは東南アジア）が近年注目されている。「外籍配偶」の教育水準を考慮し、介護ヘルパーの資格取得の条件から学歴を撤廃した（筆者が2016年9月に台湾で行ったヒアリングによる）。

（19）2015年3月に台湾で行ったヒアリングおよび2015年3月9日の台湾国際放送（日本語放送）の報道による。

参考文献

＜日本語文献＞

広井良典・駒村康平編（2003）『アジアの社会保障』東大出版会。

沈潔編著（2007）『中華圏の高齢者福祉と介護――中国・香港・台湾』ミネルヴァ書房。

全国老人保健施設協会（2012年）『平成24年版 介護白書』TAC出版。

小島克久（2014）「台湾・シンガポールの介護保障」、増田雅暢編著『世界の介護保障』法律文化社、pp.154-170.

小島克久（2015）「台湾の「外籍看護工」の位置づけと現状」、平成26年度厚生労働科学研究費補助金『東アジア地域における新たな介護制度の創設過程とわが国の影響の評価等に関する研究』（2015年3月）、pp.75-92.

小島克久（2015）「変わる台湾の介護制度」（第5回）、『シルバー新報』（2015年12月4日付）、環境新聞社。

小島克久（2015）「台湾」、増田雅暢・金貞任編著『アジアの社会保障』法律文化社、pp.81-107.

小島克久（2015）「台湾における介護保障の動向」、『健保連海外医療保障』健康保険組合連合会、第106号、pp.1-12.

＜中国語文献＞

衛生福利部（2014）「長期照顧政策推動現況與未來規劃」。

労働部（2014）「外籍勞工權益維護報告書」(2014年1月修訂)。

労働部（2014）「103年度外籍勞工工作及生活關懷調查統計結果提要分析」。

衛生福利部（2015）「長期照顧服務量能提升計畫（104~107年）」。

衛生福利部（2015）「長照十年計畫2.0」。

＜英語文献＞

OECD (2011), "Help Wanted?".

Reiko HAYASHI, Katsuhisa KOJIMA and Masataka NAKAGAWA (2016) "Country Report – Japan International migration of care personel for the development of health and long-term care in Asia", ERIA project on "International Migration and Production Sharing in East Asia". Forthcoming.

＜インターネット資料＞

労働部	http://www.mol.gov.tw
（労働部）労働力発展署	http://www.wda.gov.tw
衛生福利部	http://www.mohw.gov.tw
国家発展委員会	http://www.ndc.gov.tw

11章
日本
――深刻化する高齢者の貧困と生活保障の課題

松江 暁子

1 日本の高齢化の状況

日本の総人口は、総務省統計局の2016年4月現在の「人口推計」によると、1億2,699万1,000人で、前年同月に比べると13万6,000人(0.11%)が減少している。そのようななか、65歳以上の人口は3,434万3,000人で、その総人口に占める割合は、27%となっており、前年同月の3,349万1,000人(26.6%)から増加している。65歳以上の高齢者人口は、1950年には総人口の5%に満たなかったが、1970年には7%を超え高齢化社会となり、そして1994年には14%を超えて高齢社会へ突入した。その後も増加し続け現在の27%という高い水準に至っている。

今後も総人口に占める高齢者の割合は増加し続け、2042年に3,878万人でピークを迎えたその後は減少していくと見込まれている。一方で生産年齢人口(15～64歳)は1995年の8,716万人をピークに減少し続けており、2016年4月には7,660万1,000人に至り、総人口に占める割合は60.3%となっている。高齢者人口が減少していくとは言え、少子化が進展している状況がこのまま継続すれば出生率も減少し続けるのであり、高齢化率をさらに押し上げる。2060年には39.9%に達し、国民の約2.5人に1人が65歳以上という社会が訪れると推計されており、高齢者1人を1.3人の生産年齢人口が支えることになると予測されている。

日本はアジア諸国のなかでもっとも早く高齢化問題に直面した。近年では他のアジア諸国でも高齢化は急速に進展しており、各国において高齢者の生活の保障をいかに行うか政策的対応が迫られている。特に高齢期に入ってからの安定した生活のための基盤整備が政府の重要課題となってくる。日本においては、公的年金制度が1960年代に労働者の年金である厚生年金と農業者や自営業などを対象とした国民年金の整備により皆年金体制を持つに至った。その後も大小の改革が行われ、1985年には国民年金を1階部分とし、厚生年金を上乗せとする現在の公的年金体系となり、この公的年金という社会保険が高齢者の所得保障の主軸としての役割を担っている。一方、平均余命も伸び、所得保障および生きがいに関わる政策として高齢者の雇用制度も整備されつつある。

しかしながら、低年金や無年金の問題、年金との連動が弱い高齢者の雇用など、高齢者を取り巻く問題が広がってもいる。アジア諸国のなかでは、日本は高齢者の生活を保障する制度の導入の先進国であり、その成果は他国の参考とされつつも、生産年齢人口や出生数の低下があいまって現在の制度では対応できていないという状況が生じてきている。高齢者の生活の保障の仕組みとして社会保険を主軸に据えた国々のなかで、課題の多い先進国ともなっているのである。

以下では、日本の高齢者の生活を支える所得保障の中心となる年金制度の現状と課題について示したい。また現役時代と年金受給までの間をつなぐ雇用政策の現状を押さえつつ、これからの日本における高齢者の生活保障のあり方について考えてみたい。

2　高齢者の生活の状況

現在の高齢者はどのような環境にあるのかについて、まず、「平成27年度国民生活基礎調査」をもとに確認する。2015年6月現在、全国の世帯総数は5,036万1,000世帯で、そのうち高齢者世帯は1,271万4,000世帯で全世帯の25.2%となっており、年々増加してきている。また、65歳以上の高齢者のいる世帯について見てみると、2,372万4,000世帯で、全世帯の47.1%となっている（**図表11-1**）。子どもとの同居世帯は減少傾向にあり、夫婦世帯と単独世帯の占める割合は増加傾向にある。このうち高齢者のみの高齢者世帯の世帯構造を見ると、単独世帯が最も多く624万3,000世帯で49.1%を占め、次いで夫婦世帯が599万8,000世帯で47.2%となっている（**図表11-2**）。さらに単独世帯の男女比ではその31.3%が男性、女性は

68.7％となっている。

所得状況について見てみよう[(1)]。2014年の1世帯当たりの平均所得金額は全世帯で541万9,000円となっており、高齢者世帯について見てみると297万3,000円となっている。高齢者世帯の所得を種類別1世帯当たりの平均所得金額から見てみると、「公的年金・恩給」が200万6,000円で総所得の67.5％で最も多く、「稼働所得」は60万2,000円で総所得の20.3％を占めている（**図表11-3**）。次に公的年金・恩給を受給している高齢者世帯における公的年金・恩給の総所得に占める割合別世帯数の割合を見てみると、収入の100％が年金または恩給であるという者が55.0％、80～100％未満だとする世帯は13.0％、60～80％未満については11.5％となっており（**図表11-4**）、高齢者の多くは子どもにできるだけ頼ることをせず年金・恩給を頼りに生活をしており、それらが高齢者の経済的生活を支える主軸になっていることが容易に見て取れる。

稼働所得と関連して就業の状況についても確認しておく。「平成26年度　高齢者の日常生活に関する意識調査」における60歳以上の高齢者に何

図表11-1　65歳以上の高齢者のいる世帯の世帯構造（2015年）

平成27年

単独世帯 26.3%

夫婦のみの世帯 31.5%

親と未婚の子のみの世帯 19.8%

三世代世帯 12.2%

その他の世帯 10.1%

65歳以上の者のいる世帯 2372万4千世帯

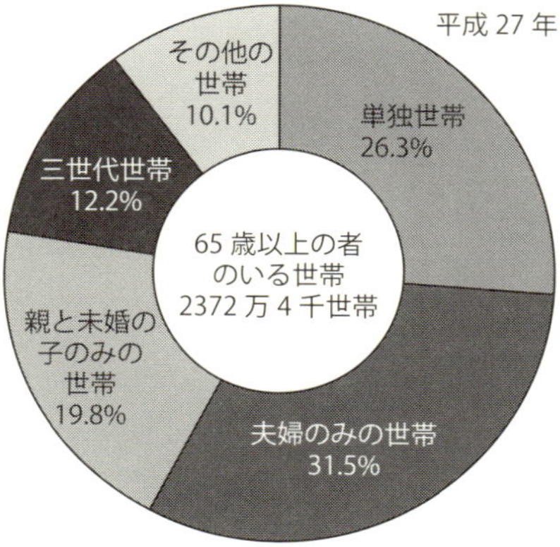

注：「親と未婚の子のみの世帯」とは、「夫婦と未婚の子のみの世帯」及び「ひとり親と未婚の子のみの世帯」をいう

（資料）厚生労働省「平成27年度国民生活基礎調査の概況」

図表11-2　高齢者世帯の世帯構造（2015年）

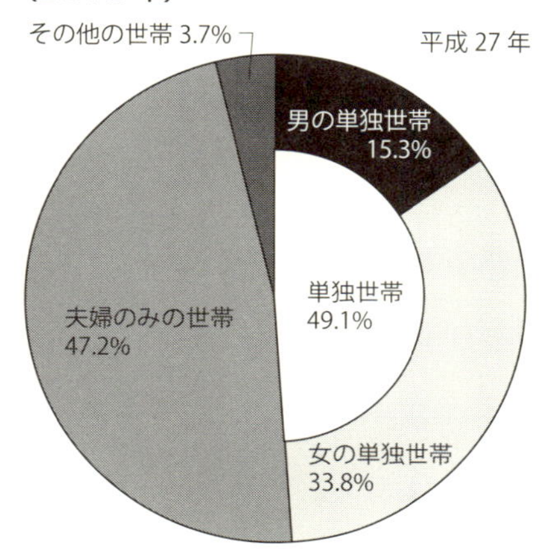

注：「その他の世帯」には、「親と未婚の子のみの世帯」及び「三世代世帯」を含む

（資料）同左

図表 11-3　各種世帯の所得の種類別 1 世帯当たり平均所得金額

世帯の種類	総所得	稼働所得	公的年金・恩給	財産所得	年金以外の社会保障給付金	仕送り・企業年金・個人年金・その他の所得
1 世帯当たり平均所得金額（単位：万円）						
全世帯	541.9	403.8	106.1	12.9	6.9	12.1
高齢者世帯	297.3	60.2	200.6	15.3	4.5	16.6
児童のいる世帯	712.9	656.5	25.5	10	16.2	4.7
1 世帯当たり平均所得金額の構成割合（単位：%）						
全世帯	100	74.5	19.6	2.4	1.3	2.2
高齢者世帯	100	20.3	67.5	5.2	1.5	5.6
児童のいる世帯	100	92.1	3.6	1.4	2.3	0.7

（資料）厚生労働省「平成 27 年度　国民生活基礎調査の概況」より作成

図表 11-4　公的年金・恩給を受給している高齢者世帯における公的年金・恩給の総所得に占める割合別世帯数の構成割合

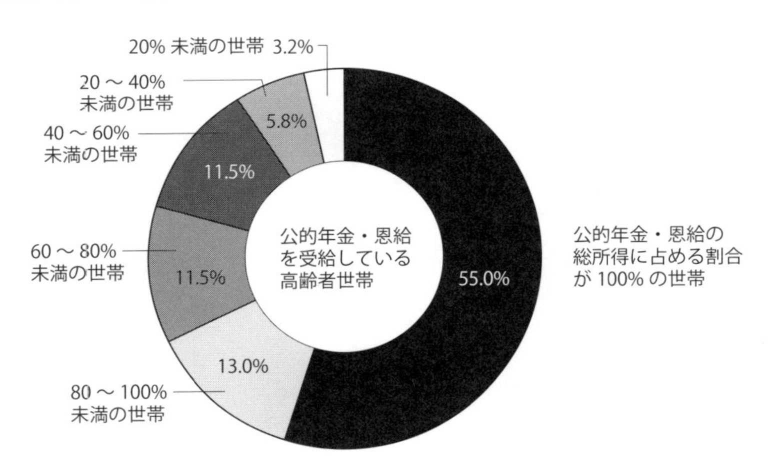

（資料）同上

歳ごろまで収入を伴う仕事をしたいかに関する設問に対し、「働けるうちはいつまでも」が最も多く 28.9％、次いで「65 歳くらいまで」「70 歳くらいまで」がともに 16.6％となっている。実際の就業状況は 60 ～ 64 歳で 72.7％、65 ～ 69 歳で 49.0％となっている。60 歳定年の企業における定年到達者のうち継続雇用された者は 82.1％ということからも就業希望は高いということができる。就労を希望する理由を確認してみると、生きがいとの回答も高いが、それよりも経済的な理由と回答した者が多く、就労するのは働くことができなくなった後の年金を頼りとする生活に対する不安の現れであるともいえる。また、60 ～ 64 歳で働きたいとの希望が多いのは、体力的なこともあるだろうが、あとで確認するように、年金受給開始年齢が 65 歳であることが大きくかかわっている。

3　問題化した高齢者の貧困

日本では公的年金が生活を支える主軸になっている現実は先に見たとおりである。日本の公的年金制度は国民年金と厚生年金から構成された国民皆年金体制となっており、一見、高齢者の所得保障制度を整備し生活を保障する仕組みを備えているように見える。平成 23 年に実施された「高齢者の経済生活に関する意識調査」によると、60 歳以上の高齢者は暮らし向きについて「心配ない」と感じている世帯が 70.1％で、80 歳以上については 80.0％となっていることも示されている。しかし、裏を返せば、2 ～ 3 割程度の高齢者は心配を抱えているということである。

実際、高齢者の低所得・貧困がいかにあらわれているのか整理してみよう。まず、高齢者の貧困率について見てみたい。2015 年の内閣府、総務省、厚生労働省による「相対的貧困率等に関する調査分析結果について」では、総務省「全国消費実態調査」と厚生労働省「国民生活基礎調査」をもとに相対的貧困率についての調査を行っている。それによると、約 1 年間の変化から、65 歳以上が全体の相対的貧困率の押し上げに寄与しており、特に単独世帯の高齢者が相対的貧困率の上昇に寄与していると指摘している。また、世帯主年齢別でも高齢者が多いことを挙げている（厚生労働省 2015c)。全世帯と比較して貧困世帯に多く分布しているのが①高齢者世帯、②一人親世帯、③単独世帯などの属性であるとしていることから、単独高齢世帯は貧困に陥るリスクをより抱えやすいことがわかる。

生活保護受給者の推移を見てみても、2014 年の 65 歳以上の生活保護受給者は、92 万人で、前年より 2 万人増加しており、65 歳人口に占めるその割合は 2.80％となっている（内閣府 2016：19)。生活保護受給世帯にしめる高齢者世帯は年々増加しており、2016 年 4 月現在で 51.1％を占め、生活保護受給世帯の半数以上という状況である。貯蓄・資産がなく、扶養できる関係の者もおらず、そして低年金、無年金の状況である高齢者が増加しているということである。このような状況は、OECDで日本の65歳以上の貧困率は19％で、OECD諸国のなかで7番目に高くなっているという結果にも表れている（OECD 2015）。

このような状況を反映して、特に近年、「老人漂流」「老後破産」「下流老人」といった言葉が作り出され注目を集めた。「老人漂流」とは、行き場を失って漂流する高齢者が急増していることを取り上げたNHKスペシャル取材班（2013）によるものであり、「老後破産」は同じくNHK取材班（2014）により低年金のため生活に困窮する高齢者の生活状況を示したもので、両方とも放映・書籍化されている。また「下流老人」とは、生活保護基準相当で暮らす高齢者、およびその恐れのある高齢者であり（藤田 2015）話題となった。いままさに、高齢者の生活困窮、低所得・貧困が問題として着目されている状況である。また、高齢者の低所得・貧困に関する調査・議論も増えてきている（河合 2009；藤森 2012；柴田 2013；大友 2013）。

日本は保険料納付を義務化した皆年金体制を敷き、年金が収入の主軸となっているが、そのような仕組みがあっても生活に困窮する高齢者が増加してきており、特に単独高齢者の貧困問題が深刻化しているのである。高齢者は労働市場から遅かれ早かれ退出する。そのことによる収入が途絶えるというリスクに対し公的年金が機能しているのであり、それが収入の主軸となっているのが実情であるのだが、これほどにまで高齢者の貧困が問題となっているのは、年金制度があっても生活に対応できていないということである。また、非正規雇用化や未婚化が進展しているなか、今後も単独高齢者の貧困がより深刻な問題となってくることが考えられる。

4　所得保障制度としての公的年金制度の課題

（1）老齢年金の概要

日本の公的年金制度は、国民年金と厚生年金の2種類からなる。1940年代に労働者に対する労働者年金が創設され、その後それは厚生年金へ改組され、そして国民年金が創設され、国民皆年金体制を整備した。さらに1985年に、国民年金を基礎年金としその上乗せとして厚生年金が支給される2階建ての公的年金制度の体制となり、大小の改革を経ながら現在に至っている。

日本の公的年金のうち、国民年金は老後所得保障のメインとなる制度で、日本に居住する 20 ～ 60 歳の者はすべてこの国民年金に加入することが義務付けられている。受給資格期間として保険料納付済、保険料免除・猶予期間の合計が 25 年以上であることが必要となっており、これに満たない場合は、受給権は発生しない。20 ～ 60 歳の 40 年間すべて保険料納付すれば満額支給となり、2016 年現在、満額支給の場合、年間 78 万 100 円（月額約 6 万 5,000 円）が支給され、免除・猶予で追納がない場合や未納がある場合には、老齢基礎年金の支給額は減額される。2014 年度末の老齢基礎年金の平均受給額は、約 5 万 4,000 円である。民間企業の会社員や公務員などとして従事した場合には、この国民年金に厚生年金が上乗せとして支給される。厚生年金の支給は、報酬比例となっており、厚生年金受給者の平均受給額は 2014 年末現在で月額 14 万 8,000 円（老齢基礎年金部分を含む）となっている（厚生労働省 2015b）。

以上のように、日本の年金制度は、日本に住所を持つ者すべてを対象とする国民年金が 1 階部分としてあり、公務員を含めた被雇用者については、厚生年金を 2 階部分として有する仕組みとなっている。支給金額には、老齢基礎年金の場合は保険料納付期間が、老齢厚生年金は、基礎年金の受給資格を満たしていることと以前の報酬と保険料納付期間が影響を与える。問題は、このような年金体制を敷いていても、先に見たように無年金・低年金のために経済的困窮に至る高齢者が存在すること、またそのような人々が増加していく傾向が見られることである。このような状況が制度のどこから生じるのか見てみたい。

（2）低年金・無年金の要因となる保険料納付済期間

老齢基礎年金を受給するためには 25 年以上の「保険料納付済期間 + 免除・猶予期間」が必要である。これに満たない場合は、受給する権利が発生しないため、無年金状態となる。データは少し古くなるが、社会保険庁の公表資料によると 2007 年の無年金者数の推計は、一般的な年金受給年齢である 65 歳以上の者のうち、今後保険料を納付しても年金を受給できない者を最大で 42 万人としている（厚生労働省 2008）。

また、満額支給は40年間の保険料をすべて納付している場合であり、さまざまな事情から納付期間が25年以上ではあるが40年には満たず、満額給付にならないことは十分にあり得る。例えば保険料納付が25年の場合、年金額は満額ではなく月額4万630円の支給額となる。保険料猶予期間や免除期間があり追納していない場合は、さらに受給額は減額されてしまう。実際、2014年度末現在の老齢基礎年金のみおよび旧国民年金（5年年金を除く）のみの受給者数771万9,510人のうち、受給金額が月4万円に満たない者が240万3,870人存在する（厚生労働省2015b）。

また、繰り上げ支給を申請した場合、65歳よりも前に年金の受給が可能となるが、そうすると年金額が減額される。繰り上げ支給の申請をするのは、定年退職後、65歳までの間に仕事に就くことができずに年金支給開始よりも早く支給を必要とする者であると考えられる。

もちろん、老齢基礎年金受給額が低額であれども貧困・低所得での生活をしているとは限らない。しかし先述したように公的年金を頼りにする高齢者が相当数であることや、生活保護受給者のうち高齢者の占める割合が高いこと、その背景には次に触れるように現役時代の雇用の不安定が広がる状況からすると、老後の生活への不安を抱える者が増加していくと考えられる。

（3）年金額を規定する現役時代の労働

保険料納付期間が短いあるいは受給資格を満たさない状況は、高齢期になってから低所得・無年金の問題となって現れるが、そのような結果は結局、現役世代における生活状況に起因する。2014年の国民年金被保険者実態調査によると、第1号被保険者期間に滞納がある者が23.1％、申請全額免除者が15.7％、学生納付特例者が11.3％、若年者納付猶予者が2.9％となっており（本調査では法定免除者数は除かれている）、滞納と申請免除・猶予を合計すると半数を超える状況である。

国民年金保険料を納付しない理由について見てみると、「保険料が高く、経済的に支払うのが困難」がもっとも高く70.9％で、すべての年齢層において最も高い状況である。次いで高いのは「年金制度の将来が不安・信用できない」（8.2％）、「収める保険料に比べて、十分な年金額が受け取れない」（5.5％）となっている。さらに「保険料が高く、経済的に支払うのが困難」

を選んだ理由についても調査されており、それを見ると「元々収入が少ない、または不安定だったから」の割合が最も高い。年齢階級が上がるにつれ徐々にその割合は少なくなり、「失業、事故などにより所得が低下したから」「保険料より優先度の高い支出が多かったから」の割合が増加していく傾向にあるが、経済的負担によるという意味では共通していると言える。

そして第1号被保険者の就業状況については、自営業主が16.0%、家族従事者が7.6%、常用雇用が9.4%、パート・アルバイト・臨時が30.9%[(2)]、無職が33.3%となっている。第1号被保険者の属する世帯の総所得額の分布では、平均が412万円、中位数が255万円で、100万円未満の者の割合が25.4%、うち所得なしの者の割合は11.1%となっている。第1号被保険者期間滞納者について、低所得者の割合が納付者に比べ高いことも示されている。

これらの状況から、第1号被保険者の雇用状況の不安定さとそれにかかわる収入の低さが、年金保険料の未納期間を生むことにつながり、老齢年金の年金額に大きな影響を及ぼす要素となっていることがわかる。第2号被保険者であっても、第1号被保険者期間がありそこで未納や免除・猶予で追納していない期間がある場合などもあるだろうが、第2号被保険者である間は給与から保険料は天引きされ、未納となることはない。低年金・無年金の背景には、第1号被保険者期間は不安定な生活状況にさらされやすい状況であり、そのために保険料の未納が起こりやすいことを理解することが必要である。つまり、現役時代が高齢期の生活を規定することにつながっており、現役時代の働き方・経済状況の安定をいかに図るかが、高齢期の貧困削減につながると言える。パート・アルバイト・契約などの非正規雇用化が進行している現在、現役世代の格差への対処とともに、高齢期の所得保障のあり方についても早急に対処しなければ、低年金・無年金による貧困高齢者の急増と高齢者の生活保護受給の増加は避けられないであろう。

(4) 年金で保障する支給水準に対する考え方

国民年金法第1条では、「国民年金制度は、日本国憲法第二十五条第二項に規定する理念に基づき、老齢、障害又は死亡によって国民生活の安定がそこなわれることを国民の共同連帯によって防止し、もって健全な国民生活の維持及び向上に寄与することを目的とする」としている。日本国憲法第 25 条第 2 項は「国は、すべての生活部面について、社会福祉、社会保障及び公衆衛生の向上及び増進に努めなければならない」としている。つまり、国民年金制度は最低限度の生活の保障というよりは、家族扶養を背景としながら生活の維持・向上に努めるものとして考えられてきたものと思われる。

一方、田中（2006）によると、老齢基礎年金の水準は 1986 年の基礎年金制度導入時の金額から物価上昇に合わせた数度の改正を経て現在の金額に至っており、1986 年当時の月額 5 万円は、高齢者の平均的な生活費のうち、その基礎的な支出を保障するものとして決定されたとされていると述べている。また続けて田中は、「その基準の一つとして用いられたのが『全国消費実態調査』における 65 歳以上の高齢者単独世帯における食糧費、住居費、光熱費および被服費に対する支出を合計したもの」であるとしている。つまり、老齢基礎年金となり、その支給額は生活の保障を考えたものとなってきたと考えることができる。

そのようななか、年金制度導入時の家族と家族扶養のあり方からの変化、また年金額のマクロ経済スライドの導入などによる支給額の低下などから、老後の経済生活への不安が大きくなっている。それは高齢期の生活保障について、家族の扶養と年金が基本という考え方を基にしていた時代から現在の支給額の考え方への変化のなかで年金制度自体が矛盾を抱えることとなり、機能不全が浮き彫りになっているということであろう。

5　高齢者の雇用政策

所得保障制度の年金制度ではカバーしきれていない高齢者が多く存在するならば、雇用政策が生活保障のための政策として重要となる。実際、政府は高齢者雇用政策にも力を注いでいる。2012 年に「高年齢者等の雇用の安定に関する法律」が改定され 2013 年までの年金支給年齢の引き上げと合わせて定年の引き上げと、継続雇用制度の導入を段階的に実施することとなった。これは、65 歳まで働きたいとする者が多いこと、少子高齢化による労働力減少に対する懸念からという意味がある。このように企業における希望者全員の 65 歳までの雇用確保の仕組みの整備を行ったし、それに合わせて雇用保険への高齢者の適用拡大議論も行われている。平成 28 年の「高年齢者の雇用状況」の集計結果によると、定年廃止および65歳以上定年の企業は18.8%、継続雇用制度を導入している企業は81.3%となっている（厚生労働省 2016a）。しかし、多くの定年退職労働者が現役時代の半分以下の賃金や企業内福利厚生の差別などの労働条件で働くことになるとの指摘が見られる（公文 2012）。業務内容と賃金の調整が課題として挙がってきてもいる(3)。

そもそも高年齢者の雇用は、年金支給開始年齢との関連で、支給が始まる65歳までの雇用保障という意味合いが強い。平均余命の伸びもあり65歳でも健康で労働可能な働く意欲の高い高齢者が増加していると考えられるが、前述したように老後生活の経済的不安から貯蓄を行いたいとする高齢者が多いのである。また、高齢であるという性格から雇用対策に頼ることも現実としては難しい。働く意欲のある高齢者への雇用の保障は、高齢者本人の所得保障となり、また少子化社会における労働力確保としてある程度有用であると考えられるが、それが困難な高齢者の所得保障のあり方の検討はやはり重要課題として残される。

6　日本における高齢者の生活保障のゆくえ

日本では国民皆年金体制によりすべての国民が年金保険料を納付する義務を有する状況であるものの、実際、受給年齢に到達するときに保険料納付済期間が25年以上という条件を満たさず無年金・低年金の者を生み出していること、その背景には第1号被保険者期間中の雇用の不安定や低賃金、年金制度が導入以降の社会の変化に対応できず現実との乖離が生じていることが影響している。

このような状況に対し、政府は無年金者対策として、国民年金保険料の納付率を上げるための仕組みの強化とともに、2016年11月には改正年金機能強化法を成立させ、2017年度から保険料納付期間を25年から10年へ短縮することとなった。また、消費税10%への引き上げと併せて、年金生活者支援給付金の導入も予定されている。平成27年度、平成28年度については、低所得高齢者（住民税非課税者）に対し、年金生活者等支援臨時福祉給付金制度を実施している。しかし、これらが低年金者の生活安定に寄与するかといえばそうではない。保険料納付期間が25年から10年に短縮され、無年金者は減少するとしても、例えば10年の納付の場合、受け取る年金額は月1万6,000円程度の低額となる。かつ、26万人程度が無年金で残される[4]。また、年金生活者支援給付金制度が導入されたとしても、基準額を月5,000円とし保険料納付状況を反映させるという低水準のものである。現在の臨時給付金は名前のとおり臨時のもので、年1回で3万円を支給する程度となっている。高齢期に低年金・無年金となり、働くことも困難な場合、生活を営むことを保障することが可能な制度は生活保護制度のみとなる。生活保護制度は、貯蓄、資産などをすべて用いても生活が立ち行かない場合に機能する最後のセーフティネットである。

今後、これらの対象となる人々は、ますます増加していくだろう。なぜならば、現役世代の雇用状況として非正規雇用が広がっているからである。現在、低年金・無年金に直面する人々への救済策も検討が必要であるが、同時に将来の高齢者の貧困化を予防するために稼働年齢層の早急な雇用対策が重要であると言える。それとともに現在の年金制度を柱とする所得保障制度体系が変わらない限り、高齢者の生活保護受給は増加するであろう。このような状況を背景に、近年では高齢者のための公的扶助制度の導入や最低保障年金の議論がみられるが、税と社会保険制度のあり方の大改革が必要となり議論のための時間を要するし、高齢者雇用政策で対応することにも限界がある。

そこで、高齢者の所得保障の議論を進める一方で、医療・介護の領域と社会福祉サービスの領域で高齢者を社会に包摂する支援が重要な役割を担うことになると考えられる。「地域包括ケアシステム」は、高齢者の尊厳の保持と自立生活の支援の目的のもとで、可能な限り住み慣れた地域で生活を継続することができるような包括的な支援・サービス提供体制の構築を目指すものである。「介護」、「医療」、「予防」の専門的サービスと、その前提としての「住まい」と「生活支援・福祉サービス」が相互に関係・連携しながら在宅での生活を支えることを目指している。このような多領域から高齢者の生活を支えるシステムと「所得保障」があって「生活保障」という状態が作り出されると言える。

ただし、所得が低い場合、介護・医療サービスの利用抑制をもたらし、そのことが社会関係性の希薄化を生み出すことにも目を向けなければならない。高齢者が経済的な困窮に陥れば社会とのつながりが断たれ社会的孤立状態に置かれやすくなることは、いくつかの研究から明らかにされている（NHKスペシャル取材班 2013；2015；河合 2009；大友 2013；藤田 2015など）。このような社会的孤立状態に対処するために、2015年に導入された生活困窮者自立支援制度(5)の役割にも期待したい。生活困窮にある高齢者を社会につなげる可能性をもつ仕組みである。所得保障や雇用政策、介護保険などの現行の制度の限界を、相談支援とそれを通じたインフォーマルサービスの活用によって補うことが可能となると考えられる。そして、この生活困窮者自立支援制度は地域包括ケアシステムの一つとして機能していくことになるのではないだろうか。今後、高齢者の生活保障として、所得保障としての年金と雇用、日常生活を支える介護・医療、そして福祉のそれぞれの役割とこれらの関係を今一度眺め整理し、縦割りではなく、それぞれの制度・支援が有機的に機能するよう改革を進めることが求められているといえよう。

注

（1）同調査における所得とは2014年1月1日～12月31日までの1年間の所得をさす。

（2）厚生労働省（2015）「平成26年就業形態の多様化に関する総合実態調査の概況」によると非正社員の場合、厚生年金が適用されているのは52%であり、パートタイムや臨時労働者の賃金は10万円以下が半数以上を占めており賃金が低い。

（3）定年退職後の再雇用の職種として定年退職前とは全く異なる職種を提示されたのは不当として、定年退職前の職種としての地位確認と賃金支払いを求めた訴訟や、業務内容がほぼ変わらないにもかかわらず賃金が減額されたことへの不服を申し立てた訴訟などが起こっている。

（4）日本経済新聞（2016.11.16）（http://www.nikkei.com/article/DGXLASGC16HOP_W6A111CEE800/）

（5）生活困窮者支援制度は、生活保護に至っていない生活困窮者に対する「第2のセーフティネット」を全国的に拡充し、包括的な支援体系を創設するものである。全国の福祉事務所設置自治体が実施主体となって（社会福祉法人、NPOなどに委託可）、官民協働による地域の支援体制を構築し、必須事業としての自立相談支援事業および住居確保給付金の支給、任意事業としての就労準備支援事業、一時生活支援事業、家計相談支援事業、学習支援事業、そしてその他生活困窮者の自立の促進に関し包括的な事業を実施する。自立相談支援事業は、生活困窮者からの相談に早期かつ包括的に応ずる相談窓口であり、生活困窮者の抱えている課題を適切に評価・分析（アセスメント）し、その課題を踏まえた「自立支援計画」を作成するなどの支援を行う。また、関係機関との連絡調整なども行う。

参考文献

＜日本語文献＞

NHKスペシャル取材班（2013）『老人漂流社会』主婦と生活社。

NHKスペシャル取材班（2015）『老後破産――長寿という悪夢』新潮社。

大友芳恵（2013）『低所得高齢者の生活と尊厳軽視の実態――死にゆきかたを選べない人びと』法律文化社。
河合克義（2009）『大都市のひとり暮らし高齢者と社会的孤立』法律文化社。
厚生労働省（2015a）「平成 26 年国民年金被保険者実態調査　結果の概要」厚生労働省。
厚生労働省（2015b）「平成 26 年度厚生年金保険・国民年金事業の概況」厚生労働省。
厚生労働省（2015c）「相対的貧困率等に関する調査分析結果について」厚生労働省。
厚生労働省（2016a）「平成 28 年度『高年齢者の雇用状況』集計結果」厚生労働省。
厚生労働省（2016b）「平成 27 年国民生活基礎調査の概況」厚生労働省。
公文昭夫（2012）「雇用保障と当面の年金改革の課題」『労働総研クォータリー』No.85。
柴田文男（2013）「公的年金制度の残された課題の考察（1）――無年金・低年金問題」『産大法学』第 47 巻 2 号、151-175、京都産業大学。
田中敏（2006）「無年金・低年金者と高齢者の所得保障」『調査と情報』第 528 号。
内閣府（2016）『平成 28 年版高齢社会対策白書』。
藤田孝典（2015）『下流老人―― 一億総老後崩壊の衝撃』朝日新聞出版。
藤森克彦（2012）「低所得高齢者の実態と求められる所得保障制度」『年金と経済』第 30 巻 4 号。

＜英語文献＞

OECD（2015）. Pensions at a Glance 2015, OECD.

終章

アジアから考える高齢社会の展望

大泉 啓一郎・金 成垣

1 共通課題としての高齢化

1980年代以降のアジア[1]の経済成長率は世界のなかでも際立って高かった。アジアが世界経済に占める割合は、1980年の15.9%から2015年には27.1%に上昇し、さらに2021年には30.7%に拡大する見通しである（IMF 2016)。21世紀は「アジアの世紀」とする見方もある。

その一方で、世界銀行やアジア開発銀行などの国際機関は、アジアが持続的成長を維持するためには「中所得国の罠」を克服しなければならないと指摘している（World Bank 2007；ADB 2010)。これは、安価な労働力や天然資源を活用して高い成長を実現してきた中所得国が、生産性の向上を怠ると高所得国への移行が困難になることに警告を鳴らしたものである。

人口動態の変化も無視できない。かつて、アジアは年少人口が多く、高い従属人口比率に悩まされた。養う人口が多い社会では、貯蓄を拡大することは容易ではない。それは投資を抑制し、生産性を高めることができないからである。つまり従属人口比率の高さが社会を貧困に留めつづける原因の一つとなったのである。高齢社会対策を怠ると、中所得国であれ、高所得国であれ、再び同じ悩みを抱えることになるかもしれない。もちろん高齢化の進展する社会は、かつてよりも経済力が高いが、人口動態の変化が経済成長を抑制することは明らかである（これは人口オーナスとも呼ばれる)。

加えて、アジアの持続的な経済成長が、同地域の世界的にみて安定的な社会であったことを基盤としてきたことを忘れてはならない。つまりアジアが経済的繁栄を維持するためには、新しい社会リスクに対処していく必要がある。その社会リスクには、拡大する所得格差、深刻化する環境問題、そして加速度的に進む高齢化が含まれる。

それらの新しい社会リスクのなかで、本書でとくに注目したのが高齢化である。もちろん、高齢化それ自体が問題とはいえない。むしろ高齢社会の到来は、平均寿命の伸長が可能となった社会であり、喜ぶべき社会の実現ともいえる。高齢社会が問題とされるのは、高齢化する社会を支えることができなくなる、あるいは高齢者が安心した生活を送れなくなるかもしれないからである。高齢化が加速度的に進むことが確実視されるのであれば、それに対応した対策を事前に議論しておく必要がある。

高齢社会対策の一つとして、少子化対策つまり出生率の引き上げを進めるべきだという議論がある。少子化対策は、子どもをもちたい人の環境を改善するという意味で非常に重要な対策であるが、それが高齢社会対策に直結するかというとそうではない。なぜなら、出生率の上昇は、年少人口比率を上昇させ、社会が支えるべき従属人口比率を引き上げることになり、当分の間、社会の負担を重くさせてしまうからである。また、出生率の上昇が長期的にみて高齢化のスピードに歯止めをかけることになるが、それによって社会全体として高齢者人口が減る、あるいは高齢者個人として高齢期が短くなることはない。したがって、少子化対策とは別途に高齢者の生活を支えるための対策が必要となってくる。このようにみると、高齢社会に対する適切な対策は、実際の高齢者の生活に起こっていることを直視し、その生活ニーズに対応していくことといえよう。

序章で明らかにしたように、アジアにおいて高齢者の生活ニーズを、社会保障制度だけで支えるのは困難であり、高齢者の就労支援や地域福祉を加えた複合的な取り組みが必要になる。以下では、本書でとりあげた韓国やアジア各国の実態をふまえつつ、社会保障制度、高齢者就労支援、地域福祉という三つの視点からみる高齢者の生活保障の現状と課題をまとめたい。

2　高齢者の生活保障のための三つの視点

社会保障制度：「脱キャッチアップ型」の視点

高齢者の生活を支える手段として、まず議論されるべきは社会保障制度であろう。現在、アジアの多くの国々では社会保障制度の整備に熱心である。[(2)]

ただし、社会保障制度の整備といっても、そのあり方は一つではない。従来、先進諸国の経験をベースにした福祉国家類型論で考えれば、社会民主主義型、保守主義型、自由主義型があるといえる（Esping-Andersen 1990=2001）。それぞれの詳細は省くが、ここで指摘したいのは、アジアの国々が社会保障制度を整備するにあたり、これらの先進国の経験のいずれかを自由に取捨選択できるかというとそうではないということである。序章で検討したように、高成長時代と高齢化の時期が重なった先進諸国とは違って、低成長時代に高齢化を経験しているアジアの国々は、社会保障制度の整備をめぐる状況が先進国とは全く異なっており、実際、財政状況の不安定さや政治的かつ社会的合意形成の難しさなどの制約要因のなかで、先進国の経験がそれほど役に立たず、むしろ先進国とは異なる選択をせまられることになっている。この点を考えるさいに、以下のような韓国の状況は興味深い。

図表終 -1 は、先進国とは異なる状況のなかで高齢化を経験している韓国がいかなる方向性で社会保障制度を整備していくかについて、朴槿恵政権の政策ブレインの一人であった安祥薫氏（アン・サンフン、前国民経済諮問会議民生経済分科委員長／ソウル大学教授）が提示したものである。彼の説明にもとづいて簡単にみてみると、Ⅰの社会民主主義型（スウェーデン）では高齢者に対して年金などの現金給付が手厚く、介護などの現物給付も十分に行

図表 終 -1　韓国における社会保障制度整備の方向

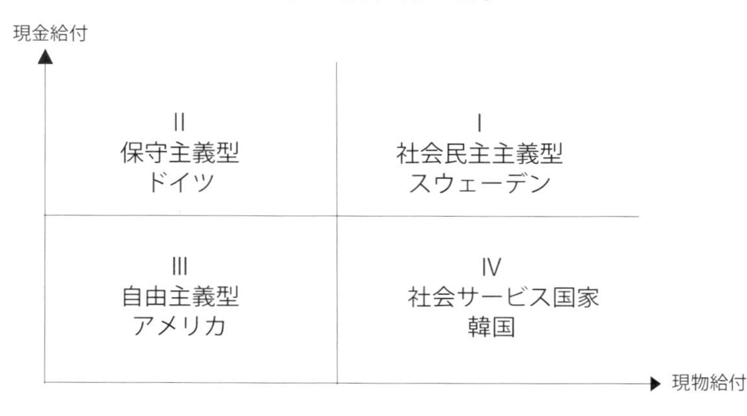

（資料）前国民経済諮問会議民生経済分科委員長（安祥薫・ソウル大学教授）のインタビュー（2014 年 3 月、2015 年 3 月）より作成

われており、Ⅱの保守主義型（ドイツ）では、現金給付は手厚いものの現物給付は不十分でしか行われてこなかった。Ⅲの自由主義型（アメリカ）では、ミニマム保障ともいうべき低い水準で現金給付も現物給付も行われてきている。これら三つが従来の福祉国家類型論で考えられる先進国の経験であるとすれば、韓国の場合は、先進国のいずれかの経験とも異なる、新しい類型として、Ⅳの「社会サービス国家」を選択しようとしていると彼はいう。

「社会サービス国家」の主な特徴は、年金などの現金給付はミニマムに抑えつつ、介護などの現物給付を充実させるという点にある。これにより、手厚い現金給付による財政負担増を避けることを重要な政策目標としながら、高齢者の生活ニーズに関しては、現金給付に比べて財政調整が容易である現物給付を中心として対応するという考え方である。

このような「社会サービス国家」という社会保障制度整備の方向性が出された背景には、先進国とは異なり、低成長時代に世界最速のスピードで進行している高齢化に対応しなければならない韓国特有の事情がある。「社会サービス国家」が高齢者の生活を支えるうえで適切であるか否か、あるいは実現可能か否かはともかく、その方向性は、いくつかの選択肢から自由に選んだというより、先進国とは異なる状況のなかで高齢化を経験している韓国がそこにおけるさまざまな制約条件に対応して選択せざるをえなかったという側面が強いことを指摘しておきたい。

以上のような韓国の状況からは、かつて近代化や工業化の過程であったようなキャッチアップ指向がみられず、むしろ、いうならば「脱キャッチアップ型」の視点から高齢社会に対応しようとする試みがみられているといえる(3)。そしてその「脱キャッチアップ型」の視点は、単に韓国だけでなく、韓国と同じく、先進国とは異なる状況で高齢化を経験している他のアジアにも共通してみられることと考えてよいであろう。

高齢者の就労支援：「アクティブエイジング」の視点

高齢者は自らが現役時代に積み立てた資金によって生活費を賄うというのが、年金制度の基本原理である。しかし近年、平均寿命が伸張するなかにあって、いずれの国の年金制度もその持続可能性が問われている。上記の韓国の「社会サービス国家」は、その持続可能性を確保するための考え方でもあるといえるが、韓国のみならず多くの国々において、年金の給付水準の引き下げや給付開始年齢の引き上げが議論されている。これは、単に年金の持続可能性だけに着目した政策改革ではない。高齢者の雇用と足並みを揃えたものであるとみるべきであろう。

従来の議論において、高齢者は60歳以上もしくは65歳以上と暗黙のうちに定義されてきた。しかし、これは便宜上の定義であり、明確な根拠があるわけではない。これに対して、一般的に所得水準の向上に伴い平均寿命とともに、健康寿命も伸びており、過去の高齢者に比べて現在の高齢者の健康状態や就業能力は良好であるという考え方もある。実際、日本老年学会は、2017年1月、日本の高齢者の定義を現行の65歳から75歳に引き上げ、65歳から74歳を准高齢者と再定義すべきだと提言した。

過去の高齢者に比べて現在の高齢者の健康状態や就業能力が良好であるという点とかかわっていえば、高齢者が豊富な知識と経験を持っていることも見逃してはならない。最近、これら高齢者の活用の効果を第2の人口ボーナスとする見方もあらわれている。さらに、高齢者を、支えられる対象ではなく、社会を支える人材として積極的に評価する「アクティブエイジング」という考え方も出てきた。

これは、高齢社会の負担を軽減するだけでなく、社会の活力を拡大させることにつながる視点である。労働はともかく、社会で活動できる人口比率は上昇するはずである。その意味では、「生産年齢人口」とは別に「社会貢献人口」という枠組みを導入すべきかもしれない。第3章で検討した韓国における高齢者雇用と社会活動支援事業はたしかにそのような文脈で展開されている。一方では、低い年金水準を補うために行われている側面もあれば、高齢者の社会貢献および社会参加を促すために行われている側面もある。第11章でもとりあげたように日本でも同様の状況がみられている。21世紀に入って急速に高齢化が進んでいるアジアの国々において、年金制度の整備と調整とともに、「アクティブエイジング」の視点を取り入れた高齢者の就労支援が重要な政策課題として大きく注目されると思われる。

もちろん、各国において高齢者の状況は異なり、同年齢層を横並びにして論じることはできない。たとえば中国やタイでは、憲法において高齢者を60歳以上と定義しているのは、国際的に使われる65歳以上という定義が健康面でも就業面でも適切ではないと判断したからであろう。加えて、中国や東南アジアの場合には、所得水準や生活環境が大きく異なる都市部と農村部の高齢者の状況にも配慮する必要がある。

地域福祉：「地域共生」の視点

すでに第１章で指摘したように、国際機関は、高齢者の生活保障の手立てとして、家族とともに地域の役割を重視するようになっている。これは積極的な発見というよりも、それしかないという消去法的な選択の結果である。国際機関の報告書をみても具体的な政策はあまり記述されていない。むしろ、地域福祉は、当該地域の環境によるところが大きく、一般化することは難しい。そして、その実施は、地域の人々の不断の努力によるところが大きい。そのことは、本書の第６章で詳しく検討している韓国の「美しい隣人」のケースが示した通りである。

地域福祉のあり方を考えるさいに、「美しい隣人」のケースが示した重要な示唆点は、同事業が地域による高齢者への財やサービスの一方的な提供ではなく、互いに支え合う「地域共生」になっていることである。事業展開のなかで高齢者が福祉の受給者にとどまらず、福祉の提供者へと役割転換が行われ、高齢者が福祉の提供者になる場面では、逆に地域の一般の住民や商店が福祉の受給者になっているのである。この「美しい隣人」事業は、地域を活性化し地域共生の基盤をつくる可能性を秘めているといえるのである。

ただし、この「美しい隣人」事業が韓国である程度成功したとはいえ、上で述べたように、地域福祉が当該地域の環境的および人的要因に左右されることが多いがゆえに、他の国にそのまま適用できるとは限らない。そのため、地域福祉の試みは、成功ケースの一般化をめざすより、各地域の多種多様な事例に着目しその現状を正確に把握することが何より重要な作業になる。第８章で論じられたように、タイにおいても、さまざまな地域福祉の取り組みが始まっている。第９章のベトナムの場合は、まだ家族の役割が強く、地域福祉の視点は弱いことが示されたが、今後、その家族の役割のゆくえとともに地域福祉の展開が注目されるだろう。第 10 章の台湾の例では、担い手としての外国人の役割を考えるきっかけを与えてくれている。このように、本書に限定しても、さまざまなアイデアが提示されている。本書ではその一部しか紹介できなかったが、地域福祉の今後の展開に関してさらに多くの事例を把握していくことが重要な課題になると思われる。

かつて広井は、福祉の問題をアジアという地域に引き付け、政府や NGO、

NPOの相互協力と連携強化を目的とする「アジア福祉ネットワーク」を形成することが重要であることを提唱した（広井・駒村 2003）。具体的には、アジアの地域福祉の取り組み事例の交流するプラットフォームの形成が求められると考える。沖縄のある村の事例が、タイのチェンマイ県の村に参考になるかもしれないし、中国山東省の村の事例が、青森県の村の地域福祉に適切かもしれない。地域福祉には多くの担い手が参加しており（地方自治体、企業、NPO、家族）、その多方面の交流が重要となる。

3　高齢社会の新たな課題

本書では、アジアの高齢化を、韓国を中心に据えて議論した。その意義は、まず深刻化する高齢化の現実を直視したうえで、その対処について議論することが重要と考えたからである。第11章が明らかにしたように、日本は手厚い社会保障制度が高齢化の問題の本質を覆い隠してきたことは否めない。

これと関連してひとつ付け加えるならば、日本が世界最高水準の高齢化率にありながらも、高齢者の貧困率が世界一の韓国に比べて相対的に低い理由の一つは、手厚い年金制度のおかげといえる。ただしその結果、日本は世界一の政府債務を抱える国になっている。これに対して、韓国は「社会サービス国家」への試みの一つとして、第2章で検討したように、低い水準の年金制度を導入している。現在、韓国の政府債務はOECDでもっとも少ない水準であり、今後もそれを維持しようとして、財政負担を少なくするための年金改革を行いつづけてきている。社会保障制度の特徴を「保障性」と「持続性」に区分すれば、日本は前者に、韓国は後者に偏っているといえよう。おそらく、「持続性」と「保障性」を両立させうる制度は、日本と韓国の間にあり、アジアの国々が社会保障制度を整備していくうえで、この日本と韓国の経験は非常に重要な分析対象になると思われる。この点で日韓を含むアジア域内での情報および意見交換と相互協力は求められているといえる。

これから高齢化が加速する韓国を含むアジア各国が直面する問題に、日本は真摯に向き合うべきである。有名な童話に「ウサギとカメの競争」がある。ウサギは、競争の途中で昼寝をしたため、一歩一歩着実に前へ進むカメに抜かれてしまったというストーリーである。日本の高齢社会対策が、このウサギではないことを願う。もちろん高齢社会対策は競争ではない。むしろ協力が重要であり、誰もが豊かなゴールに同時に向かう努力が求められる。そのためには日本が最も多くの経験や知識を持っているという先入観を放棄するところから始めるべきかもしれない。

また、日本は、少子高齢化を含めて多くの課題を抱えているが、同時に高い技術力で、これを克服できる可能性を秘めており、それを実現すれば世界をリードし続けることができるという見方がある。これは「課題先進国」と呼ばれ、日本の新しい立ち位置の一つとされてきた（小宮山 2007）。ただし、これは課題を解決するという条件をクリアする努力が必要であり、その努力がなければ、単に課題が多い先進国になってしまう。

この観点で注目したいのは、途上国においても先進国並みに問題を解決する手立てを持ち始めていることである。それは、デジタル技術の活用である。インターネットの環境整備と安価なスマートフォンの普及により、途上国においてもデジタル技術を活用できるようになった。地域の高齢者の事情の把握や、それへの対応（遠隔診療や介護技術の普及など）は途上国によっても実施可能になってきたのである。

これまで途上国では、インターネットへのアクセスの可否が、所得格差を含め、社会を分断するというリスク、「デジタルデバイド（Digital Divide）」が議論されてきたが、今後は、広範囲に普及したデジタルデバイスを活用して問題を解決するという「デジタル・ディビデンド（Digital Dividend）」という考え方に移行していく（World Bank 2016）。

高齢社会の問題を先進デジタル技術によって解決する工夫に、先進国も途上国もなくなってきたことは朗報である。むしろ緊急性の高い国、危機管理意識の高い国から画期的なアイデアが出てくる可能性がある。それらを東アジアで共有することが重要なのである。

アジアに共通する急速な高齢化に耐えうる持続的な地域社会の創設に向けた取り組みは、未来志向の協力体制である。そして冒頭で述べた通り、高齢化への取り組みは、地域の成長を維持するための安定的な社会を担保するものである。アジア地域における経験や知恵、試みの交流は、「共に考え共に歩む」という新しい地域協力である。

注

（1）アジアは、日本、韓国、中国、台湾、ASEAN 加盟 10 か国の総計

（2）この背景には、世界的な社会保障制度整備を後押しする機運がある。20 世紀末頃まで、途上国の社会保障制度の整備は、経済の市場化と歩調を合わせることを目的に支援されてきた。その際の社会保障制度の特徴は「ソーシャル・セーフティネット」という言葉が象徴するように、市場の失敗を補うための制度であり、事後的にリスクをカバーすることであった。20 世紀末に起こったアジア通貨危機が貧困層を直撃したこと、そして 21 世紀に入るに当たって世界が「ミレニアムゴール」として貧困撲滅を優先課題に掲げたことから、途上国の社会保障の支援のあり方は、「ソーシャルプロテクション」という事前にリスクを回避する制度を重視するものへと移行した。そして、2015 年に、「ミレニアムゴール」を引き継いだ「持続的発展（sustainable development）」のなかで「包摂的社会」の構築が社会保障制度整備支援の中心となった。「包摂的」とは一人も例外も出さないという意味で、社会保障制度では全国民を対象とした制度整備ということになる。

（3）従来の福祉国家類型論なかでも Esping-Andersen の福祉レジーム論を提供した場合、アジアの国々が、社会民主主義型、保守主義型、自由主義型のいずれのレジームにも当てはまらず、「座りの悪さ」が浮き彫りになる理由も同じ文脈で説明できると思われる。この「座りの悪さ」についての検討は、金成垣（2008；2016）や金成垣編（2010）を参照されたい。

参考文献

＜日本語文献＞

金成垣（2008）『後発福祉国家論――比較のなかの韓国と東アジア』東京大学出版会。

金成垣（2016）『福祉国家の日韓比較――「後発国」における雇用保障・社会保障』明石書店。

金成垣編（2010）『現代の比較福祉国家論――東アジア発の新しい理論構築に向けて』ミネルヴァ書房。

小宮山宏（2007）『「課題先進国」日本―キャッチアップからフロントランナーへ』中央公論新社。

広井良典・駒村康平（2003）『アジアの社会保障』東京大学出版会。

＜英語文献＞

ADB（2010）*ASIA 2050 Realizing the Asian Century*

Esping-Andersen G.（1990）The Three World of Welfare Capitalism, Cambridge Polity.（岡沢憲芙・宮本太郎監訳（2001）『福祉資本主義の三つの世界――比較福祉国家研究の理論と動態』ミネルヴァ書房）

IMF（2016）*World Economic Outlook*, October 2016.

World Bank（2007）*AN EAST ASIAN RENAISSANCE*

World Bank　（2016）*Digital Dividend.*

あとがき

本書がこのようなかたちで出版できたのは、何より、各章の執筆者たちがそれぞれ専門分野や対象地域を異にしながらも、高齢化および高齢者の生活保障という共通テーマに焦点をおいて、これまでの各自の研究成果をふまえた有意義な議論を展開してくれたからである。ここでまず、各章の執筆者たちに感謝の気持ちを伝えたい。

それとともに、本書の出版企画において、トヨタ財団の支援がなければこの企画が実現できなかったことも述べておきたい。本書の企画の始まりは、2015年のトヨタ財団の国際助成プログラムへの応募がきっかけとなった。「日本を含む東アジア・東南アジアの各国・地域を対象として、これらの国々に共通する課題に着目し、現状や課題のレビューと、それに基づく政策提言型の活動に対して助成を行う」ことを目的とした同助成プログラムに、編者を含む本書の執筆者9名が一つのチームを組んで、「高齢化社会における高齢者の生活保障――日本・韓国・タイ・ベトナムを中心に」というテーマで応募し、それが採択された。同助成プログラムのおかげで、2015年11月から2016年10月までの1年の間に、各国での1～2回の現地調査を行うことが可能となり、本書の出版企画を実現することができたのである。

とくに現地調査では、統計データや文献などの資料だけでは読み取れない現場の生き生きした活動を見学し、またそれにかかわる実務家や研究者の使命感や熱意のこもったレクチャーを聞き、質疑・応答ができたのが大きな成果であった。それだけではなく、9名のチーム員が調査の現地で直接意見交換や相互討論を行い、現地調査での学びをより深めることができた。各章の執筆にあたり、このような現地調査の成果が多かれ少なかれ反映され、内容に深みをもたせることができたと思う。執筆者の代表として、貴重な現地調査の機会を与えてくれたトヨタ財団に心より感謝を申し上げたい。とくに同プログラムの推進や現地調査および出版企画の展開において有益なアドバイスやコメントをくれた利根英夫氏、楠田健太氏、笹川みちる氏、青尾謙氏（現・公益財団法人助成財団センター）に感謝したい。

なお、同助成プログラムによる本書の出版企画の進行のなかで、研究目的上の必要性によって調査対象国が追加され（第７章シンガポール）、また、それに随伴した時間上および予算上の制約のため、現地調査を断念しなければならなかった国（第９章ベトナム）もあった。そして、現地調査はできなかったものの、出版の段階で企画上の必要性によって加えた国（第９章ベトナム、第 10 章台湾）もあった。このような修正や変更などのなかで、現地調査の不十分さや新しい問題関心の発見によるさらなる調査と研究の必要性を実感した。さらに、本書の出版とのかかわりで、2017 年２月にはソウルでトヨタ財団・月渓福祉館共催の国際シンポジウム「アジアの高齢化と周辺課題――実践現場の対応策を共有する」が開催され、本書の執筆者を含むアジアの多くの研究者や実務家が集まり議論を行うことができたが、そこでは、高齢化という共通課題に対する答えが出たというより、今後取り組むべき多様な宿題が確認できたといえる。

以上のような状況をふまえると、本書はむしろ、アジアの高齢化に関する一つの研究成果というより、これからの本格的な研究展開のための始まりとして位置づけられるであろう。今後、具体的には終章で指摘した三つの視点、つまり「脱キャッチアップ型」の視点、「アクティブエイジング」の視点、「地域共生」の視点を基軸にしつつ、アジアの高齢社会、そしてそれを超えて世界の高齢社会に貢献できるように研究をすすめていきたい。

金 成垣
大泉 啓一郎
松江 暁子

索引

あ 行

か 行

さ 行

た 行

な　行

は　行

ま　行

や　行

ら　行

執筆者一覧（所属・肩書は執筆時／＊は編著者）

＊金 成垣（キム ソンウォン）……………………………… **序章、2章、6章、終章**
「編著者紹介」を参照のこと

＊大泉 啓一郎（おおいずみ けいいちろう）……………………………… **1章、終章**
「編著者紹介」を参照のこと

金 炫成（キム ヒョンソン）……………………………………………………… **3章**
東京大学大学院経済学研究科博士課程修了。博士（経済学）。現在、中京大学国際教養学部教授。主な著書に、2013年『日本と韓国のベンチャー企業』青山社、2014年・共著『東アジアの雇用・生活保障と新たな社会リスクへの対応（東京大学社会科学研究所研究リサーチシリーズ）』東京大学社会科学研究所など。

崔 鮮熙（チェ ソンヒ）…………………………………………………………… **4章**
延世大学校大学院社会福祉学科博士課程卒業。博士（社会福祉学）。現在、韓国聖書大学社会福祉学科教授。主な著書に、2012年『社会福祉調査方法論』共同体、2017・共著『韓国地域社会福祉――事例管理実践』共同体、2017年・共著『月渓総合社会福祉館事例管理実践マニュアル』共同体など。

金 禧秀（キム ヒス）…………………………………………………………… **5章**
延世大学校大学院社会福祉学科博士課程卒業。博士（社会福祉学）。現在、韓国聖書大学社会福祉学科副教授。主な著書に、2013年・共著『離婚家庭子ども介入集団プログラムマニュアル』共同体、2017・共著『韓国地域社会福祉――事例管理実践』共同体など。

呉 東俊（オ ドンジュン）……………………………………………………… **6章**
韓国聖書大学校社会福祉大学院卒業。修士（社会福祉学）。現在、月渓総合社会福祉館部長。主な活動に、蘆原区地域社会福祉協議体実務委員長、蘆原住民福祉協議会総務理事等。主な著書（事業計画書）に、2003年『美しい隣人』月渓福祉館、2006年『蘆原希望ネットワーク』月渓福祉館など。

崔 仙姫（チェ ソンヒ）…………………………………………………………… **7章**
首都大学東京人文科学研究科博士課程修了。博士（社会福祉）。現在、明治学院大学社学部付属研究所研究員。主な論文に、2013年「福祉の市場化がもたらす影響に関する一考察――国の介護保険機関への事例調査を通して」『社会福祉学』54（2）、2016年・共著「日・韓の護保険制度における福祉の市場化に関する意識の比較分析――介護保険機関への自記式質問紙調査を通して」『社会福祉学』56（4）。

Worawet Suwanrada（ウォーラウェーット スワンラダー）……………………………**8 章**
大阪大学大学院経済学研究科博士課程修了。博士（経済学）。現在、チュラロンコン大学経済学部教授。主な著書・論文に、*Public Pension System Reform*（2014 年 Chulalongkorn University Printing House)、Community-based Integrated Approach for Older Persons` Long-term Care in Thailand（2014 年・共著、トヨタ財団研究報告書）、“Poverty and Financial Security of the Elderly in Thailand”（ 2009 年 *Ageing International*(33)) など。

坂田 正三（さかた しょうぞう）……………………………………………………………**9 章**
ロンドン・スクール・オブ・エコノミクス修士課程修了。経済学修士。現在、日本貿易振興機構アジア経済研究所　地域研究センター主任研究員。主な著書に、2017 年『ベトナムの「専業村」――経済発展と農村工業化のダイナミズム』アジア経済研究所など。

小島 克久（こじま かつひさ）…………………………………………………………… **10 章**
一橋大学大学院経済学研究科修士課程修了。経済学修士。現在、国立社会保障・人口問題研究所情報調査分析部長。主な著書・訳書に、2015 年・共著『アジアの社会保障』法律文化社、2014 年・共著『世界の介護保障【第 2 版】』法律文化社、2014 年・共訳『格差拡大の真実』明石書店など。

＊松江 暁子（まつえ あきこ）………………………………………………… **序章、11 章**
「編著者紹介」を参照のこと

編著者紹介

金 成垣（キム ソンウォン）
東京大学大学院人文社会系研究科博士課程修了。博士（社会学）。現在、明治学院大学社会学部准教授。主な著書に、(2008)『後発福祉国家論』東京大学出版会。(2010)『現代の比較福祉国家論』ミネルヴァ書房。(2016)『福祉国家の日韓比較』明石書店等。

大泉 啓一郎（おおいずみ けいいちろう）
京都大学大学院農学研究科修士課程修了。京都大学博士（地域研究）。現在、株式会社日本総合研究所調査部上席主任研究員。主な著書に、(2007)『老いてゆくアジア』中央公論新社。(2011)『消費するアジア』中央公論新社等。

松江 暁子（まつえ あきこ）
四国学院大学大学院社会学研究科修士課程修了。修士（社会福祉学）。現在、国際医療福祉大学医療福祉学部講師。主な著作に、「韓国――IMF 経済危機と社会保障制度の創設」[田多英範編（2014）『世界ははぜ社会保障制度を創ったのか』ミネルヴァ書房]。「韓国の少子化とその政策対応」[(2012)『人口問題研究』69（3)] 等。

アジアにおける高齢者の生活保障
──持続可能な福祉社会を求めて

2017年5月10日　初　版 第1刷発行

編著者　金 成垣・大泉 啓一郎・松江 暁子
発行者　石　井　昭　男
発行所　株式会社 明石書店

〒101-0021 東京都千代田区外神田6-9-5
電話 03（5818）1171
FAX 03（5818）1174
振替　00100-7-24505
http://www.akashi.co.jp/

進　行	寺澤正好
組　版	デルタネットデザイン
装　丁	明石書店デザイン室
印　刷	株式会社文化カラー印刷
製　本	本間製本株式会社

（定価はカバーに表示してあります）　ISBN978-4-7503-4514-7